dtv

»Am meisten liegt mir Lyrik ... ich komme ja von der Lyrik her«
Günter Grass, der mit seinem umfangreichen Werk Weltruhm erlangt hat, debütierte 1956 nicht mit Prosa, sondern mit dem Gedichtband ›Die Vorzüge der Windhühner‹. Seitdem prägt und durchzieht die Lyrik sein literarisches Schaffen. Das Gedicht gilt Grass als das genaueste Instrument, um sich kennenzulernen und sich neu zu vermessen. In seinen Gedichten offenbart Grass viel Persönliches und gerade die Offenheit, die Intensität und die Ausdrucksvielfalt seiner Lyrik haben ihm eine ganz eigenständige Position innerhalb der Dichtung der Gegenwart gesichert.

Von seinem Debüt bis hin zu dem im Frühjahr 2007 veröffentlichten Band ›Dummer August‹ sind hier sämtliche Gedichte des Nobelpreisträgers versammelt.

Günter Grass wurde am 16. Oktober 1927 in Danzig geboren, absolvierte nach der Entlassung aus amerikanischer Kriegsgefangenschaft eine Steinmetzlehre, studierte Grafik und Bildhauerei in Düsseldorf und Berlin. 1956 erschien der erste Gedichtband mit Zeichnungen, 1959 der erste Roman, ›Die Blechtrommel‹. 1999 wurde ihm der Nobelpreis für Literatur verliehen. Grass lebt in der Nähe von Lübeck. Sein gesamtes literarisches Werk ist bei dtv erschienen.

Günter Grass
Sämtliche Gedichte
1956–2007

Herausgegeben und mit einem Nachwort
versehen von Werner Frizen

Deutscher Taschenbuch Verlag

Der vorliegende Band ist im Textbestand der Gedichte mit der 2007 im Steidl Verlag erschienenen neuen ›Göttinger Ausgabe‹ der Werke von Günter Grass identisch.

Ungekürzte Ausgabe
Oktober 2007
Deutscher Taschenbuch Verlag GmbH & Co. KG, München
www.dtv.de
© Steidl Verlag, Göttingen 2007
Umschlagkonzept: Balk & Brumshagen
Umschlaggrafik: Günter Grass (© Steidl)
Satz: Steidl, Göttingen
Druck & Bindung: Druckerei Bech, Nördlingen
Gedruckt auf säurefreiem, chlorfrei gebleichtem Papier
Printed in Germany · ISBN 978-3-423-13607-5

Die Gedichte

DIE VORZÜGE DER WINDHÜHNER

Die Vorzüge der Windhühner

Weil sie kaum Platz einnehmen
auf ihrer Stange aus Zugluft
und nicht nach meinen zahmen Stühlen picken.
Weil sie die harten Traumrinden nicht verschmähen,
nicht den Buchstaben nachlaufen,
die der Briefträger jeden Morgen vor meiner Tür verliert.
Weil sie stehenbleiben,
von der Brust bis zur Fahne
eine duldsame Fläche, ganz klein beschrieben,
keine Feder vergessen, kein Apostroph...
Weil sie die Tür offenlassen,
der Schlüssel die Allegorie bleibt,
die dann und wann kräht.
Weil ihre Eier so leicht sind
und bekömmlich, durchsichtig.
Wer sah diesen Augenblick schon,
da das Gelb genug hat, die Ohren anlegt und verstummt.
Weil diese Stille so weich ist,
das Fleisch am Kinn einer Venus,
nähre ich sie. –

Oft bei Ostwind,
wenn die Zwischenwände umblättern,
ein neues Kapitel sich auftut,
lehne ich glücklich am Zaun,
ohne die Hühner zählen zu müssen –
weil sie zahllos sind und sich ständig vermehren.

VOGELFLUG

Über meiner linken Braue
liegen Start und Ziel
für immer begründet.
Wenn sie beginnen,
die Fläche Blau überbrücken,
der Mittag, die lautlose Kurve sie aufnimmt.
Wenn das Gold seinen Arm beugt
und die Uhren entwertet.
Wenn sie stürzen, den Stein nachahmen,
Löcher füllen, welche das Licht übersah.
Wenn sie der jungen Frau,
die sich über den Himmel lehnt,
um die Blumen und auch das Unkraut zu begießen,
die weiße Seite aufschlitzen,
bis ihre Milch läuft.
Unter den Bögen, wenn sie das Nadelöhr finden,
die Risse vernähen und keinen Durchblick gewähren.
Wenn sie sich nähern und auf die Stirn deuten,
erkenne ich, daß es Schwalben sind. –
Bald wird es regnen.

Als sie den Faden schnitten –
über der Braue raste das Publikum –,
verließ ich meinen Stehplatz.
Jetzt ist es schwer, die Schleife nur zu erinnern,
den Arm zu heben, ihn etwas fortzuschicken,
damit er allein ist.
Ich muß wiederkommen
und ein Papier steigen lassen.
Wenn sie es dann beschreiben,
werde ich Lesen lernen.

Bohnen und Birnen

Bevor die grünen Dotter welken –
die Hennen brüten einen frühen Herbst –,
jetzt gleich, bevor die Scherenschleifer
den Mond mit hartem Daumen prüfen,
der Sommer hängt noch an drei Fäden,
den Frost verschließt ein Medaillon,
noch eh der Schmuck, verwandt dem Regen, wandert,
noch eh die Hälse nackt, vom Nebel halb begriffen,
bevor die Feuerwehr die Astern löscht
und Spinnen in die Gläser fallen,
um so der Zugluft zu entgehen,
vorher, bevor wir uns verkleiden,
in ärmliche Romane wickeln,
laßt uns noch grüne Bohnen brechen.
Mit gelben Birnen, einer Nelke,
mit Hammelfleisch laßt uns die grünen Bohnen,
mit schwarzer Nelke und mit gelben Birnen,
so wollen wir die grünen Bohnen essen,
mit Hammelfleisch, mit Nelke und mit Birnen.

An alle Gärtner

Warum wollt ihr mir verbieten, Fleisch zu essen?
Jetzt kommt ihr mit Blumen,
bereitet mir Astern zu,
als bliebe vom Herbst nicht Nachgeschmack genug.
Laßt die Nelken im Garten.
Sind die Mandeln doch bitter,
der Gasometer,
den ihr den Kuchen nennt –
und ihr schneidet mir ab,
bis ich nach Milch verlange.
Ihr sagt: Gemüse –
und verkauft mir Rosen im Kilo.
Gesund, sagt ihr und meint die Tulpen.
Soll ich das Gift,
zu kleinen Sträußchen gebunden,
mit etwas Salz verspeisen?
Soll ich an Maiglöckchen sterben?
Und die Lilien auf meinem Grab –
wer wird mich vor den Vegetariern schützen?

Laßt mich vom Fleisch essen.
Laßt mich mit dem Knochen alleine,
damit er die Scham verliert und sich nackt zeigt.
Erst wenn ich vom Teller rücke
und den Ochsen laut ehre,
dann erst öffnet die Gärten,
damit ich Blumen kaufen kann –
weil ich sie gerne welken sehe.

Sitzen und Gehen

Wenn die Geräusche eintreten,
sind alle Stühle besetzt.
Nun wird es nicht mehr gelingen,
den Wecker zu überhören.
Nur den Tisch übersehn,
an die Sechzig-Watt-Birne glauben,
ohne ein Heide zu sein.
Sitzen, sitzen, fast Buddha
mit glänzendem Nacken.

Gehen ist leichter,
jede Ecke Zuspruch.
Puppen, fast Liebe, stehen im Fenster,
mit günstigem Preis.
Doch immer noch ist es verboten,
die Scheiben einzuschlagen.

Auch der Wind läuft Reklame.
Regen, welche Wolle fällt leichter,
viele kleiden sich so.
Sitzen oder Gehen.
Jedesmal beim Aufstehen,
ehe die Hand mit dem Hut schläft,
überschlägt sich der Wecker,
tut dann, als wär gar nichts geschehn.

GEÖFFNETER SCHRANK

Unten stehen die Schuhe.
Sie fürchten sich vor einem Käfer
auf dem Hinweg,
vor einem Pfennig auf dem Rückweg,
vor Käfer und Pfennig, die sie treten könnten,
bis es sich einprägt.
Oben ist die Heimat der Hüte.
Behüte, hüte dich, behutsam.
Unglaubliche Federn,
wie hieß der Vogel,
wohin rollte sein Blick,
als er einsah, daß er zu bunt geraten?
Die weißen Kugeln, die in den Taschen schlafen,
träumen von Motten.
Hier fehlt ein Knopf,
im Gürtel ermüdet die Schlange.
Schmerzliche Seide,
Astern und andere feuergefährliche Blumen,
der Herbst, der zum Kleid wird,
jeden Sonntag mit Fleisch und dem Salz
gefälteter Wäsche gefüllt.
Bevor der Schrank schweigt, Holz wird,
ein entfernter Verwandter der Kiefer –
wer wird den Mantel tragen,
wenn du einmal tot bist?
Seinen Arm im Ärmel bewegen,
zuvorkommend jeder Bewegung?
Wer wird den Kragen hochschlagen,
vor den Bildern stehenbleiben
und alleine sein unter der windigen Glocke?

HOCHWASSER

Wir warten den Regen ab,
obgleich wir uns daran gewöhnt haben,
hinter der Gardine zu stehen, unsichtbar zu sein.
Löffel ist Sieb geworden, niemand wagt mehr,
die Hand auszustrecken.
Es schwimmt jetzt Vieles in den Straßen,
das man während der trockenen Zeit sorgfältig verbarg.
Wie peinlich, des Nachbarn verbrauchte Betten zu sehen.
Oft stehen wir vor dem Pegel
und vergleichen unsere Besorgnis wie Uhren.
Manches läßt sich regulieren.
Doch wenn die Behälter überlaufen, das ererbte Maß voll ist,
werden wir beten müssen.
Der Keller steht unter Wasser, wir haben die Kisten hochgetragen
und prüfen den Inhalt mit der Liste.
Noch ist nichts verlorengegangen. –
Weil das Wasser jetzt sicher bald fällt,
haben wir begonnen, Sonnenschirmchen zu nähen.
Es wird sehr schwer sein, wieder über den Platz zu gehen,
deutlich, mit bleischwerem Schatten.
Wir werden den Vorhang am Anfang vermissen
und oft in den Keller steigen,
um den Strich zu betrachten,
den das Wasser uns hinterließ.

DIE MÜCKENPLAGE

In unserem Bezirk wird es von Jahr zu Jahr schlimmer.
Oft laden wir Besuch, um den Schwarm etwas zu teilen.
Doch die Leute gehen bald wieder –
nachdem sie den Käse gelobt haben.

Es ist nicht der Stich.
Nein, das Gefühl, daß etwas geschieht,
das älter ist als die Hand –
und im Besitz jeder Zukunft.

Wenn die Betten still sind
und der schwarze Stein an unzähligen, tönenden Fäden hängt,
Fäden, die reißen und wieder neu,
etwas heller beginnen,

wenn ich eine Pfeife anbrenne
und nach dem See hin sitze,
auf dem ein dichtes Geräusch schwimmt,
bin ich hilflos.

Wir wollen jetzt nicht mehr schlafen.
Meine Söhne sind hellwach,
die Töchter drängen vor dem Spiegel,
meine Frau hat Kerzen gestellt.

Nun glauben wir an Flammen,
die zwanzig Pfennige kosten,
denen die Mücken sich nähern,
einer kurzen Verheißung.

Die Schule der Tenöre

Nimm den Lappen, wische den Mond fort,
schreibe die Sonne, die andere Münze
über den Himmel, die Schultafel.
Setze dich dann.
Dein Zeugnis wird gut sein,
du wirst versetzt werden,
eine neue, hellere Mütze tragen.
Denn die Kreide hat recht
und der Tenor, der sie singt.
Er wird den Samt entblättern,
Efeu, Meterware der Nacht,
Moos, ihren Unterton,
jede Amsel wird er vertreiben.

Den Bassisten, mauert ihn ein
in seinem Gewölbe.
Wer glaubt noch an Fässer,
in denen der Wein fällt?
Ob Vogel oder Schrapnell,
oder nur Summen, bis es knackt,
weil der Äther überfüllt ist
mit Wochenend und Sommerfrische.
Scheren, die in den Schneiderstuben
das Lied von Frühling und Konfektion zwitschern –
hieran kein Beispiel.

Die Brust heraus, bis der Wind seinen Umweg macht.
Immer wieder Trompeten,
spitzgedrehte Tüten voller silberner Zwiebeln.
Dann die Geduld.
Warten, bis der Dame die Augen davonlaufen,
zwei unzufriedene Dienstmädchen.
Jetzt erst den Ton, den die Gläser fürchten,
und der Staub,
der die Gesimse verfolgt, bis sie hinken.

Fischgräten, wer singt diese Zwischenräume,
den Mittag, mit Schilf gespießt?
Wie schön sang Else Fenske, als sie,
während der Sommerferien,
in großer Höhe daneben trat,
in einen stillen Gletscherspalt stürzte,
uns nur ihr Schirmchen
und das hohe C zurückließ.

Das hohe C, die vielen Nebenflüsse des Mississippi,
der herrliche Atem,
der die Kuppeln erfand und den Beifall.
Vorhang, Vorhang, Vorhang.
Schnell, bevor der Leuchter nicht mehr klirren will,
bevor die Galerien knicken
und die Seide billig wird.
Vorhang, bevor du den Beifall begreifst.

Drehorgel kurz vor Ostern

Eines Tages,
die letzten Schreckschüsse hatten sich losgelassen,
flüchteten aus den Gärten.
Nun drehen sich die Kinder geduldig in ihrem ernsten Kleid
und bewohnen den Nachmittag.
Drehorgeln,
immer zu früh grünende Herzen,
frieren hinter den Zäunen.
Ein Strumpf, der wieder zum Knäuel wird,
zurückläuft, eine Melodie mit viel zu großen Schuhen,
Spuren tritt sie den weißen Resten im Hof.
Was vom Himmel fällt
oder aus dem Küchenfenster,
jeden dankbaren Pfennig zählen die Fliesen
oder eine Mütze, ein Grab
und in drei Tagen Auferstehung.

Eines Tages,
als der Verkäufer sich kalt waschen wollte,
fand er das Wasser lau.
Die Brüste auf dem Foto neben dem Spiegel
tauten, flossen ihm über die Finger.
Noch lange danach, als er schon seine Seide verkaufte,
übte er zärtliche Hände.

Musik im Freien

Als die Pause überwunden schien,
kam Aurèle mit dem Knochen.
Seht meine Flöte und mein weißes Hemd,
seht die Giraffe, die über den Zaun späht,
das ist mein Blut, welches zuhört.
Nun will ich alle Drosseln besiegen.

Als der gelbe Hund über die Wiese lief,
verendete das Konzert.
Später fand man den Knochen nicht mehr.
Die Noten lagen unter den Stühlen,
der Kapellmeister nahm sein Luftgewehr
und erschoß alle Amseln.

SOPHIE

Papieraugen und kleine Silberwinkel,
auf Trompeten durch die Allee reiten,
alle Schubladen auf
und aus der letzten
die vielen behaarten Dreiecke nehmen
und eines vermissen, das weiß ist.
Sophie, böse Sophie.

Nun streift der Herbst seine Handschuhe ab,
nun scheucht er deine Blicke,
ruckartig lebende Hühner,
über den Spiegel zum Stall,
nun alle Schubladen auf,
Dreiecke, Schenkel, Knoten,
neunundneunzig gebündelte Kehlen –
Sophie, böse Sophie.

Messer, Gabel, Scher' und Licht

1

Da, jetzt hat sie die Gabel verschluckt,
brennt nun, zweimal fünf Finger.
Wo eben noch Zöpfe –
oft reichen zwei, einen Kopf zu ermüden –,
weckt eine Schere,
als gäbe es kein Papier und Wolle, hinhaltend freundlich,
Schlangen weckt sie, die einmal ledig
nur noch die Glätte meinen und ihrem Biß zugleiten.

Alles ist nun behaart,
jede Tapete erobert,
kaum noch ein Blick, der gelingt.
Frauenhaar würgt erst alle Puppen,
das Stofftier dann,
das immer etwas nach Malzbonbon roch. –
Da, jetzt hat sie die Gabel verschluckt,
brennt nun, zweimal fünf Finger,
beginnt mit der Schere, greift dann
ruhig, fast friedlich zum Messer.

2

Abschneiden, sagt die Hebamme, genug. –
Doch selbst das Geschlecht, weil böse, zufällig,
nun endlich verschnitten, zuckt noch, will Vater werden.
Ein Hahn ohne Kopf, der noch die Hennen tritt,
krähen will, und er kräht auch.

O wie soll das weitergehen?
Jeder Konzern wird entflochten.
Doch wer wird die Schenkel entflechten,
den Knoten im Bett,
in dem die Kinder wimmeln?

Später laufen sie dann
mit einem Streichholz, das schreit,
in eine Scheune,
zu unserem hilflos trockenen Vorrat,
geben ein Fest ohne Bier.

Noch später dann, wenn sie schon selten die Betten nässen,
die Schule sie täglich neu zählt,
fragen die Eltern, immer noch Flechtwerk im Bett:
Wer wird die Kinder vor dem Lehrer schützen,
vor seiner feuchten, wuchernden Hand,
wenn sie den Mädchen ins Kleid fällt?

Kinder noch nicht, oder schon, oder fast, wenn nicht zuvor
– viele werden gezeugt, ein Teil geboren,
können nicht mehr zurück, es sei denn,
sie finden das Streichholz oder ein einsilbig Messer. –
Anna, Anna, Anna, eben trankst du noch Milch,
jetzt fließt du rot und davon.

3

Wenn sie mit der Schere spielt,
wer kann das ansehen,
wenn sie mit dem Messer in alle Polster
und nach der Zeitung sticht –
als wäre etwas dahinter?

Wenn sie den Himmel,
damit er ausläuft, schlapp wird,
eine veraltete Brust,
mit ihrer dressierten Schwalbe aufschlitzt,
wer kann das ansehen, diesen Regen?

Gestern hat sie mein Bett,
heute den letzten, schon hinkenden Stuhl

und alle vier Wände erstochen.
Jetzt muß ich sehen,
wie ihr gefüllter Daumen sich öffnet.

4

Solch ein windiger Tag,
da ist die Luft voller Scheren,
der Himmel nur noch ein Schnittmuster. –
Mein schönes Scherchen.
War so blond, sang so hell,
hörte alles, fromm war es,
glaubte mir immer,
war aber auch schnell und schnitt alle Ecken ab.
Wenn es sprach,
ganz leise, eintönig,
und hatte doch Sinn, was es sagte.
Kein Wort zuviel,
war immer eindeutig,
obgleich es zwei Schenkel hatte wie ich
und eine Art Frau war,
die oft und zum Zweck ins Spagat fiel.
Wußte, wo links war und rechts,
ging aber immer geradeaus.
Ging nichts aus dem Wege.
Manchmal ging es mir durch wie ein Pferdchen.
Einmal ging es daneben –
das tat weh und war rot.

5

Windiges Wetter ist gut zum Scherensuchen.
Da soll man mit offenem Licht, mit einer Gabel
für alle Fälle, mit einem Messer, bartlos, sofort,
mit Messer und Gabel soll man bei windigem Wetter
die Schere suchen – mit offenem Licht.

WARNUNG

Vorsicht, der Wind schläft in Tüten,
in den Fingerhüten der Schneiderin auch.
Als sie mit Regen, mit ihrer eigenen leisen Fontäne
des Himmels Risse vernähte, halfen ihr Schwalben.

Vorsicht, der Wind schläft in Tüten.
Im Kugellager des kleinen, mildtätigen Lächelns tut er wie Öl.
Dennoch quietschen die Tanten, reiben sich Zunge und Wort,
Tenöre und Türen hört man bei Nacht.

Vorsicht, der Wind schläft in Tüten,
in einem Handschuh kocht er mit Erbsen Applaus.
Es passen ihm nicht die fünf Straßen,
auch nicht der Platz, der zum Hinken verführt.

Vorsicht, der Wind schläft in Tüten,
in seiner Tüte erwachte der Wind.
An einer Annonce über billig zu reparierende Regenschirme
erwacht, zerriß er das Hemd seines Schlafes.

In seiner Tüte erwachte der Wind.
Aus allen Gärten trieb er die Tulpen, saubere Mägde,
über die Münzen,
über des Bahnhofs oft überfahrene Zunge,
zwischen den Löschteich und eine Fassade,
drängte sie weiter unters Geröll
seiner exakten Paraden.

HIMMELFAHRT

In hellgrauer Hose,
mit dem Stein in der Tasche.
Aus dem achtzehnten Stockwerk,
an der siebenten Rippe,
dem neunten November vorbei.
Vorbei an dem Milchzahn,
dem obersten Knopf, der nur Zierde,
vorbei an zwei glatt und zwei kraus,
der Strümpfe lange Erfahrung.
Durch einen Knoten,
durchs Reich der Mitte,
der Tee ein vergebliches Bett.

Ohne den Stein.
Aus leerem Ärmel,
aus lauem Brunnen hinauf.
Durch das Nest eines Kuckucks,
die Hand der Kastanie füllt sich entsetzt.
Über den Scheitel von Schall und Vernunft,
durch blaue, schildlose Wüste,
durch Schränke, durch andere Knoten,
an zehn vererbten Geboten,
das Schaltjahr der mageren Jahre,
vorbei an dem satten Gehörn
himmlisch beschachspielter Kühe
und an der Zeit auf drei Spulen
und an dem Licht auf zwei Ämtern,
strickende, strumpftolle Sonnen.
Mitten durch Glatt und durch Kraus,
durch ein vermauertes Fenster,
nackt, in der letzten Livree.

Beobachtet beim Attentat

Es ist so schwer, den Platz zu überqueren.
Des Vogels Blick,
die Kälte ohne Wimper
und Neugierde an Zäunen lang,
dahinter Rauch und zwischen nassen Hüten
das trockne Foto einer Frau.
Wär es im Keller schon gelungen,
im Keller zwischen Pferd und Zaudern,
die Treppe hätte nicht gelacht
und dreimal ihren Hals gebogen.
Es öffnete der General.
Er nannte pausenlos die Summe,
die Zahl brach ab,
des Vogels Blick, als niemand in den Spiegel sah,
gewann im Blei die Müdigkeit vorm Schlaf.
Verwirrt vergaßen beide Mörder
den Atem aus der Uhr zu nehmen,
das Fenster wie ein Hemd zu öffnen,
die Zahl zu heben,
die im Spiegel brach.

Rundgang

Der Schritt nimmt ab, Erlaubnis allem Grünen,
die Runde bleibt an Ecken stehn.
Sag Grotte, Laube, auch Vitrine,
blick durch den Kamm,
gepflegt glänzt jeder Scheitel.
Auch Bücher, richtig aufgeschlagen,
wie Zwillinge in einem Bett
gleich atemlos ans Ziel gelangen,
fällt auf den Dächern Regen ins Spagat.

So finden alle Kugeln in den Keller,
sie werden täglich neu gezählt.
Vom Giebel über Flur und Treppe
die Wollust kleine Häufchen fegt
und dazu singt, nach Art der Mägde,
und ihrer Schenkel Dreiklang schlägt.

Den Muskel auf die Schienen schieben,
zum Bahnhof rollen und mit Sand beladen.
Den bunten Keil in kleine Vasen stoßen,
die Hüte fort, Erlaubnis allem Grünen,
den Handschuh bis zur Uhr gefüllt.
Dann hält der Riegel nicht, der die Tapete sichert,
vor Dschungel, Tee und Tabakstauden,
vor Ernten, die in jedem Griff.

Nun könnt es sein, daß einer dieser Flecken
gewinnt, ein Glas erfindet, füllt und überläuft.
Nun keine Küste, keine Lippe,
kein Knie, kein Ärmel, der das Blut verbirgt.
Kein Satz, der leugnet bis zum Knick,
daß einer dieser neuen Flecken
Pigmente hat und beinah ein Geschlecht.

Der Pförtner blättert lustlos in den Türen,
die Mieter kommen halbgezähmt nach Haus.
Sie legen sich ins Buch zur letzten Seite,
sie dulden keine Folge, keine Bilder,
nur noch die Uhren. Angestoßen
das Rad, bis die Planeten kreisen –
auch Polizisten, Briefträger und Förster
in abgestecktem, windstillem Revier.

Die Klingel

Versuche mit Tinte,
Niederschriften im Rauch,
halb erwacht
im Dickicht süßer Gardinen.
Die Straße, den Notverband wieder aufgerollt,
weil die Wunde juckt,
weil die Erinnerung sich stückeln läßt und längen,
so eine Katze unterm Streicheln.

Wer bewegte die Klingel,
belud die Luft mit Erfolg?
War es das Glück
mit neuen, dünneren Strümpfen
oder der Mann
mit dem Krankenschein unter der Haut?
Niemand erschrak. Nicht das Wasser zum Spülen,
kleinen Frauen im Zimmer kräuselte sauer der Rock.

Wer kann eine Klingel wieder verkaufen,
zurücktreten, mit dem Hut in der Hand,
die Kreide der Herkunft vom Zaun lecken?
Die nackte Gestalt wird zwischen den Spiegeln
keinen Vorsprung gewinnen.
Keine Bewegung kommt hier zu kurz.
Gleichzeitig wird es hüsteln,
das Weiße im Auge vergilben,
der falsche Bart,
ein letztes Geständnis,
von der Oberlippe wird sich der Rauch lösen
und keinen Vogel begeistern.

POLNISCHE FAHNE

Viel Kirschen, die aus diesem Blut
im Aufbegehren deutlich werden,
das Bett zum roten Inlett überreden.

Der erste Frost zählt Rüben, blinde Teiche,
Kartoffelfeuer überm Horizont,
auch Männer halb im Rauch verwickelt.

Die Tage schrumpfen, Äpfel auf dem Schrank,
die Freiheit fror, jetzt brennt sie in den Öfen,
kocht Kindern Brei und malt die Knöchel rot.

Im Schnee der Kopftücher beim Fest,
Pilsudskis Herz, des Pferdes fünfter Huf,
schlug an die Scheune, bis der Starost kam.

Die Fahne blutet musterlos,
so kam der Winter, wird der Schritt
hinter den Wölfen Warschau finden.

Die Krönung

Blaue Flammen in den Zweigen.
Atmen noch im Gasometer
bittre Kiemen ohne Fisch.
Immer älter wird die Kröte,
lebt von Nelken, lebt von Düften
aus des Todes linkem Ohr.
Niemand folgte, kaum der Mörtel.
Ohne Segel und Gebärde,
in der grünen Truhe Pfingsten
trugen sie die Taube fort.
Glatt und aufgerollt die Kabel,
zwölf Lakaien und Beamte
führt die Schnur aus jedem Nabel
nur zur Wochenendpotenz.

Freitags krönten sie den König.
Von Geburt her blinde Nelken,
mit dem Atem einer Kröte,
mit dem blauen Gasometer,
Mitternacht und Mandelscheitel,
Vorstadt um Jerusalem.

DER BÄR

Fäden nur, es regnet Zwinger.
Bein um Bein, im Ohr der Vorhang,
Schritte am Applaus entlang.
Auf Sandalen ohne Spuren,
gleicher Abstand, Kopf und Nicken,
Strich, nie Punkte aus der Drüse.
Spinnen, die den Satz verachten,
Regen auch, der seinen Euter
noch bedrängt, wenn schon die Mägde
springen und die Nebel raffen.
Beider Himmel blasse Molke,
wäre Teer die fette Insel,
Fäden nur, es regnet Zwinger,
durchgestrichen Leib und Grotte.
Wär ein Punkt, nur eine Stufe,
könnte sich der Bär besinnen,
war's im Wappen oder Honig,
dreimal süß um die Kokarde.
Enger noch als Gelb und Augen,
vor dem Atem einer Spinne
liegt der Bär und leckt am Gummi,
auch die Speichen, auch den Abglanz
seines Rades Labrador.

DER ELFTE FINGER

Wo blieb mein elfter Finger,
mein elfter, besonderer Finger,
niemals hat er gelacht,
niemals den Handschuh, die Nacht
wegen der Farbe getragen.
Er hat die Ziege gemelkt.
Er hat die Ziege gemelkt,
hat die Ziege der Uhr zugetrieben,
die Ziege hat sich gebückt.
Konnte sich bücken, konnte der Uhr,
hat der Uhr die Sohlen geleckt,
bis die Uhr kicherte, kicherte,
alle Minuten verlor,
alles, auch ihre Pausen gestand.
Nun sah er im Weiten schon Gold,
der Finger sah weither schon Gold,
hat Juweliere verführt,
Bräute, kurz vor der Kirche.
Schlüssel war er, Stempel, Verschweigen –
oft habe ich meinen elften Finger geschleckt,
obgleich er niemals schlief,
obgleich er niemals schlief.

Worauf soll ich nun deuten?
Worauf soll ich nun deuten,
heute, da beide verkürzten Hände
nur noch geschickt sind,
Eisen wie Fleisch, Fleisch, einen Amboß zu tasten –
oder sie hocken am Abend gleich belasteten Krähen
auf einem Stein im Feld,
zählen acht, neun, zehn, niemals elf.
Niemals zählen sie elf.

Lamento bei Glatteis

Sanna Sanna.
Meiner Puppe trocknes Innen,
meiner Sanna Sägespäne
hingestreut, weil draußen Glatteis,
Spiegel üben laut Natur.
Weil die Tanten, die nach Backobst,
auch Muskat, nach dem Kalender,
süß nach Futteralen riechen.
Weil die Tanten in den schwarzen,
lederweiten Blumentöpfen
welken und Gewicht verlieren.
Sanna Sanna, weil die Tanten
stürzen könnten, weil doch Glatteis,
könnten brechen überm Spiegel,
zweimal doppelt, Töpfe, Blumen.
Offen würden Futterale
und Kalender, kurz nach Lichtmeß,
der Vikar mit blauen Wangen
weihte Kerzen und den Schoß.

Späne nicht, so nehmt doch Asche.
Nur weil Tanten, meiner Sanna
ungekränktes, trocknes Innen
mit dem Schweiß der Spiegel nässen.
Sanna nein. Der Duft um Kerne
aufgetan, das Bittre deutlich,
so als wär der Kern die Summe
und Beweis, daß Obst schon Sünde.
Aufgetan, nein Sanna schließe
dein Vertrauen, dein Geschlecht.
Gäb der Winter seine Nieren,
seine graue alte Milz
und sein Salz auf beide Wege.
Könnt dann Sanna, deine, Sanna,

hingestreute Puppenseele
Lerchen in Verwahrung geben.
Sanna Sanna.

Unfall

Hirsche schrieen in der Kurve.
Jener Sonntag war ein Knoten
in der Wolle, in den Uhren.
Münzen fielen, taube Löffel,
Münzen ins Gehör der Kurve,
daß sie schrie und Chrom und Nickel
und ein Taschentuch zerknüllte.
Der Chauffeur fraß Armaturen,
starb und wickelte sich frierend
in den Kiesshawl seiner Braut.
Schwarzer Lack, des Kellners Rose,
blühte und die Pflastersteine
rieben Liebe, feines Pulver,
jener Hure im Kanister,
die den Herrn für drei Liköre
ihr Benzin goß, sprach vom Flieder.
O zehn Pfennig, altes Wunder,
im Gedicht des Automaten
reimte sich Stanniol und Watte,
doch der Arzt in weißen Nelken
kam zu spät, die Ambulanzen
lösten sich gleich Salz und Zucker.

Tierschutz

Das Klavier in den Zoo.
Schnell, bringt das Zebra in die gute Stube.
Seid freundlich mit ihm,
es kommt aus Bechstein.
Noten frißt es
und unsere süßen Ohren.

Nächtliches Stadion

Langsam ging der Fußball am Himmel auf.
Nun sah man, daß die Tribüne besetzt war.
Einsam stand der Dichter im Tor,
doch der Schiedsrichter pfiff: Abseits.

Misslungener Überfall

Am Mittwoch.
Jeder wußte wieviele Treppen hinauf,
den Druck auf den Knopf,
die zweite Tür links.
Sie stürmten die Kasse.
Es war aber Sonntag
und das Geld in der Kirche.

PROPHETENKOST

Als Heuschrecken unsere Stadt besetzten,
keine Milch mehr ins Haus kam, die Zeitung erstickte,
öffnete man die Kerker, gab die Propheten frei.
Nun zogen sie durch die Straßen, 3800 Propheten.
Ungestraft durften sie reden, sich reichlich nähren
von jenem springenden, grauen Belag, den wir die Plage nann-
t   e   n   .
Wer hätte es anders erwartet. –

Bald kam uns wieder die Milch, die Zeitung atmete auf,
Propheten füllten die Kerker.

GASAG

In unserer Vorstadt
sitzt eine Kröte auf dem Gasometer.
Sie atmet ein und aus,
damit wir kochen können.

STREIT

Vier Vögel stritten.
Als kein Blatt mehr am Baum war,
kam Venus, verkleidet als Bleistift,
und hat den Herbst,
einen bald darauf fälligen Wechsel,
mit schöner Schrift unterschrieben.

Bauarbeiten

Vor einer Woche kamen die Maurer
und brachten mit, was verlangt.
Sie haben ihn eingemauert,
den Hahn, den wir vermeiden wollten. –
Durch welchen Zufall kriecht dieser Ton?
Heute, noch immer erkalten die Suppen.
Fröstelnd stehen wir abseits und sehen den Hennen zu,
wenn sie den Mörtel vermindern.
Verlangen sie etwa nach Kalk?

Der Kaffeewärmer

Wir wollen ihn uns warmhalten,
noch lange um den Tisch sein
und kleine Schlucke üben.
Unter dem Kaffeewärmer sitzt der liebe Gott
und kann es nicht verhindern,
daß er langsam kalt und böse wird.

Familiär

In unserem Museum – wir besuchen es jeden Sonntag –
hat man eine neue Abteilung eröffnet.
Unsere abgetriebenen Kinder, blasse, ernsthafte Embryos,
sitzen dort in schlichten Gläsern
und sorgen sich um die Zukunft ihrer Eltern.

CREDO

Mein Zimmer ist windstill,
fromm, eine Zigarette,
so mystisch, daß niemand wagt,
eine Miete zu erheben
oder nach meiner Frau zu fragen.
Als gestern die Fliege starb,
begriff ich ohne Kalender,
Oktober, ein Tanzlehrer verneigt sich,
will mir kleine, verbotene Bildchen verkaufen.
Besuch empfange ich vor der Tür,
die Post klebt an den Scheiben,
außen, der Regen liest mit.
Innen, mein Zimmer ist windstill,
kein Streit auf Tapeten,
Küsse von Uhren verschluckt,
nie stolpern, das Knie anschlagen,
weil alles nachgibt,
fromm, eine Zigarette,
senkrecht glaubt sie,
senkrecht die Spinne, ein Lot,
geht jeder Untiefe nach –
niemals werden wir stranden.

Das endlose Laken

Ein dunkles Zimmer,
grell vom Ticken.
Immer noch wollen die Hände des Tapezierers
das gelbe Muster befrieden.
Im rechten Ohr Gleisdreieck,
ein Adventslied im linken Ohr;
als könnte Emanuel Schlaf bedeuten
und die endliche Stille der Betten.

Endlos wuchert dieses Laken.
Vegetation ohne Regen und Hefe,
Angst vor dem Zahnarzt,
Angst vor dem Friseur,
er könnte seine rasierte Stimme
über den Scheitel beugen,
dort etwas sehen,
was sonst nur mein Hut sieht.

Ich bin müde.
Das Herz hüpft zwischen den Stühlen,
läßt sich nur mühsam,
mit vielen Unkosten fangen.
Der Atem schlägt mit den Türen,
blättert im alten Kalender,
bis er ein reiffrisches Hemd trägt. –
Bis das Fenster schmutzig wird,
muß ich den Zigaretten ins Auge sehen
und nach dem Aschenbecher tasten.

Drei Vater unser

I

Gewalt, wer verbog die Sicherheitsnadel,
wer stieß den Kohl vor den Kopf.
Kommen einfach her,
zersingen die Gläser
und wollen noch Beifall.
Mars, böse Metzger bestimmen die Preise.

Komm, wir spielen Kain und Abel.
Jeder hat doch etwas Hartes, Einmaliges in der Tasche,
das genau an den Hinterkopf eines stotternden Bengels paßt,
der Abel heißt und bei der Infanterie dient.
Wer oben liegt, hat gewonnen –
und im Bett, wer gewinnt da?

Wer hat mehr vom Leben,
die Leiche oder die Witwe?
Brüder, Brüder, alle ihr Magenkranken,
die ihr da salzlos und von Gedichten lebt,
niemand, kein Uhrmacher will mehr die Sanftmut,
eine törichte Spieluhr reparieren.

Eine Fliege fällt ins Bier,
im Zoo werden Löwen gefüttert,
der Meineid pfeift auf drei Fingern,
Gewalt, wer verbog die Sicherheitsnadel,
komm, wir spielen Kain und Abel,
Vater unser, der du bist im Himmel.

2

Bomben, die sich nur langsam verteilen,
Küsse, die nicht versiegeln,
nur einen Laut versuchen,
Rangiergeräusche auf Güterbahnhöfen,
die jeden Schlaflosen durstig
und jeden Säufer mißmutig machen.

Ein Kinnhaken vor dem Spiegel,
Same, der auf den Teppich fällt
und nur den Irrsinn der Kringel befruchtet.
Vieles geht daneben.
Der Mann versucht mit dem Schlüssel die Tür,
wundert sich, wenn sie aufgeht, und lacht.

Narrenmangel, wer züchtet noch Buckel.
Nijinsky, der auch Jesus Christus hieß,
sprang so langsam und deutlich,
wie der Mond von Giebel zu Giebel springt.
Bomben verteilen sich langsam,
ein Kinnhaken vor dem Spiegel,
Vater unser, der du bist im Himmel.

3

Ihr solltet nicht mehr die Ratten impfen,
Ratten rächen sich,
knabbern an Fundamenten,
suchen die Toten heim –
wie der Tod euch
mit Fernsehen heimgesucht hat.

Vergrabt die Türme,
bringt das Bergwerk ans Licht,
stellt in den Kaufhäusern

Weihwasser auf.
Mater dolorosa in technicolor,
und nach dem Kino zur Beichte.

Friseure, sonst mit pünktlichem Scheitel,
spiegeln verwirrte, entvölkerte Kämme.
Seiltänzer, sonst geschickt,
stürzen von Augenbrauen
in einen Blick,
sehen sich selbst dabei zu.

Doch wer bespannt seine Pauke mit Jungfernhäutchen?
Trommler, sonst ohne Gehör,
verfallen immer demselben Regen:
Ihr solltet keine Ratten mehr impfen,
ihr solltet alle Türme vergraben,
Vater unser, der du bist im Himmel.

K, DER KÄFER

K, der Käfer, liegt auf dem Rücken.
Sieht er den Himmel, die Langeweile
organisierter Wolken?
Sieht er die Zimmerdecke, den Spiegel,
der fleckige Laken zeigt, Tücher,
auf denen der Schnee schmolz?

K, der Käfer, liegt auf dem Rücken,
zählt seine Beine, vorher tat er das nie,
wie ein Pilot, dessen Fallschirm nein sagt,
nun knapp bis zehn zählt
und die Gebote meint –
oder es fällt ihm ein Witz ein.

K, der Käfer, liegt auf dem Rücken,
dazu ein Pfennig, ein Blatt.
Doch den Pfennig findet die Mark
und das Blatt, beide Seiten – der Wind lernt lesen.
Die Zigarette kommt in den Himmel,
zurück bleibt der Käfer.

K, der Käfer, liegt auf dem Rücken.
Vorher rollte er sein Geheimnis,
Schuhe fürchtete er,
doch von der Dampfwalze war ihm bekannt,
daß sie oft stehenbleibt
und nach Luft ringt.

K, der Käfer, liegt auf dem Rücken,
liegt in seinem Gehäuse, in einer Schüssel,
ruft zuerst sein Gefühl,
dann jede Bewegung,
jenes Geräusch vor der Stille
ruft er nach Hause, in sein Gehäuse.

K, der Käfer, liegt auf dem Rücken.
Lief Nurmi soeben vorbei, wollte die Zeit überrunden? –
Frauen ergeben sich so, sind danach nur noch Anblick.
Kafka lag auf dem Rücken,
und Käte Kruses beschädigte Puppen,
wenn sie den Kindern entfallen, blicken uns nach.

V, DER VOGEL

V, der Vogel, ein Keil,
dazwischengetrieben, als gelte es einen Himmel zu spalten,
als sei der Himmel Brennholz,
der Winter nahe, Brikett zu teuer,
ein Vogel eine geflügelte Axt.

V, der Vogel, ein Keil,
den Urwald Blau Schlag auf Schlag abzubauen,
als kleine Stücke im Keller zu stapeln,
ein Vorrat Himmel, der lange reicht,
sich zählen läßt und nie mehr bewölkt.

V, der Vogel, ein Keil,
der hinterläßt einen Kahlschlag,
rodet auch und zwingt die Wurzel zum Zweifel.
Erst Feuer, der andere Vogel,
forstet hier auf, erklärt den Himmel zur Schonung.

V, der Vogel, ein Keil.
Und wenn der Keil nun den Rahmen verläßt?
Was eben noch Bild schien, gemäßigt, erlaubt im Format,
wuchert nun, eine Tapete,
im kleinen Ausschnitt verkäuflich.

V, der Vogel, ein Keil,
läßt einen Apfel reißen, er offenbart ein Gehirn,
fügt dem Gebirge die Schlucht ein,
hat keine Scham und Vorbeisehn,
öffnet Verstecke im Fleisch.

V, der Vogel, ein Keil,
drängt sich dazwischen,
Teilhaben nennt er dieses,
wenn er auf heiser politischen Plätzen
dem Redner das Ende vom Satz trennt.

V, der Vogel, ein Keil,
kommt immer durch,
doppelt wählt ihn das W,
Winston hebt die zwei Finger,
und jeder weiß, was er meint.

Die bösen Schuhe

Die Schönheit steht –
und oben im Applaus
gerinnt das Lächeln, Milch
in bloßen Schalen,
Gewittern ausgesetzt und der Zitrone,
zerdrückt mit Schwermut, fünf verbrauchten Fingern,
doch ohne Absicht, Aussicht auf Erfolg.

Ein Ausflug junger Mädchen im April,
mit Hälsen, die an Zugluft leiden.
Nun abgeschnitten diese Köpfe,
nur Säulen bleiben, die Akropolis.
Geflüchtet sind die Hüte, Kapitäle,
ein abgestanden Bier – die Schönheit dauert
in spitzen Schuhen, relevé.

So langsam springt das Glück,
den Sonntagsjägern deutlich.
Mit weißen Händen, so zerbrochnen Blumen,
daß man die Mühe, Kolophonium riecht.
Und Schweiß aus unentdeckten Höhlen,
und Tränen, Hysterie vorm Spiegel –
danach, in der gemütlichen Garderobe.

Nein, unerträglich ohne dich, Tabak,
ist dieser Blick in die gestellte Szene.
Denn was sich beugt und ausläuft, eine Uhr,
sich dreht und oben wimmeln Augen,
doch leergelöffelt, ohne Freundlichkeit,
den Vorglanz Nachher und die Hoffnung auf: Bis gleich.
Nur wieder Stand, die angewärmte Geste,
die erst bei dreißig Grad zum port de bras gefriert.

Wer löst denn diese Haltung ab,
und bricht der Venus unerlaubte,
der Arktis nachgelaßne Beine?
Wer nimmt den krustig alten Füßen
die bösen, spitzen Schuhe ab
und sagt zur Arabesk vorm Sterben:
O sei doch barfuß, nackt und tot.

Möbel im Freien

Wer warf die Gartenbank um?
Nun liegt sie da, grün und vergeblich,
stottert mit vier bewiesenen Beinen,
sucht den Beweis in der Luft.
Aufstellen wieder. Wieder wie vorher
unter dem Sommer sitzen und Kaffee
mit einer Tante trinken und Kekse,
Hostien brechen.

Nein, dieser Sommer ist pleite.
Die Tante nährt weiße Würmer,
die Kekse krümeln und passen
in keine ererbte Monstranz.
Auch trinkst du den Kaffee
zu heiß, halb im Weggehn,
flüchtig, mit sichernden Blicken
nach links, nach rechts und nach links.

Gartenbänke, die einmal gestürzt,
stehen nun ledig, kundig des Herbstes,
zwischen den nassen Stachelbeersträuchern,
vom Regen, Aufbruch, mitten im Satz,
vom Mond, der nie stillsitzt, bevölkert.

Blechmusik

Damals schliefen wir in einer Trompete.
Es war sehr still dort,
wir träumten von keinem Signal,
lagen, wie zum Beweis,
mit offenem Mund in der Schlucht –
damals, ehe wir ausgestoßen.

War es ein Kind, auf dem Kopf
einen Helm aus gelesener Zeitung,
war es ein irrer Husar,
der auf Befehl aus dem Bild trat,
war es schon damals der Tod,
der so seinen Stempel behauchte?

Heute, ich weiß nicht, wer uns geweckt hat,
vermummt als Blumen in Vasen
oder in Zuckerdosen,
von jedem bedroht, der Kaffee trinkt
und sein Gewissen befragt:
Ein oder zwei Stückchen oder gar drei.

Nun fliehen wir und mit uns unser Gepäck.
Alle halbleeren Tüten, jeden Trichter im Bier,
kaum verlassene Mäntel, stehengebliebene Uhren,
Gräber, die andre bezahlten,
und Frauen, die sehr wenig Zeit haben,
füllen wir kurzfristig aus.

In Schubladen voller Wäsche und Liebe,
in einem Ofen, der nein sagt
und nur seinen Standpunkt erwärmt,
in einem Telefon blieben unsere Ohren zurück
und hören, nun schon versöhnlich,
dem neuen Zeichen Besetzt zu.

Damals schliefen wir in einer Trompete.
Hin und zurück träumten wir,
Alleen gleichmäßig bepflanzt.
Auf ruhigem, endlosem Rücken
lagen wir jenem Gewölbe an
und träumten von keinem Signal.

GLEISDREIECK

BRANDMAUERN

Ich grüße Berlin, indem ich
dreimal meine Stirn an eine
der Brandmauern dreimal schlage.

Makellos ausgesägt,
wirft sie den Schatten dorthin,
wo früher dein Grundstück stand.

Persil und sein Blau überlebten
auf einer Mauer nach Norden;
nun schneit es, was gar nichts beweist.

Schwarz ohne Brandmauerinschrift
kommt mir die Mauer entgegen,
blickt sie mir über die Schulter.

Ein einziger Schneeball haftet.
Ein Junge warf ihn, weil etwas
tief in dem Jungen los war.

Adebar

Einst stand hier vieles auf dem Halm,
und auf Kaminen standen Störche;
dem Leib entfiel das fünfte Kind.

Lang wußt ich nicht, daß es noch Störche gibt,
daß ein Kamin, der rauchlos ist,
den Störchen Fingerzeig bedeutet.

Tot die Fabrik, doch oben halbstark Störche;
sie sind der Rauch, der weiß mit roten Beinen
auf feuchten Wiesen niederschlägt.

Einst rauchte in Treblinka sonntags
viel Fleisch, das Adebar gesegnet,
ließ, Heißluft, einen Segelflieger steigen.

Das war in Polen, wo die Jungfrau
Maria steif auf Störchen reitet,
doch – wenn der Halm fällt – nach Ägypten flieht.

KINDERLIED

Wer lacht hier, hat gelacht?
Hier hat sich's ausgelacht.
Wer hier lacht, macht Verdacht,
daß er aus Gründen lacht.

Wer weint hier, hat geweint?
Hier wird nicht mehr geweint.
Wer hier weint, der auch meint,
daß er aus Gründen weint.

Wer spricht hier, spricht und schweigt?
Wer schweigt, wird angezeigt.
Wer hier spricht, hat verschwiegen,
wo seine Gründe liegen.

Wer spielt hier, spielt im Sand?
Wer spielt, muß an die Wand,
hat sich beim Spiel die Hand
gründlich verspielt, verbrannt.

Wer stirbt hier, ist gestorben?
Wer stirbt, ist abgeworben.
Wer hier stirbt, unverdorben,
ist ohne Grund verstorben.

GLEISDREIECK

Die Putzfraun ziehen von Ost nach West.
Nein Mann, bleib hier, was willst du drüben;
komm rüber Mann, was willst du hier.

Gleisdreieck, wo mit heißer Drüse
die Spinne, die die Gleise legt,
sich Wohnung nahm und Gleise legt.

In Brücken geht sie nahtlos über
und schlägt sich selber Nieten nach,
wenn, was ins Netz geht, Nieten lockert.

Wir fahren oft und zeigen Freunden,
hier liegt Gleisdreieck, steigen aus
und zählen mit den Fingern Gleise.

Die Weichen locken, Putzfraun ziehn,
das Schlußlicht meint mich, doch die Spinne
fängt Fliegen und läßt Putzfraun ziehn.

Wir starren gläubig in die Drüse
und lesen, was die Drüse schreibt:
Gleisdreieck, Sie verlassen sogleich

Gleisdreieck und den Westsektor.

Gesang der Brote im Backofen

Brot,
wo hört auf das Brot,
wo fängt an der Kuchen?

Und jener Bäcker,
der früher aufstehen muß als die Sonne,
machte für uns eine Hitze.

Und jener Bäcker,
der weiß ist und magenkrank,
machte uns mit seinen Fingern.

Und jener Bäcker,
dem der Mehlwurm das Haar nahm,
nahm uns auf hölzerne Schieber.

Und jener Bäcker,
der uns mit seinen Fingern gemacht hatte,
blieb draußen mit seinen Fingern.

Und jenem Bäcker,
der draußen blieb,
blieb ein Rest Sauerteig unterm Daumennagel.

Und jener Bäcker,
der nie gerne Brot aß,
meinte, er backe Brot.

Aber wir sind kein Brot,
Steine sind wir,
die durch Euch hindurchfallen.

Und jener Bäcker,
den wir ernähren,
lächelt – weswegen?

FREITAG

Grüne Heringe,
in Zeitung gewickelt,
trug ich nach Hause.

Sonnig und frostig
war das Wetter.
Hausmeister streuten Sand.

Im Treppenhaus erst
begannen Heringe
die Zeitung zu durchnässen.

So mußte ich Zeitungspapier
von Heringen kratzen,
bevor ich Heringe ausnehmen konnte.

Schuppen sprangen
und lenkten mich ab,
weil Sonnenlicht in die Küche fiel.

Während ich Heringe ausnahm,
las ich in jener Tageszeitung,
die feucht und nicht neu war.

Sieben Heringe bargen Rogen,
voller Milch waren vier;
die Zeitung jedoch war an einem Dienstag erschienen.

Schlimm sah es in der Welt aus:
Kredite wurden verweigert.
Ich aber wälzte grüne Heringe in trockenem Mehl.

Als aber Heringe in der Pfanne erschraken,
wollte auch ich düster und freudlos
über die Pfanne hinwegsprechen.

Wer aber
mag grünen Heringen
vom Untergang predigen?

Anton

Ausgestreckt liegst du
auf deinen Brettern,
die niemand gehobelt hat.

Beide gehören
dem einen Wurm nur,
der schweigt oder pocht lautlos.

Unwiderlegbar
bildet die Spinne
auf dir einen rechten Winkel.

Nicht du zählst die Hufe,
dein Ohr, welches fremdgeht,
bewegt sich und zählt die Spechte.

Du, unaufmerksam,
mager und salzig,
liegst unter rauhen Zungen.

Sie aber äsen,
höllische Ziegen,
die an karge Felder gewöhnt sind.

Bieten dir Euter,
protzen mit Zitzen,
doch du nimmst die Lippen zurück.

Siehst nicht die Fliege
in deinem Auge,
die ungesehen in deinem Auge ertrinkt.

Versuchung sind Tiere,
die du dir erfunden.
Fabelhaft sind sie und kommen näher.

Im Anschaun vermehrt sich
das Einhorn und weiß schon,
wer heute dem Einhorn ergeben sein wird.

WANDLUNG

Plötzlich waren die Kirschen da,
obgleich ich vergessen hatte,
daß es Kirschen gibt,
und verkünden ließ: Noch nie gab es Kirschen –
waren sie da, plötzlich und teuer.

Pflaumen fielen und trafen mich.
Doch wer da denkt,
ich wandelte mich,
weil etwas fiel und mich traf,
wurde noch nie von fallenden Pflaumen getroffen.

Erst als man Nüsse in meine Schuhe schüttete
und ich laufen mußte,
weil die Kinder die Kerne wollten,
schrie ich nach Kirschen, wollt ich von Pflaumen
getroffen werden – und wandelte mich ein wenig.

KLAPPSTÜHLE

Wie traurig sind diese Veränderungen.
Die Leute schrauben ihre Namenschilder ab,
nehmen den Topf mit dem Rotkohl,
wärmen ihn auf, anderen Ortes.

Was sind das für Möbel,
die für den Aufbruch werben?
Die Leute nehmen ihre Klappstühle
und wandern aus.

Mit Heimweh und Brechreiz beladene Schiffe
tragen patentierte Sitzgelegenheiten
und patentlose Besitzer
hin und her.

Auf beiden Seiten des großen Wassers
stehen nun Klappstühle;
wie traurig sind diese Veränderungen.

KIRSCHEN

Wenn die Liebe auf Stelzen
über die Kieswege stochert
und in die Bäume reicht,
möchte auch ich gerne Kirschen
in Kirschen als Kirschen erkennen,

nicht mehr mit Armen zu kurz,
mit Leitern, denen es immer
an einer Sprosse mangelt,
von Fallobst leben, Kompott.

Süß und süßer, fast schwarz;
Amseln träumen so rot –
wer küßt hier wen,
wenn die Liebe
auf Stelzen in Bäume reicht.

STAPELLAUF

Wenn es die Möwe verlangt,
werde ich ein Schiff bauen,
werde beim Stapellauf
glücklich sein,
ein blendendes Hemd tragen,
vielleicht auch Sekt weinen
oder Schmierseife absondern,
ohne die es nicht geht.

Wer wird die Rede halten?
Wer kann vom Blatt lesen,
ohne zu erblinden?
Der Präsident?
Auf welchen Namen soll ich dich taufen?
Soll ich deinen Untergang ANNA nennen
oder COLUMBUS?

Die Ballade von der schwarzen Wolke

Im Sand,
den die Maurer gelassen hatten,
brütete eine Henne.

Von links,
von dort kam auch immer die Eisenbahn,
zog auf eine schwarze Wolke.

Makellos war die Henne
und hatte fleißig vom Kalk gegessen,
den gleichfalls die Maurer gelassen hatten.

Die Wolke aber nährte sich selber,
ging von sich aus
und blieb dennoch geballt.

Ernst und behutsam
ist das Verhältnis
zwischen der Henne und ihren Eiern.

Als die schwarze Wolke
über der makellosen Henne stand,
verhielt sie, wie Wolken verhalten.

Doch es verhielt auch die Henne,
wie Hennen verhalten,
wenn über ihnen Wolken verhalten.

Dieses Verhältnis aber
bemerkte ich,
der ich hinter dem Schuppen der Maurer stand.

Nein, fuhr kein Blitz
aus der Wolke
und reichte der Henne die Hand.

Kein Habicht nicht,
der aus der Wolke
in makellose Federn fiel.

Von links nach rechts,
wie es die Eisenbahn tat,
zog hin die Wolke, verkleinerte sich.

Und niemand wird jemals gewiß sein,
was jenen vier Eiern
unter der Henne, unter der Wolke,

im Sand der Maurer geschah.

Lamento bei Regen

Trommeln stehen im Regen,
Eimer, wer hielt das Blech
dem Regen hin, daß die Trommel
bodenlos leerläuft, der Eimer
überläuft, aussagt;
niemals verweigert der Regen,
wenns regnet, den Blechtrommelvers:
    Du solltest dich nicht so erregen,
    es regnet nicht deinetwegen.
Aale regnet es strichweis
von einem Fluß in den andern,
an beiden aalreichen Flüssen
stehen die Tafeln, verbieten
den Regen nicht, doch den Köder;
und umgekehrt, wie sich Regen
umgekehrt liest, heißt der Text:
    Sie sollten sich nicht so erregen,
    es regnet nicht Ihretwegen.
Niederschlag heißt hier Regen,
Farbbänder, farblos gelockt,
aus Schreibmaschinen der Nachlaß
zu früh verstorbner Poeten,
die hundert hellblonden Hymnen,
dazwischen endlos Lamento;
getippt und kopiert ist der Text:
    Wir sollten uns nicht so erregen,
    es regnet nicht unseretwegen.
Hält ihren Kopf in den Regen,
die Frau ohne Schirm steht im Regen
und schreit, weil aus bodenlos Eimern,
weil strichweis Aal ohne Köder,
weil Farbbänder farblos, schreit sie,
bis schweinsledern Polizisten
kommen, schweinsledern verkünden:

    Ihr sollt euch nicht so erregen,
    es regnet nicht euretwegen.
Nun regnet es auch im Kino,
der Regen auf Spulen läuft ab,
der Film, der die Leinwand durchnäßte
mit Liebe, trennendem Flimmern,
er reißt nicht, sondern sie küssen
sich flüsternd in Pelerinen
und flüstern auf Breitwand und flüstern:
    Geliebte, erregt dich der Regen,
    es regnet nur unseretwegen.

Inventar
oder die Ballade von der
zerbrochenen Vase

Wir wollen uns wieder vertragen,
das Bett zum Abschied zerschlagen;
du hast zwar die Vase zerbrochen,
doch ich hab zuerst dran gerochen –
so kommt unser Glück in die Wochen.

Vom Fenstersims rollen die Augen,
ein Buch zerfällt im Spagat;
von Seite zu Seite böser
verlangen die Brillengläser
Andacht und sündige Leser.

Der Schrank springt auf und erbricht
die Hüte, erwürgte Krawatten,
die Hemden, wechselnde Haut,
auch Hosen mit brauchbarem Schlitz;
ein Bein ist des anderen Witz.

Das Bild will zurück in die Heide,
die Ansichtspostkarte nach Rom,
der Koks möchte schwarz sein, nicht rot;
im Ofenrohr krümmt sich der Tod,
weil ihm der Erstickungstod droht.

Wer Zähne putzt, kann nicht beichten,
wer beichtet, riecht aus dem Mund
und hält die Hand vor, spricht leise:
Das Streichholz war meine Idee,
auch nehme ich Zucker zum Tee.

Der Tisch, nun zur Ruhe gekommen,
vier Stühle treten sich tot,
die Flasche schnappt nach dem Korken,

der Korken hält dicht und hält still;
ein Korken macht, was er will.

Der Montag kommt wie die Regel:
des Sonntags peinlicher Rest
in alte Zeitung gewickelt;
wir trugen das Päckchen nach Hause,
ein jeder des anderen Pause.

Jetzt wollen wir alles verkaufen,
das Haus mit Inventar,
den Schall der süßen Nachtigall
aus gelben Tapeten befreien,
dem Schrank seinen Inhalt verzeihen.

Wir haben uns wieder vertragen,
das Bett zum Abschied zerschlagen;
du hast zwar die Vase zerbrochen,
doch ich hab zuerst dran gerochen –
so kam unser Glück in die Wochen.

Im Ei

Wir leben im Ei.
Die Innenseite der Schale
haben wir mit unanständigen Zeichnungen
und den Vornamen unserer Feinde bekritzelt.
Wir werden gebrütet.

Wer uns auch brütet,
unseren Bleistift brütet er mit.
Ausgeschlüpft eines Tages,
werden wir uns sofort
ein Bildnis des Brütenden machen.

Wir nehmen an, daß wir gebrütet werden.
Wir stellen uns ein gutmütiges Geflügel vor
und schreiben Schulaufsätze
über Farbe und Rasse
der uns brütenden Henne.

Wann schlüpfen wir aus?
Unsere Propheten im Ei
streiten sich für mittelmäßige Bezahlung
über die Dauer der Brutzeit.
Sie nehmen einen Tag X an.

Aus Langeweile und echtem Bedürfnis
haben wir Brutkästen erfunden.
Wir sorgen uns sehr um unseren Nachwuchs im Ei.
Gerne würden wir jener, die über uns wacht,
unser Patent empfehlen.

Wir aber haben ein Dach überm Kopf.
Senile Küken,
Embryos mit Sprachkenntnissen
reden den ganzen Tag
und besprechen noch ihre Träume.

Und wenn wir nun nicht gebrütet werden?
Wenn diese Schale niemals ein Loch bekommt?
Wenn unser Horizont nur der Horizont
unserer Kritzeleien ist und auch bleiben wird?
Wir hoffen, daß wir gebrütet werden.

Wenn wir auch nur noch vom Brüten reden,
bleibt doch zu befürchten, daß jemand,
außerhalb unserer Schale, Hunger verspürt,
uns in die Pfanne haut und mit Salz bestreut. –
Was machen wir dann, ihr Brüder im Ei?

Die Vogelscheuchen

Ich weiß nicht, ob man Erde kaufen kann,
ob es genügt, wenn man vier Pfähle,
mit etwas Rost dazwischen und Gestrüpp,
im Sand verscharrt und Garten dazu sagt.

Ich weiß nicht, was die Stare denken.
Sie flattern manchmal auf, zerstäuben,
besprenkeln meinen Nachmittag,
tun so, als könnte man sie scheuchen,
als seien Vogelscheuchen Vogelscheuchen
und Luftgewehre hinter den Gardinen
und Katzen in der Bohnensaat.

Ich weiß nicht, was die alten Jacken
und Hosentaschen von uns wissen.
Ich weiß nicht, was in Hüten brütet,
welchen Gedanken was entschlüpft
und flügge wird und läßt sich nicht verscheuchen;
von Vogelscheuchen werden wir behütet.

Sind Vogelscheuchen Säugetiere?
Es sieht so aus, als ob sie sich vermehren,
indem sie nachts die Hüte tauschen:
schon stehn in meinem Garten drei,
verneigen sich und winken höflich
und drehen sich und zwinkern mit der Sonne
und reden, reden zum Salat.

Ich weiß nicht, ob mein Gartenzaun
mich einsperren, mich aussperrn will.
Ich weiß nicht, was das Unkraut will,
weiß nicht, was jene Blattlaus will bedeuten,
weiß nicht, ob alte Jacken, alte Hosen,
wenn sie mit Löffeln in den Dosen

rostig und blechern windwärts läuten,
zur Vesper, ob zum Ave läuten,
zum Aufstand aller Vogelscheuchen läuten.

Der Dichter

Böse,
wie nur eine Sütterlinschrift böse sein kann,
verbreitet er sich auf liniertem Papier.
Alle Kinder können ihn lesen
und laufen davon
und erzählen es den Kaninchen,
und die Kaninchen sterben, sterben aus –
für wen noch Tinte, wenn es keine Kaninchen mehr gibt!

Normandie

Die Bunker am Strand
können ihren Beton nicht loswerden.
Manchmal kommt ein halbtoter General
und streichelt Schießscharten.
Oder es wohnen Touristen
für fünf verquälte Minuten –
Wind, Sand, Papier und Urin:
Immer ist Invasion.

DIE SEESCHLACHT

Ein amerikanischer Flugzeugträger
und eine gotische Kathedrale
versenkten sich
mitten im Stillen Ozean
gegenseitig.
Bis zum Schluß
spielte der junge Vikar auf der Orgel. –
Nun hängen Flugzeuge und Engel in der Luft
und können nicht landen.

PÜNKTLICH

Eine Etage tiefer
schlägt eine junge Frau
jede halbe Stunde
ihr Kind.
Deshalb
habe ich meine Uhr verkauft
und verlasse mich ganz
auf die strenge Hand
unter mir,
die gezählten Zigaretten
neben mir;
meine Zeit ist geregelt.

AUS DEM ALLTAG DER PUPPE NANA

Die Uhr

Die Puppe spielt mit den Minuten,
doch niemand spielt mehr mit der Puppe –
es sei denn, daß die Uhr drei Schritte macht
und Nana sagt: Nana Nana Nana...

Die Frisur

Die Puppe spielt mit dem Regen,
sie flicht ihn, sie hängt ihn sich, Zöpfe, ums Ohr
und holt aus dem Kästchen den Kamm hervor
und kämmt mit dem Kamm den Regen.

Bei Vollmond

Die Puppe wacht, die Kinder schlafen,
der Mond, verwickelt in Gardinen,
die Puppe hilft und rückt an den Gardinen,
der Mond verdrückt sich und die Puppe wacht.

Schwüler Tag

Die Puppe bekam einen Zollstock geschenkt,
der war gelb, und so spielt sie Gewitter.
Sie knickte den Meter, dem Blitz glich er sehr –
nur donnern, das fiel der Puppe sehr schwer.

Die Tollwut

Die Puppe fand einen ledigen Zahn,
den legte sie in ein Glas.
Da sprang das Glas, der Zahn wieder frei
biß einem Stuhl die Waden entzwei.

Schicksal

Die Puppe spielt mit der Spinne,
die Spinne spielt Jojo.
Die Puppe greift nach dem Faden, das könnte uns allen schaden,
so viel hängt an dem Faden.

Frühling

Die Puppe freut sich, Zelluloid,
es tropft vom Dach auf ihren Kopf
und macht ein Loch –
die Puppe freut sich, Zelluloid.

Herbst

Die Puppe spielt mit den Prozenten,
der Kurs, die Pappel zittert.
Die Blätter, bunte Scheine fallen ab,
die deutsche Mark verwittert.

Im Zoo

Die Puppe ging in den Zoo
und sah der Eule ins Auge.
Seitdem hat die Puppe Mäuse im Blick
und wünscht sich in Voreulenzeiten zurück.

Das lange Lied

Die Puppe singt die Tapete.
Doch weil die Tapete so viele Strophen hat,
wird die Puppe bald heiser sein. –
Wer wird die Tapete zu Ende singen?

Vorsichtige Liebe

Die Puppe saß unter dem Bett der Eltern und hörte alles.
Als sie es mit dem Schaukelpferd gleichtun wollte,
sagte sie zwischendurch immer wieder:
Paß aber auf, hörst du, paß aber auf.

Schlechte Schützen

Die Puppe wurde auf ein Brett genagelt
und mit Pfeilen beworfen.
Doch kein Pfeil traf,
weil die Puppe schielte.

Der Torso

Die Puppe hatte keine Arme mehr,
und als auch die Beine auswanderten,
überlegte sie lange, ob sie im Lande bleiben sollte. –
Sie blieb und sagte: Es geht doch nichts über Europa.

Wachstum

Die Puppe wächst und übersieht die Schränke.
Die Bälle springen, doch die Puppe lacht
von oben, und die Kinder staunen unten
und hätten das von ihrer Puppe nie gedacht.

Die letzte Predigt

Die Puppe spricht, die müden Automaten
verstummen und rappeln nicht mehr Pfefferminz;
die Häuser fallen schwer aufs Knie
und werden fromm – nur weil die Puppe spricht.

Nachmittag

Die Puppe fiel in den Tee,
zerging wie der Zucker im Tee –
und die ihn tranken, entpuppten sich,
bis einer des anderen Puppe glich.

In Memoriam

Die Puppe kostete zwei Mark und zehn –
für diesen Preis schien sie uns schön.
Selbst solltet ihr schönere Puppen sehn,
so kosten sie mehr als zwei Mark und zehn.

ZAUBEREI MIT DEN BRÄUTEN CHRISTI

Aus himmlischen Töpfen

Wer hat dieses Spielchen ausgedacht?
Die Köche springen in den Hof,
erschrecken die Nonnen,
oder auf Treppen fassen sie zu,
im Keller, im Speicher,
auf Gängen atemlos,
Hände behaart,
mit Löffeln schlagen sie
und rühren auf,
was gerade sich setzte,
und schöpfen ab, was ihm galt –
dem Bräutigam.

Theater

Köche, Nonnen und Vögel,
dann Wind aus der Kulisse,
und ganz am Anfang bricht ein Glas,
daß Scherben noch genug sind, wenn am Ende
die Nonnen flüchten – Kurs Südost. –
Auch Vögel kommen meistens in den Himmel,
weil sie den Köchen und dem Wind
an Federn überlegen sind.

Vorsicht

Ergingen Nonnen sich am Strand
und hielten mit gewaschnen Händen
schwarz Regenschirme,
daß die Hitze
nicht Einfalt bräune. –

Kleine Füße traten Muscheln,
daß kein Ohr sei,
wenn Agneta, die Novize, sich verspräche,
was oft vorkommt.

Keine Taube

Es begegneten sich eine Möwe
und eine Nonne.
Und die Möwe
hackte der Nonne die Augen aus.
Die Nonne aber hob ihren Schleier,
lud wie Maria den Wind ein,
segelte blind und davon. –
Blieb der katholische Strand,
glaubte an blendende Segel,
Muschel rief Muschel ins Ohr:
Geliebte im Herrn und am Strand,
erschien ihr der Heilige Geist
auch nicht in Gestalt einer Taube,
so schlug er doch weiß, daß ich glaube.

Die Nonnen

Sie sind nur für den Wind gemacht.
Sie segeln immer, ohne auch zu loten.
Was ihnen himmlisch Bräutigam,
heißt andernorts Klabautermann.
Ich sah einst Nonnen,
eine ganze Flotte.
Sie wehten fort zum Horizont.
Ein schöner Tag, ein Segeltag,
tags drauf Trafalgar, die Armada sank.
Was wußte Nelson schon von Nonnen.

FALADA

Genagelt die gelockte Mähne,
windstill vergoldet, Ohren steif:
Faladas Haupt, Falada schweigt.

Blut tropft auf meines Metzgers Marmor,
gerinnt auf Fliesen, Sägemehl
saugt Blut auf aus Faladas Fleisch.

Das Fleisch sei abgehangen, kein Galopp,
kein Traben mehr, der Sattel sei vergessen,
verspricht der Metzger, doch Falada schweigt.

Blauschwarz rasiert die Wangen, zwinkert,
muß montags seine Schürze wechseln,
die hart ward von Faladas Fleisch.

Sein Messer, das die Poren schließt,
die Waage, die nur das Gewicht,
doch keinen Namen nennt – Falada schweigt.

Ich kauf mich los, an kalten Haken
hängt mehr, als ich bezahlen kann;
zehn Hunde draußen, weil Faladas Fleisch...

Genagelt die gelockte Mähne,
windstill vergoldet, Ohren steif:
Faladas Haupt, Falada schweigt.

PAN KIEHOT

Ich sag es immer, Polen sind begabt.
Sind zu begabt, wozu begabt,
begabt mit Händen, küssen mit dem Mund,
begabt auch darin: Schwermut, Kavallerie;
kam Don Quichotte, ein hochbegabter Pole,
der stand bei Kutno auf dem Hügel,
hielt hinter sich das Abendrot
und senkte die weißrotbegabte Lanze
und ritt den unbegabten Tieren,
die auf Motore angewiesen,
direkt ins Feldgrau, in die Flanke...

Da brach begabt, da küßten unbegabt
– ich weiß nicht, war'n es Schafe Mühlen Panzer –,
die küßten Pan Kiehot die Hände,
der schämte sich, errötete begabt;
mir fällt kein Wort ein – Polen sind begabt.

ASKESE

Die Katze spricht.
Was spricht die Katze denn?
Du sollst mit einem spitzen Blei
die Bräute und den Schnee schattieren,
du sollst die graue Farbe lieben,
unter bewölktem Himmel sein.

Die Katze spricht.
Was spricht die Katze denn?
Du sollst dich mit dem Abendblatt,
in Sacktuch wie Kartoffeln kleiden
und diesen Anzug immer wieder wenden
und nie in neuem Anzug sein.

Die Katze spricht.
Was spricht die Katze denn?
Du solltest die Marine streichen,
die Kirschen, Mohn und Nasenbluten,
auch jene Fahne sollst du streichen
und Asche auf Geranien streun.

Du sollst, so spricht die Katze weiter,
nur noch von Nieren, Milz und Leber,
von atemloser saurer Lunge,
vom Seich der Nieren, ungewässert,
von alter Milz und zäher Leber,
aus grauem Topf: so sollst du leben.

Und an die Wand, wo früher pausenlos
das grüne Bild das Grüne wiederkäute,
sollst du mit deinem spitzen Blei
Askese schreiben, schreib: Askese.
So spricht die Katze: Schreib Askese.

RACINE LÄSST SEIN WAPPEN ÄNDERN

Ein heraldischer Schwan
und eine heraldische Ratte
bilden – oben der Schwan,
darunter die Ratte –
das Wappen des Herrn Racine.

Oft sinnt Racine
über dem Wappen und lächelt,
als wüßte er Antwort,
wenn Freunde nach seinem Schwan fragen,
aber die Ratte meinen.

Es steht Racine
einem Teich daneben
und ist auf Verse aus,
die er kühl und gemessen
mittels Mondlicht und Wasserspiegel verfertigen kann.

Schwäne schlafen
dort, wo es seicht ist,
und Racine begreift jenen Teil seines Wappens,
welcher weiß ist
und der Schönheit als Kopfkissen dient.

Es schläft aber die Ratte nicht,
ist eine Wasserratte
und nagt, wie Wasserratten es tun,
von unten mit Zähnen
den schlafenden Schwan an.

Auf schreit der Schwan,
das Wasser reißt,
Mondlicht verarmt, und Racine beschließt,
nach Hause zu gehen,
sein Wappen zu ändern.

Fort streicht er die heraldische Ratte.
Die aber hört nicht auf, seinem Wappen zu fehlen.
Weiß stumm und rattenlos
wird der Schwan seinen Einsatz verschlafen –
Racine entsagt dem Theater.

SONNTAGSJÄGER

Schnepfen gehen sie schießen,
tragen in farblosen Tüten
Inhalt,
in Tüten verständlich,
und langsam fettet er durch.

Mürrisch, so heißt der Hund
und hört nicht darauf.
Warum nun die Schnepfe,
die sie getroffen in ihren Inhalt,
auch mürrisch und fettet auch durch?

Farblos mürrisch die Schnepfe.
Mürrisch der Hund, der so heißt
und hört nicht darauf. –
Mürrisch rufen sie mürrisch.
Schnepfen gingen sie schießen.

GEFLÜGEL AUF DEM ZENTRALFRIEDHOF

Meine Hühner lachen nicht.
Kaum unterscheidet sich ihr Gerüst
vom Efeu und anderen Kletterpflanzen,
dazwischen ein Grabstein
immer denselben Namen
Silbe um Silbe flüstert,
wie Kinder ein schweres Gedicht...

Meine Hühner lachen nicht,
messen die Vierecke aus,
ordnen verflossene Schleifen,
stehen, Portale zwischen den Gräbern,
der Kundschaft entgegen,
der schwarzen, sich räuspernden Raupe,
die zögernd, den Hut in der Hand,
das Kästchen bringt voller kaltem,
witzlosem Fleisch für die Hühner.

Seht Ihr den Hahn
auf dem Spaten in lockerer Erde?
Manchmal singt er und hackt
bronzene Späne vom Glöckchen.
Draußen hinter den Ulmen,
im Gasthaus zur Pietät,
taucht der Humor seinen Finger
in ein Glas Bier und rührt und rührt...

Meine Hühner lachen nicht.

GOETHE
oder eine Warnung an das Nationaltheater zu Mannheim

Ich fürchte Menschen,
die nach englischem Pfeifentabak riechen.
Ihre Stichworte stechen nicht,
sondern werden gesendet,
wenn ich schon schlafe.

Wie fürchte ich mich,
wenn sie aus Frankfurt kommen,
ihren Tabak mitbringen,
meine Frau betrachten
und zärtlich von Büchern sprechen.

Furcht, Pfeifenraucher
werden mich fragen,
was Goethe wo sagte,
wie das, was er meinte,
heut und in Zukunft verstanden sein will.

Ich aber, wenn ich nun meine Furcht verlöre,
wenn ich mein großes Buch,
das da neunhundert Seiten zählt
und den großen Brand beschreibt,
vor ihren Pfeifen aufschlüge?

Furcht, fängt mein Buch an,
bestimmte Herrn Goethe,
als er mit Vorsatz und Lunte
Weimars Theater in Flammen
aufgehen ließ –

wie ja schon Nero, auch Shakespeare
Brandstifter waren und Dichter.

Der Vater

Wenn es in der Heizung pocht,
schauen ihn die Kinder an,
weil es in der Heizung pocht.

Wenn die Uhr schlägt und Bauklötze
stürzen, schaun die Kinder,
weil die Uhr, den Vater an.

Wenn die Milch gerinnt und säuert,
strafen unverrückbar Blicke,
weil sein Blick die Milch gesäuert.

Wenn es scharf nach Kurzschluß riecht,
schaun im Dunkeln alle Kinder
ihn an, weil's nach Kurzschluß riecht.

Erst wenn seine Kinder schlafen,
blickt der Vater in den Spiegel,
weil er noch nicht schlafen kann.

Vom Hörensagen

Mit meinem Ohr habe ich heute
viermal die Feuerwehr gehört.
Ich saß am Tisch mit meinem Ohr
und sagte:
Schon wieder die Feuerwehr.

Ich hätte auch sagen können:
Der große Tütenverbrauch.
Oder:
Die Schuhe müssen zum Schuster.
Oder:
Morgen ist Samstag.
Ich sagte aber:
Schon wieder die Feuerwehr;

doch wer mich richtig verstand,
weiß,
daß ich den Tütenverbrauch,
den Weg der Schuhe zum Schuster,
den Samstag meinte,
das Wochenende.

ABGELAGERT

Als das Eis zurückging
– sagte der Lehrer –,
blieben Felsbrocken liegen,
damit wir von Felsbrocken lernen können.

Beim Einzug in neue Wohnungen
finden wir Spuren
der letzten Mieter:
Haarnadeln und Rasierklingen.

Wenn der Zirkus fortzieht,
suchen die Kinder im gelben Gras
nach Pfennigen
und finden Pfennige.

Meine eben noch frische Hand
weilte zu lange bei dir.
Da sie zurückkommt,
bringt sie mir Staub mit.

Asche, wer immer wünschte,
in allen vier Winden zu sein,
lagerte dennoch auf Schallplatten ab,
die von abgelagerter Musik rund sind.

Was ich beschreiben werde,
es kann nur den Knopf meinen,
der bei Dünkirchen liegenblieb,
nie den Soldaten, der knopflos davonkam.

ZUGEFROREN

Als es kälter wurde,
das Lachen hinter den Scheiben blieb,
nur noch als Päckchen und Brief
zweimal am Tage ins Haus kam,
als es kälter wurde,
rückte das Wasser zusammen.

Wer etwas versenken wollte,
der Dichter vielleicht einen Hammer,
der Mörder drei mittlere Koffer,
der Mond ein Pfund weißen Käse,
wer etwas versenken wollte,
stand vor verriegeltem Teich.

Kein Lot gab mehr Antwort,
kein Stein, der durchfiel,
grünschielende Flaschen lagen dem Eis an,
bodenlos und vergeblich rollte der Eimer,
kein Lot gab mehr Antwort,
und alle vergaßen, wie tief.

Wer Glas zerbricht,
die Jungfrau nicht schon am Sitzen erkennt,
wer hinter dem Spiegel ein Ei aufstellt
und vor dem Spiegel die Henne,
wer Glas zerbricht,
weiß immer noch nicht, was der Frost verbirgt.

Die Gardinenpredigt

Die aus den Beichtstühlen klettern:
halbverbrauchte Athleten,
draußen vor dem Portal
schnappen sie wieder nach Luft,
wollen
– als wäre das üblich –
mit einer Sonne boxen
oder den Regen verbiegen.

Doch süßer als Bier,
teurer als kleine, gefüllte Frauen,
sterblicher noch als Tabak
ist es, den Urlaub,
die wenigen gottlosen Tage
bei den Gardinen,
im Garten Tüll
zu verbringen.

Langstreckenläufer
ruhen hier aus,
finden in jeder mystischen Masche
Trost und Verzeihen;
so jene Fliege von gestern,
trocken, ohne Begehren,
hält nur noch still:
ein neuer Anteil Gardine.

Dann und wann Mücken,
nahe Verwandte der Engel,
ein Wort,
das dem Radio entrinnt,
vom Wasserstand spricht und vom Wetter,
vom nahen Hurrikan ROSA,
der sich uns nähert und nähert,
doch immer noch weit ist, weit weg.

Sagt nicht: O Gott
– das gilt hier nicht –, sagt:
Heiliger, billiger Vorhang,
süße, welke Gardine,
du hast den Honig erfunden,
die gaumenlose Freude der Irren,
die frühen Laute Perlmutter –
nimm mich nun auf.

Wer wollte Erlösung,
rief nach dem Arzt oder nach Milch?
Nun kommen sie: Priester und Ambulanzen,
Krankenschwestern und Nonnen.
Mit Sprüchen und Karbol,
mit Orgel und Äther,
mit Brillen und Latein vermessen sie mein Jenseits,
verbrennen sie meine Gardinen.

Frost und Gebiss

Mit blauen Wangen, im kurzen Hemdchen,
der Atem ein Shawl, für wen gestrickt?
Mit bloßen Füßen über die Fliesen,
auf denen der Husten, das Einbein hüpft,
darüber die Orgel weht,
eisige Klingel, kein Amen.

Ein Credo leidet am Schüttelfrost.
Im Miserere bibbert das R.
Ein Schwein, nun auferstanden in Sülze,
zittert klappert,
weil noch zwei Zähne einander finden,
tief im Gelee.

Maschinengewehre liegen im Bett,
können nicht schlafen,
tasten mit knöchernen Salven
die Nacht und die Rollbahn zum Traum ab,
stellen ihn an die Wand,
den bleichen, verurteilten Morgen.

Ein Schutzblech hat sich gelöst:
Frost und Gebiß, Deckel und Topf,
die Uhr kotzt in den Eimer,
der Eimer wird nie satt;
Zähneklappern, so heißt
das erste und letzte Gedicht.

Zwischen Marathon und Athen

Die Henne wohnt auf leisen Eiern
und brütet über Start und Ziel.
Die Sonne läuft, besetzt ist die Tribüne
im Schatten, doch die Sonne läuft.

Von Rot verfolgt, um Mittag ohne Schuhe,
durch ein Spalier Konservendosen,
aus denen Löffel Beifall kratzen –
den ersten Rost und letztes Fett.

Vorbei an einem Bündel Präsidenten
mit Gattinnen in Pergament,
drauf Glückwünsche, zart steil geschrieben:
Wir freuen uns – Wir freuen uns...

Worauf denn? Glaubt wer noch an Siege?
An einen Boten, der auf halbgeschmolzenen Beinen
ans Ziel kommt, seinem Kanzler stottert:
Sieg, Bonn war eine Messe wert!

Die Strecke stottert Fahnenmaste,
die Fahnen stottern und der Wind;
nur eine Schnecke spricht normal
und überrundet Zatopek.

Diana – oder die Gegenstände

Wenn sie mit rechter Hand
über die rechte Schulter in ihren Köcher greift,
stellt sie das linke Bein vor.

Als sie mich traf,
traf ihr Gegenstand meine Seele,
die ihr wie ein Gegenstand ist.

Zumeist sind es ruhende Gegenstände,
an denen sich montags
mein Knie aufschlägt.

Sie aber, mit ihrem Jagdschein,
läßt sich nur laufend
und zwischen Hunden fotografieren.

Wenn sie ja sagt und trifft,
trifft sie die Gegenstände der Natur,
aber auch ausgestopfte.

Immer lehnte ich ab,
von einer schattenlosen Idee
meinen schattenwerfenden Körper verletzen zu lassen.

Doch du, Diana,
mit deinem Bogen
bist mir gegenständlich und haftbar.

NEBEL

Nichtschwimmer schwimmen,
und der Grimassenschneider
schneidet nun nicht mehr,
läßt ruhen sein Antlitz.

Den Raucher umgehen ist leicht;
doch wer die Zunge kaut
und sich kaum ausdrückt,
wird seinen Hut ziehen müssen.

Auch Überraschungen:
Wo früher die Oper still stand,
wächst mit erkälteten Lichtern
das Schiff Titanic.

Der Zeitungsausrufer
gibt es nicht auf:
Wer mag im Nebel lesen,
was alles der Nebel verursacht?

In eigener Sache

Man sagt:
Er will den Hähnen die Zukunft nehmen.
Er geht den Hühnern nach,
als gehe es darum, das Ei zu verbessern.

Man sagt:
Er glaubt an Geflügel.
Der Heilige Geist grüßt ihn
in Gestalt einer Henne.

Das alles ist üble Nachrede,
und Wahrheit schreibt so:
Manchmal quält mich der Zahnschmerz,
dann geht es mir wieder besser;

besonders an Sonntagen
wird mir gewiß,
daß solch ein Hinweis
auch Freude bereiten kann.

Später erst,
wenn dieses Gebiß
nicht mehr den einen Nerv betont,
kaue ich Kummer

und sehe den Amseln zu
– es müssen nicht Hühner
und Hähne sein –,
bis daß mir schwarz wird vor Augen.

ZUGLUFT

Während sich mein Auge tagsüber
an den neunundvierzig Gucklöchern,
die ich tagsüber zu bedienen habe,
heftig entzündet, entzündet sich nachts,
vor den restlichen sieben Gucklöchern, mein Herz.

AUSVERKAUF

Ich habe alles verkauft.
Die Leute stiegen vier Treppen hoch,
klingelten zweimal, atemlos
und zahlten mir auf den Fußboden,
weil der Tisch schon verkauft war.

Während ich alles verkaufte,
enteigneten sie fünf oder sechs Straßen weiter
die besitzanzeigenden Fürwörter
und sägten den kleinen harmlosen Männern
den Schatten ab, den privaten.

Ich habe alles verkauft.
Bei mir ist nichts mehr zu holen.
Selbst meinen letzten winzigsten Genitiv,
den ich von früher her anhänglich aufbewahrte,
habe ich günstig verkaufen können.

Alles habe ich verkauft.
Den Stühlen machte ich Beine,
dem Schrank sprach ich das Recht ab,
die Betten stellte ich bloß –
ich legte mich wunschlos daneben.

Am Ende war alles verkauft.
Die Hemden kragen- und hoffnungslos,
die Hosen wußten zuviel,
einem rohen blutjungen Kotelett
schenkte ich meine Bratpfanne

und gleichfalls mein restliches Salz.

Kurzschluss

In jedem Zimmer, auch in der Küche, machte ich Licht.
Die Nachbarn sagten: Ein festliches Haus.
Ich aber war ganz alleine mit meiner Beleuchtung,
bis es nach durchgebrannten Sicherungen roch.

NARZISS

Vogelfrei bin ich, flieg aber nicht;
denn so frei bin ich:
spiele mit einem einzigen Finger,
laß ruhen den Rest,
der längst ermüdet
von zuviel Vogel und Vogelfreisein.

Leichtfertig bin ich: Blut,
was ist Blut
gegen die saftlose Hand einer Puppe?
Sonntags lecke ich sie,
wie andere
montags mein Blut lecken möchten.

Gutmütig bin ich, dulde seit Wochen
den armen Verwandten in meiner Küche,
koche ihm Linsen
und weise zurück,
was er zu bieten noch hat:
sein bißchen Erstgeburt gegen Linsen.

Verliebt, ja das bin ich,
kaufte mir Schuhe mit narbigen Sohlen,
lauf durch den Schnee:
gutmütig bin ich, leichtfertig bin ich,
vogelfrei bin ich, verliebt, ja das bin ich
in meine Spuren im Schnee.

ÜBERFLUSS

Überall stehen volle Flaschen.
Ich fürchte den Herrn, der den Korken befiehlt,
der mit Korkenziehern im Sinn umhergeht,
der den Sirup auf Flaschen zog
und nichts zwischen uns und den Überfluß setzte
als Korken.

Kleine Aufforderung zum grossen Mundaufmachen – oder der Wasserspeier spricht

Wer jene Fäulnis,
die lange hinter der Zahnpaste lebte,
freigeben, ausatmen will,
muß seinen Mund aufmachen.

Wir wollen nun den Mund aufmachen,
die schlimmen Goldzähne,
die wir den Toten brachen und pflückten,
auf Ämtern abliefern.

Um dicke Väter
– jetzt, da auch wir schon Väter und immer dicker –
absetzen und ausspeien zu können,
muß man den Mund aufmachen;

wie unsere Kinder bei Zeiten
den Mund aufmachen, die große Fäulnis,
die schlimmen Goldzähne, die dicken Väter
ausspeien werden, absetzen werden.

Drei Wochen später

Als ich von einer Reise zurückkehrte
und meine Wohnung aufschloß,
stand auf dem Tisch jener Aschenbecher,
den ich auszuleeren versäumt hatte. –
So etwas läßt sich nicht nachholen.

Der Ball

Rollt schläfrig ohne Wimpernzucken,
schläft unterm Schrank und wird geweckt,
schläft wieder ein; das macht mich müde.

Weil er so rund ist, werd ich eckig
und stoße mich und stoße ihn,
das läßt ihn rollen, bis er einschläft.

Ich aber kann nicht sitzen bleiben
und Zeuge runden Schlafes sein;
erst wenn er wach wird, schlaf ich ein.

Nur deshalb nahm ich jene Nadel,
mit der mich meine Frau bestrickt;
ich sah ihn schlafen, nahm die Nadel.

Nun weinen meine Söhne beide,
auch meine Frau ging in die Küche.
Ich saug den Ball aus, der erschlafft.

AUF WEISSEM PAPIER

Möbel in einen entleerten
heisergebrüllten Raum schieben
und nicht mehr ein Stühlchen verrücken.
Hühner an einem windigen Dreieck
anbinden und Futter streuen:
Dieses Körnchen Geometrie,
daran die Eier gesunden.

Auf weißem hellwachem Papier
in die Irre gehen
oder das Plätzchen finden,
da sonntags der Angler sitzt
mit dem unvermeidlichen Köder:
Anmut, Geld, Glück bei den Frauen,
eine Verabredung pünktlich
auf weißem Papier.

Glück

Ein leerer Autobus
stürzt durch die ausgesternte Nacht.
Vielleicht singt sein Chauffeur
und ist glücklich dabei.

KÖCHE UND LÖFFEL

Und manche sagen: Koch ist Koch.
Neu, frischgewaschen und gestärkt,
im Schneefall und vor heller Wand
bleiben die Köche unbemerkt,
und nur der Löffel in der Hand
rührt uns, läßt niemanden vergessen:
Die Köche geben uns zu essen.

Wir sollten nicht von Suppen sprechen
– der Suppenkohl kann nicht dafür –,
denn Hunger heißt nur, Vorwand für ein Bier,
und Überdruß leckt jedem Löffel Flächen
und sitzt und zählt die Schritte bis zur Tür.

Die Puppen überleben sich,
der Hahn stirbt vor dem Koch
und kräht woanders, dennoch zittern
in dieser Stadt manchmal die Scheiben.
Die Puppen überleben sich,
der Hahn stirbt vor dem Koch.

Es liegt am Fleisch, der Koch lebt nur im Geist.
Die Zeit vergeht, das Rindfleisch wird nicht weich,
wird später, wird im Schlaf noch dauern,
wird zwischen deinen Zähnen kauern;
es liegt am Fleisch, der Koch lebt nur im Geist.

Sie legten beide, jeder legte sich,
sie legten sich zusammen in den Löffel,
nur weil er hohl war, Schlaf vortäuschte,
– auch hohl war Vorwand und nur Widerspruch –
der Schlaf blieb kurz, und kurz vorm Überkochen
hat beide, und ein jeder lag alleine,
derselbe Löffel abgeschöpft.

Hier ist kein Tod, der nicht zum Löffel führt,
und keine Liebe, die nicht ausgehöhlt
an Löffeln leidet und im Löffel bebt,
sich dreht, worum dreht, da sich alles
mit Löffeln nur um Löffel dreht.

Bleib Löffel, geh.
Wem Löffel, Löffel führt wohin.
Wann Löffel, Löffel kam zu spät.
Wer rührt mich, rührt mich und wohin.
Über und über wen balbiert.
Bleib Löffel, geh – und sag mir nicht wohin.

So lernst du langsam Löffel unterscheiden,
kannst dich in Schubladen nicht mehr vermeiden,
du löffelst mit und läßt dich gern vertauschen,
du gibst dich blechern, gleichst dich an,
hörst deinen Nachbarn, wolltest gar nicht lauschen,
doch Löffel liegt dem Löffel an.

BLUTKÖRPERCHEN

Aber nackt
und nur noch in Proportionen anwesend,
tust du mir leid.
Und ich versuche dein Knie zu versetzen.
Dein hohles Kreuz läßt mich nachdenklich werden.
Ich weiß nicht, warum du so häßlich bist,
warum mein Auge nicht von dir abschweifen kann;
etwa ins Grüne oder den Fluß entlang,
der ganz aus Natur ist
und kein Schlüsselbein hat.

Ich liebe dich,
soweit das möglich ist.
Ich will für deine weißen
und roten Blutkörperchen
ein Ballett ausdenken.
Wenn dann der Vorhang fällt,
werde ich deinen Puls suchen und feststellen,
ob sich der Aufwand gelohnt hat.

Annabel Lee
Hommage à E. A. Poe

Pflückte beim Kirschenpflücken,
Annabel Lee.
Wollte nach Fallobst mich bücken,
lag, vom Vieh schon berochen,
im Klee lag, von Wespen zerstochen,
mürbe Annabel Lee.
Wollte doch vormals und nie
strecken und beugen das Knie,
Kirschen nicht pflücken,
nie mehr mich bücken
nach Fallobst und Annabel Lee.

Schlug auf beim Bücheraufschlagen,
Annabel Lee.
Öffnete Hähnen den Magen,
lag zwischen Körnern und Glas,
ein Bildnis lag, das war sie,
halbverdaut Annabel Lee.
Wollte doch vormals und nie
sezieren Bücher und Vieh,
Buch nicht aufschlagen,
Magen nicht fragen
nach Bildnis und Annabel Lee.

Saturn

In diesem großen Haus
– von den Ratten,
die um den Abfluß wissen,
bis zu den Tauben,
die nichts wissen –
wohne ich und ahne vieles.

Kam spät nach Hause,
schloß mit dem Schlüssel
die Wohnung auf
und merkte beim Schlüsselsuchen,
daß ich einen Schlüssel brauche,
um bei mir einkehren zu können.

Hatte wohl Hunger,
aß noch ein Hühnchen
mit meinen Händen
und merkte beim Hühnchenessen,
daß ich ein kaltes und totes
Hühnchen aß.

Bückte mich dann,
zog beide Schuhe aus
und merkte beim Schuhausziehen,
daß wir uns bücken müssen,
wenn wir die Schuhe
ausziehen wollen.

Waagerecht lag ich,
rauchte die Zigarette
und war im Dunkeln gewiß,
daß jemand die Hand aufhielt,
als ich meiner Zigarette
die Asche abklopfte.

Nachts kommt Saturn
und hält seine Hand auf.
Mit meiner Asche
putzt seine Zähne Saturn.
In seinen Rachen
werden wir steigen.

Die grosse Trümmerfrau spricht

Gnade Gnade.
Die große Trümmerfrau
hat einen Plan entworfen,
dem jeder Stein unterliegen wird.
Der große Ziegelbrenner will mitmachen.

Die Stadt die Stadt.
Hingestreut liegt Berlin,
lehnt sich mit Brandmauern gegen Winde,
die aus Ost Süd West, aus dem Norden kommen
und die Stadt befreien wollen.

Hier drüben hier
und drüben hängen die Herzen
an einem einzigen Bindfaden,
hüpfen und werden gehüpft, wenn Trümmerfrau
und Ziegelbrenner ihre Liebe zu Faden schlagen.

Liebe Liebe
spielten einst Trümmerfrauen,
rieben mit Schenkeln
Klinker und Ziegel
zu Splitt Mehl Staub Liebe.

Wo wo wo wo
sind die alten Galane geblieben,
wo wilhelminischer Mörtel?
Jahrgänge Jahrgänge –
doch Trümmerfrauen sind keine Weinkenner.

Flaute Flaute
schreien die Trümmerfrauen
und lassen den letzten
wundertätigen Ziegelstein
zwischen den Zähnen knirschen.

Splitt Splitt Splitt Splitt.
Nur noch wenn Zwiebeln
oder ein kleineres Leid
uns mit Tränen versorgen,
tritt Ziegelsplitt aufs Augenlid.

Sonderbar sonderbar
sehen dann Neubauten aus,
zittern ein wenig, erwarten
den klassisch zu nennenden Schlag
mit der Handkante in die Kniekehle.

Sie sie sie sie
gräbt den Sand unterm Pfeiler weg.
Sie sag ich sie
spuckt in die trächtigen
Betonmischmaschinen.

Sie sie sie sie
hat das große Gelächter erfunden.
Wenn immer die große Trümmerfrau lacht,
klemmen Fahrstühle, springen Heizkörper,
weinen die kleinen verwöhnten Baumeister.

Mir gab sie mir,
ihrem ängstlich beflissenen Ziegelersatz,
gab sie den Auftrag,
Wind zu machen, Staub zu machen
und ernsthaft für ihr Gelächter zu werben.

Ich ich ich ich
stand abseits,
hatte die Brandmauer im Auge,
und die Brandmauer
hatte mich im Auge.

Ging ging ging ging
von weit her
auf die Brandmauer los,
als wollte ich
die Brandmauer durchschreiten.

Nahm nahm nahm nahm
einen Anlauf,
der viel versprach;
jene Brandmauer aber war neunzehn Meter breit
und zweiundzwanzig Meter hoch.

Schlug schlug schlug schlug
an der Mauer
mein Wasser ab,
daß es rauschte
und hörte dem zu.

Werbung Werbung
rauschte die Brandmauer.
Niemand will mich als Werbefläche
mieten, haushoch beschriften
und werben lassen.

Ich ich ich ich
will allen Brandmauern,
die nordwärts schauen,
riesengroß Trümmerfrauen
malen oder auch einbrennen.

Trümmerfrau Trümmerfrau
– sollen die Kinder singen –
hat mit dem Ziegelbrenner Ziegelbrenner
einen ganz neuen Plan gemacht.
Alle Steine wissen Bescheid.

Ziegelbrenner Ziegelbrenner
– sollen die Kinder singen –
geht nachts mit der Trümmerfrau Trümmerfrau
durch die Stadt
und schätzt die Stadt ab.

Trümmerfrau Trümmerfrau
– singen die Kinder –
will mit dem Ziegelbrenner Ziegelbrenner
heut eine Wette machen Wette machen –
es geht um viel Schutt.

Lamento Lamento –
die große Trümmerfrau singt ihr Lamento.
Doch alle Sender, drüben und hier,
senden von früh bis spät nur jenen alten
beschissenen Walzerkönig.

Tot sie ist tot
sagen die Baumeister,
verschweigen aber, daß eine unabwendbare Hand
Mittag für Mittag löffelweis toten Mörtel
in ihre Suppen mengt.

Amen Amen.
Hingestreut liegt Berlin.
Staub fliegt auf,
dann wieder Flaute.
Die große Trümmerfrau wird heiliggesprochen.

DER AMTLICHE TOD

Es ist ein Loch, das uns begleitet,
ein Amboß ohne Widerspruch,
ein Papagei, der am Karfreitag schrie,
schrie Lorchen, Lorchen schrie er, Lorchen;
doch aus dem Radio über der Vitrine
vernahm man deutlich, nach der Pause:
Hier, der Südwestfunk – ja, es ist vollbracht.

Ein Kind schlug seinen Brei entzwei,
saß zwischen beiden Hälften Brei,
fraß sich dann durch, durch zweimal Brei,
doch hinterm Brei war neuer Brei,
Kind schlug entzwei, fraß durch, fand Brei,
war nur noch Mund, Darm, Kot und Mund:
Komm, lieber Tod, mach mich gesund.

Es ist ein eingetragener Verein.
Sie rauchen, trinken nicht, sie üben:
Wer kann den Aufschwung, kann die Riesenwelle,
wer faßt das heiße Eisen an:
Die Stange, kreideweiß gemildert? –
An Krebs und Kollaps stirbt der Kranke;
des Sportlers Tod heißt kurz: Die Flanke.

Einhändig fährt mit neuer Klingel
der Tod auf seinem Fahrrad Rad.
Dann steigt er ab und macht ein Foto
von zwei Cousinen, drei Kollegen,
von Leuten, die sich gar nicht mögen,
macht er ein Foto, steigt aufs Rad,
weil er genug belichtet hat.

Es kochte jemand seine Suppe,
nahm Zwiebeln, Knochen, altes Brot,
vergaß das Haar nicht in der Suppe,

und schöpfte schon und rührte mit dem Löffel
die heiße, dann zu kalte Suppe;
denn zwischendurch kam ohne Klopfen
der Tod, der alle Suppen kühlt.

Aurora Varvaro, so schön und keine Stelle,
die nicht im Fleisch stand, wie das Gold im Bier. –
Auf späten Bildern beugte sie den Arm:
Die Elle und die Speiche präpariert,
die Neugierde aufs Schlüsselbein;
ihr Becken war erst wahrhaft nackt,
als sie das Fleisch auszog, den modischen Belag.

Wer bleibt noch bei den Affen stehn,
wer füttert kleine weiße Hasen,
wenn es um Robben geht, um jene Glätte,
die noch im Aufschrei um den Hering wirbt
und taucht und nichts als Tauchen findet. –
Da schreien alle Kinder froh:
Wir leben im möblierten Zoo.

So gibt's im Himmel Hinterhöfe,
dort sitzen blasse Embryos
und warten auf den neunten Monat
und spielen mit der Nabelschnur
und reißen dran, wie heiße Hunde
an einzelnen Gehöften reißen,
wenn Mond und Erde sich verbellen.

Viel Vögel, für den Tod Spione.
Die Eule schaut uns immer an.
Das macht den Vater so betroffen,
einst wollt er einen Kuchen backen,
so hoch und süß wie Babels Kuchen;
der fiel zusammen, weil ein Vogel
den Kuchen wollt zu früh versuchen.

Wer mag noch vor dem Spiegel turnen?
Die Spieler stehen auf und lassen
die Hände bei den Karten liegen.
Auf Ämtern hinterm Stempel sitzt der Tod
und atmet über Formularen:
Der Kanzler hustet,
ob er stirbt?

AUSGEFRAGT

AUSGEFRAGT

Nach großem und nach kleingemünztem Zorn –
beliebtes Beispiel, dem man Zucker gab –,
nach so viel Damals und dem Salto
auf einem Hochseil, das periodenlang
gespannt war – Arbeit ohne Netz –,
will, will ich, will ich ganz und gar...
    Wie sieht es aus? – Es sah schon schlimmer aus.
    Du hattest Glück? – Es lag am Köder.
    Und was hast du gemacht seitdem?
    In Büchern steht, wie es sich besser machte.
    Ich meine, was hast du getan?
    Ich war dagegen. Immer schon dagegen.
    Und wurdest schuldig? – Nein. Ich tat ja nichts.
    Und hast erkannt, was sich erkennen ließ?
    Ja. Ich erkannte Gummi mit der Faust.

    Und deine Hoffnung? – Log die Wüsten grün.
    Und deine Wut? – Sie klirrt als Eis im Glas.
    Die Scham? – Wir grüßen uns von fern.
    Dein großer Plan? – Zahlt sich zur Hälfte aus.
    Hast du vergessen? – Neuerdings, mein Kopf.
    Und die Natur? – Oft fahr ich dran vorbei.
    Die Menschen? – Seh ich gern im Film.
    Sie sterben wieder. – Ja. Ich las davon...
Wer seift mich ab? Mir ist mein Rücken
so fern wie – Nein! –
ich will nicht mehr vergleichen
und wiederkäuen, Silben stechen
und warten, bis die Galle schreibt.
    Ist es jetzt besser? – Es sieht besser aus.
    Soll ich noch fragen? – Frag mich aus.

SCHULPAUSE

Hat die Uhr sich verzählt?
Hat die Pause die Angst überlebt
und das Spiel auf den stillen Aborten?

Er trägt eine Brille über dem Mund: pronunciation.
Er birgt einen Zettel knapp überm Herzen:
sein gutdekliniertes Geheimnis.

Seltsam steht er im Hof,
mitten im Herbst:
die Konferenz löst sich auf.

Buchstaben fallen und Zahlen,
kleine vernünftige Sätze
aus den Kastanien und Linden über der Hypotenuse.

Meine arme kränkliche Mutter –
Herr Studienrat, üben Sie Nachsicht –
stirbt, wenn die Pause vorbei ist.

Fettes Papier blüht im Hof.
Langsam nur weicht der Geruch
später vor Tobruk, bei Kursk,
am Volturno gefallner Primaner.

Grau

Ohne Kehrseite,
doch rückversichert,
immer ein bißchen ich.
   Ziemlich anwesend
in meinem Übergangsmantel.
In sich gemustert
und nur im Prinzip dagegen.
Wenn man Distanz gewinnt,
also von Kiel aus betrachtet,
wurde zumindest der eine Faktor,
wenn nicht auch dieser,
zum Teil übersehen.
Es handelt sich um Schattierungen
und ähnliche Werte.
Ein bißchen zärtlich zornig verlegen.
Bißchen müde, bißchen lustig.
Ein bißchen ich, bißchen du, bißchen wenig.
Ein bißchen ja, bißchen nein.
Einerseits sehr.
   Daß niemand zu kurz kommt,
muß nicht betont werden.
Wenn Ihnen ein Knopf fehlt,
mangelt es mir an Kragenstäbchen.
Unsere Krisen vergleichen sich gerne.
Denn der Proporz
verhindert und fördert fast alles.
Sogenannt etwas außerhalb.
Dieses ist eine Feineinschätzung.
Solche Bilanz sollte uns
wenn nicht froh auch nicht traurig stimmen.
   Denn niemand will hier recht behalten –
allenfalls im Detail.
Wie geht es Ihnen? – Ganz gut.
Hat es Spaß gemacht? – Teilweise schon.
Wie war denn der Film? – Schwarzweiß.

Zwischen Greise gestellt

Wie sie mit neunzig noch lügen
 und ihren Tod vertagen,
  bis er Legende wird.

In die fleckigen Hände
 frühaufstehender Greise
  wurde die Welt gelegt.

Die vielgefältete Macht
 und der Faltenwurf alter Haut
  verachten die Glätte.

Wir, zwischen Greise gestellt,
 kauen die Nägel knapp,
  wir wachsen nicht nach.

Hart, weise und gütig
 dauern sie in Askese
  und überleben uns bald.

MEIN GROSSES JA BILDET SÄTZE
MIT KLEINEM NEIN

Ja

Neue Standpunkte fassen Beschlüsse
und bestehen auf Vorfahrt.
Regelwidrig geparkt, winzig,
vom Frost übersprungen,
nistet die Anmut.
Ihr ist es Mühsal, Beruf,
die Symmetrie zu zerlächeln:
Alles Schöne ist schief.
  Uns verbinden, tröste Dich,
  ansteckende Krankheiten.
  Ruhig atmen – so –
  und die Flucht einschläfern.
  Jeder Colt sagt entwederoder...
  Zwischen Anna und Anna
  entscheide ich mich für Anna.
Übermorgen ist schon gewesen.
Heute war wedernoch.
Was auf mich zukommt,
eingleisig,
liegt weiter zurück als Austerlitz.
Zu spät. Ich vergesse Zahlen,
bevor sie strammstehen.
  Grau ist die Messe.
  Denn zwischen Schwarz und Weiß,
  immer verängstigt,
  grämen sich Zwischentöne.
  Mein großes Ja
  bildet Sätze mit kleinem nein:
  Dieses Haus hat zwei Ausgänge;
  ich benutze den dritten.
Im Negativ einer Witwe,
in meinem Ja liegt mein nein begraben.

Schreiben

In Wirklichkeit
   war das Glas nur hüfthoch gefüllt.
      Vollschlank geneigt. Im Bodensatz liegt.
Silben stechen.
Neben dem Müllschlucker wohnen
und zwischen Gestank und Geruch ermitteln.
Dem Kuchen die Springform nehmen.
Bücher,
   in ihren Gestellen,
      können nicht umfallen.
Das, oft unterbrochen, sind meine Gedanken.
Wann wird die Milch komisch?
Im Krebsgang den Fortschritt messen.
Abwarten, bis das Metall ermüdet.
Die Brücke langsam,
   zum Mitschreiben,
      einstürzen lassen.
Vorher den Schrottwert errechnen.
Sätze verabschieden Sätze.
Wenn Politik
   dem Wetter
      zur Aussage wird:
Ein Hoch über Rußland.
Zuhause
   verreist sein; auf Reisen
      zu Hause bleiben.
Wir wechseln das Klima nicht.
Nur Einfalt
will etwas beleben,
für tot erklären.
Dumm sein, immer neu anfangen wollen.
Erinnere mich bitte, sobald ich Heuschnupfen
oder der Blumenkorso in Zoppot sage.
Rückblickend aus dem Fenster schauen.
Reime auf Schnepfendreck.
Jeden Unsinn laut mitsprechen.

Urbin, ich hab's! – Urbin, ich hab's!
Das Ungenaue genau treffen.
Die Taschen
   sind voller alter Eintrittskarten.
     Wo ist der Zündschlüssel?
Den Zündschlüssel streichen.
Mitleid mit Verben.
An den Radiergummi glauben.
Im Fundbüro einen Schirm beschwören.
Mit der Teigrolle den Augenblick walzen.
Und die Zusammenhänge wieder auftrennen.
   Weil ... wegen ... als ... damit ... um ...
   Vergleiche und ähnliche Alleskleber.
Diese Geschichte muß aufhören.
Mit einem Doppelpunkt schließen:
Ich komme wieder. Ich komme wieder.
Im Vakuum heiter bleiben.
Nur Eigenes stehlen.
Das Chaos
   in verbesserter Ausführung.
   Nicht schmücken – schreiben:

Schlager im Ohr

Nicht mehr das Laub, den Verdacht höre ich fallen.
Sätze,
   die ohne Verb vorsprechen:
     ambulant ambulant ...
Dieses Gehör lebt vom Nächsten.
Dieser Husten kommt ohne Schlaf aus.
Dieses gepfiffene Motiv –
   Jägerchor-Freischütz –
     holte mich jederzeit ab.
Zu Meinerzeit Klopfzeichen.
Zeitlos und immer anders wurde »na also« gesagt.
Also Geräusche sammeln und an die Wand pinnen.
Die Kreissäge meines Großvaters

konnte einen hellen langen Vormittag
zu Dachlatten verschneiden.
Barackenteile für Durchgangslager.
Inge Scherwinski
kratzte gerne
mit Fingernägeln an Fensterscheiben.
Das erinnert mich vor dem Frühstück,
wie das Kind leise,
weil es keinen Apfel besaß,
mit seinen Milchzähnen
in Palmoliveseife biß.
Jetzt lasse ich den Hund von der Kette.
Jetzt, März, tropft es vom Dach,
bis der Polenhelm,
den Fritz auf Kurzurlaub mitbrachte,
seinen Einschuß hat.
Jetzt hat Goldbrunner eine Flanke von Lehner...
Wir hörten Fußball
und Sondermeldungen
über den Drahtfunk.
Das ist das Pausenzeichen. Das ist der Luftwecker,
wenn später Feindverbände über der südlichen Ostsee.
Macht dieses Brummen mal nach, Kinder.
Das ist die Achtacht. Das ist die Ratschbum.
Wer Luftminen nachmachen will,
muß mit der flatternden Zunge...
Geräusche aufarbeiten.
Aber die Brauereipferde auf dem Kopfsteinpflaster.
Und die betriebsame Stille zwischen Opfer und Wandlung.
Heute, seit gestern,
mit schon zerfransten Ohren,
höre ich gleichzeitig:
die Walzstraße und die Hühnerfarm,
Kies und Liebe,
mehrstimmige Überredung
und die Stimme Amerikas.
Was verschweigen wir jetzt?
Stell doch den Wasserhahn ab.

Die Dielen arbeiten.
Manchmal,
   zwischen Küchengeräuschen,
      höre ich mich beim Kartoffelabgießen:
         Gleichschritt, Widersprüche
         und Schlager im Ohr.

Stiller Abend

Was ich noch sagen wollte: Nein.
Beim Verkriechen fotografiert werden.
Wie hieß doch bloß? Wie hieß doch bloß?
Scheintote kratzen sich.
Keiner will zuerst schlafen gehen.
Was ich nicht will,
   rollt, zwischen Jubel,
      auf mich zu.
Spurenverwischen.
   Zwei Amseln auf Dachziegeln:
      gelbe Schnäbel.
Doch Feuergeben erhellt nur doppeltes Zittern.
Gegenstände werden härter abgestellt als gewollt.
Nachgießen.
   Einverständnis.
      Danke.
Die Heizung verplaudert sich.
Wenn ich jetzt aufstehe,
   hin und her gehe,
      vor mich hin rede:
Vom sozialen Wohnungsbau...
   Vom Prämiensparen...
      Von Deiner Verwandtschaft... Nein.
Konfekt wird weniger.
Finger lassen Papier krachen.
Zwischen der Post versprechen Reiseprospekte Gewöhnung
   oder klärende Aussprache
      oder beides am Meer mit Sandstrand.

Oder den Brief portofrei schreiben: Die Hausmitteilung.
Räuspern.
　Den Bodensatz schwenken.
　　Süßes wehleidig lutschen.
Telefon hilft: Wir kommen gerne.
Die schlafenden, wachsenden Kinder.
Langsamer,
　von Berufssorgen gehemmter Verkehr
　　mit der Zimmerdecke und ihren Haarsprüngen.
Aushalten.
　Nichts zerreden.
　　Gezänk auf Flaschen ziehen, verkorken.
Zwischen dem schweigenden Paar ist viel Platz.

Ehe

Wir haben Kinder, das zählt bis zwei.
Meistens gehen wir in verschiedene Filme.
Vom Auseinanderleben sprechen die Freunde.
　Doch meine und Deine Interessen
　berühren sich immer noch
　an immer den gleichen Stellen.
　Nicht nur die Frage nach den Manschettenknöpfen.
　Auch Dienstleistungen:
　Halt mal den Spiegel.
　Glühbirnen auswechseln.
　Etwas abholen.
　Oder Gespräche, bis alles besprochen ist.
Zwei Sender, die manchmal gleichzeitig
auf Empfang gestellt sind.
Soll ich abschalten?
　Erschöpfung lügt Harmonie.
　Was sind wir uns schuldig? Das.
　Ich mag das nicht: Deine Haare im Klo.
Aber nach elf Jahren noch Spaß an der Sache.
Ein Fleisch sein bei schwankenden Preisen.
Wir denken sparsam in Kleingeld.

Im Dunkeln glaubst Du mir alles.
Aufribbeln und Neustricken.
Gedehnte Vorsicht.
Dankeschönsagen.
  Nimm Dich zusammen.
  Dein Rasen vor unserem Haus.
  Jetzt bist Du wieder ironisch.
  Lach doch darüber.
  Hau doch ab, wenn Du kannst.
  Unser Haß ist witterungsbeständig.
Doch manchmal, zerstreut, sind wir zärtlich.
Die Zeugnisse der Kinder
müssen unterschrieben werden.
  Wir setzen uns von der Steuer ab.
  Erst übermorgen ist Schluß.
  Du. Ja Du. Rauch nicht so viel.

Advent

Wenn Onkel Dagobert wieder die Trompeten vertauscht
und wir katalytisches Jericho mit Bauklötzen spielen,
weil das Patt der Eltern
oder das Auseinanderrücken im Krisenfall
den begrenzten Krieg,
also die Schwelle vom Schlafzimmer zur Eskalation,
weil Weihnachten vor der Tür steht,
nicht überschreiten will,
  wenn Onkel Dagobert wieder was Neues,
  die Knusper-Kneißchen-Maschine
  und ähnliche Mehrzweckwaffen Peng! auf den Markt wirft,
  bis eine Stunde später Rickeracke ... Puff ... Plops!
  der konventionelle, im Kinderzimmer lokalisierte Krieg
  sich unorthodox hochschaukelt,
  und die Eltern,
  weil die Weihnachtseinkäufe
  nur begrenzte Entspannung erlauben,
  und Tick, Track und Trick –

das sind Donald Ducks Neffen –
wegen nichts Schild und Schwert vertauscht haben,
ihre gegenseitige, zweite und abgestufte,
ihre erweiterte Abschreckung aufgeben,
nur noch minimal flüstern, Bitteschön sagen,
wenn Onkel Dagobert wieder mal mit den Panzerknackern
und uns, wenn wir brav sind, doomsday spielt,
weil wir alles vom Teller wegessen müssen,
weil die Kinder in Indien Hunger haben
und weniger Spielzeug und ABC-Waffen,
die unsere tägliche Vorwärtsverteidigung
vom Wohnzimmer bis in die Hausbar tragen,
in die unsere Eltern das schöne Kindergeld stecken,
bis sie über dreckige Sachen lachen,
kontrolliert explodieren
und sich eigenhändig,
wie wir unseren zerlegbaren Heuler,
zusammensetzen können,
    wenn ich mal groß und nur halb so reich
    wie Onkel Dagobert bin,
    werde ich alle Eltern, die überall rumstehen
    und vom Kinderanschaffen und Kinderabschaffen reden,
    mit einem richtigen spasmischen Krieg überziehen
    und mit Trick, Track und Tick –
    das sind die Neffen von Donald Duck –
    eine Familie planen,
    wo bös lieb und lieb bös ist
    und wir mit Vierradantrieb in einem Land-Rover
    voller doll absoluter Lenkwaffen
    zur Schule dürfen,
    damit wir den ersten Schlag führen können;
denn Onkel Dagobert sagt immer wieder:
Die minimale Abschreckung hat uns bis heute –
und Heiligabend rückt immer näher –
keinen Entenschritt weiter gebracht.

BADELEBEN

Der starre und drollige Blick
  riesiger Plastikenten
    meidet die Sonne nicht;
die Menschen aber, erkenntlich
  an der verbrühten,
    morgen schon platzenden Haut,
blinzeln und zählen die Kinder
  zwischen den riesigen Enten
    und Fröschen monumental.

Budweisers Dosen
  und die verschieden heißenden Tuben,
    Muschelgeld, Splitt
und den krustig trocknenden Schaum,
  wie er dem Meer hier
    bei Ebbe vorm Mund steht,
ebnen am Montag,
  vor Ankunft restlicher Gäste,
    hoteleigne Bulldozer ein.

Am Abend, unter beleuchteten Palmen
  und seitlich
    der blaugekachelten Niere,
wenn abends üblicher Wind
  Chlor quirlt und Moder,
    maunzen Guitarren, klagt
verschleppter Stimmbruch der Twens
  von Liebe und fernem Krieg
    in Vietnam flugstundenfern.

Verschreckt vom honeymoon klammern
  die neuen Paare das Glas;
    aber es kreisen und werfen
den Schatten Küstenbewacher.
  Stehend auf golfschönem Rasen

findet die plötzliche Party
Glück in beschlagenen Gläsern;
den nahenden Hurrikan hatte
der Wettermann Alma genannt.

Plötzliche Angst

Wenn sich im Sommer bei östlichem Wind
 Septemberstaub rührt und in verspäteter Zeitung
  die Kommentare Mystisches streifen,

wenn sich die Mächte umbetten wollen
 und zur Kontrolle neue Geräte
  öffentlich zeugen dürfen,

wenn um den Fußball Urlauber zelten
 und der Nationen verspielter Blick
  große Entscheidungen spiegelt,

wenn Zahlenkolonnen den Schlaf erzwingen
 und durch die Träume getarnter Feind
  atmet, auf Ellbogen robbt,

wenn in Gesprächen immer das gleiche Wort
 aufgespart in der Hinterhand bleibt
  und ein Zündhölzlein Mittel zum Schreck wird,

wenn sich beim Schwimmen in Rückenlage
 himmelwärts nur der Himmel türmt,
  suchen die Ängstlichen rasch das Ufer,

liegt plötzliche Angst in der Luft.

EFEU – DIE ZUWACHSRATE UNSTERBLICHKEIT

Ach. Einarmig früh schon
beschämte der Geiger
den doppelpfotigen Beifall.

Als er vor Jahresfrist plötzlich verstarb,
wurde uns seine Verbeugung,
dieser Winkel, die Fallsucht zu messen,
zum steingehauenen Maß.

Das nämlich,
wachsende Zuneigung,
hatte er uns voraus.
Nicht nur als Denkmal, zu Lebzeiten schon,
wie diesem Marmor heute,
hinkte auch ihm
fatal die bedeutende Schulter.

Doch was sich neigt, muß nicht stürzen.
Nie wird sein Name platt aufs Gesicht.
Ihm wächst die Ranke:

hilfreich kletternde Pflanze,
die seinen Überhang lindert,
bis sich das Lotrechte
schiefgelacht hat.

Das nämlich, Efeu,
die Zuwachsrate Unsterblichkeit,
hatte er uns voraus.

Mein Freund Walter Henn ist tot

Nie wollte er schlafen gehen.
Seine Müdigkeit blieb sitzen und sprach sich weg.
Er verstand es,
   dicke Worte
      schlank dahergehen zu lassen.
Vor ihm hatte Symmetrie keinen Bestand;
er zerlächelte sie.
Seine Leichtigkeit machte Säulen arbeitslos.
Mit Taubenschritten
   trat auf
      sein Witz.
Die Technik gehorchte ihm meistens.
Für jedes Wunder erfand er sich neue Schwebemaschinen.
Wir sprachen über Vogelscheuchen;
die sollten mobil werden.
Er wog mehr als Bayreuth und weniger
als ein Pfund Kirschen.
Und wollte nicht schlafen gehen.
Nichts besaß er lange.
Alle liebten ihn unerbittlich.
Er spielte um,
   gegen
      und mit Minuten und Geld.
Selbst Wasser trank er süchtig.
Vom Eisbein,
   das er gerne aß,
      ließ er fünf Viertel übrig.
Und fürchtete sich vor dem Zahnarzt.
Und umging seine Probleme:
links und rechts stehende immergrüne Alleebäume.
Und machte runde Frauen glauben,
sie seien fadenscheinige Mädchen.
Und zwirbelte seine einunddreißig Jahre alten Haare.
Und wollte nicht schlafen gehen,
weil er noch sprechen wollte,

weil sein Durst noch hellwach war,
weil sein Theater nie aufhörte,
weil ihm zu jedem Abgang drei Auftritte einfielen,
weil er das Ende nicht fand und nie suchte:
listige Entschuldigungen,
   Papierdrachen,
     Kulissen hin und her geschoben...
Doch jetzt ist mein Freund,
   der nie schlafen gehen wollte,
     tot.
Nein. Sagt nicht frühvollendet.
Sprecht nicht von Göttern,
   die ihn liebten,
     wie das Gerücht weiß,
sprecht vom Betrug, von der dummen
   und viereckigen Ungerechtigkeit,
     von der Polizeistunde,
        die da sagt: Schluß machen, Herrschaften!
von uns, den Blutegeln, sprecht
und vom Loch, das zurückbleibt:
nicht aufzufüllen – hineinstarren – schlaflos.

König Lear

In der Halle,
in jeder Hotelhalle,
in einem eingesessenen Sessel,
Klub-, Leder-, doch niemals Korbsessel,
zwischen verfrühten Kongreßteilnehmern
und leeren Sesseln, die Anteil haben,
selten, dann mit Distanz gegrüßt,
sitzt er, die von Kellnern umsegelte Insel,
und vergißt nichts.

Diese Trauer findet an sich Geschmack
und lacht mit zwölf Muskeln einerseits.
Viel hört er nicht, aber alles
und widerlegt den Teppich.
Die Stukkatur denkt er weg
und stemmt seine Brauen gegen.
Bis sich ihr Blattgold löst,
sprechen Barockengel vor.
Die Kirche schickt Spitzel;
ihm fehlen Komparsen.
Vergeblich ahmen zuviele Spiegel ihn nach.
Seine Töchter sind Anekdoten.

Im Hotel Sacher wird nach Herrn Kortner verlangt.
Herr Kortner läßt sagen, er sei auf der Probe.
In der Halle, in seinem Sessel, stellt jemand sich tot
und trifft sich mit Kent auf der Heide.

Vom Rest unterm Nagel

Wovon erzählen, immer noch vom Knopf
und Bodensatz, der übrigblieb,
von Aschenbechern, Sound and Light,
was übrigblieb, was überblieb,
vom Zinsertrag der kleinen Konten
und von der Zeit, die uns geblieben?

Wovon erzählen, von der Liebe?
Wovon? Noch immer von der Liebe?
Wovon, als ob nur Liebe zählt
und jeder nicht mit seinem Kot allein
auf jedem Abtritt einzeln steht,
mit Fingernägeln: ganz allein.

Das kratzt sich offen, heilt sich nicht
und speichert Reste unterm Nagel:
ich trenn mich nicht, ich putz sie nicht
und weise alle harten Instrumente
zurück: denn Liebe geht mit Geiz
zu Tisch zu Bett und wäscht sich nicht.

Wovon, wenn von der Liebe nicht?
Vom Vorrat, wenn wir fleißig sind,
vom fetten schwarzen abverdienten Rest
will ich erzählen, wenn wir fertig sind
und unsre Nägel, zweimalzehn,
vom Augentauschen dreckig sind.

OFFENES FEUER

Ein leeres Haus im Rücken,
  und die Gewißheit trocknender Strümpfe;
    draußen mühen sich ab altbekannte Gewitter.

Mit imprägnierten Gedanken
  in fremder Glut, später in Asche
    stochern; denn die erwärmte Seite hat recht.

Genüsse und schöne Gespräche
  mit dem erregten schreckhaften Holz;
    ich lasse mich leicht überreden.

Das lebt vor sich hin, bis. Mach,
  nun mach schon die Tür zu.
    Drinnen wird alles wirklich.

Die früher bewohnten Kamine
  wurden schon gestern geräumt.
    Morgen, kopfunten, hängt kalter Rauch.

SCHLAFLOS

Mein Atem verfehlte das Nadelöhr.
Jetzt muß ich zählen
und heimwärts blättern treppab.

Aber die Kriechgänge
münden in Wassergräben,
in denen Kaulquappen...
Zähl doch mal nach.

Meine Rückspule plappert ihr drittes Jahrzehnt.
Das Bett geht auf Reisen. Und überall legt
der Zoll seine Hand auf: Was führen sie mit?

Drei Strümpfe, fünf Schuhe, ein Nebelgerät. –
Mehrsprachig werden sie nachgezählt:
die Sterne, die Schafe, die Panzer, die Stimmen...
Ein Zwischenergebnis wird ausgezählt.

SILBERBLICK

Wenn ich hotdogs im Speisewagen –
 die Steppe zäunt den Autofriedhof ein –,
wenn rechts mein Auge Landschaft faßt
und links Statistik betet, wenn
ich diesen gelbgenarbten Rücken –
 sein Unterfutter Tuff Basalt Granit –
mit einer Zuwachsrate dreieinhalb Prozent,
wenn ich mir Zuckerrüben beiderseits der Elbe
und Erdgas hier in Küstennähe,
wenn ich vergleiche, doch mein Blick ist zwie –
 die angeschnallte Flugangst stellt sich ein –,
wenn ich, weil Schluchten, leere Pferche
und hüfthoch gelbverfilztes Gras,
mir einen Western denke, Brüder reiten
und treffen sich im gelbverfilzten Gras,
wenn ich den Breitwandwestern reißen lasse
und auf Papier der Southern Pacific Verluste,
die unrentabel für zwölf Dollar zehn
mich und zwei Koffer durch die Landschaft trägt –
 wer hilft mir Preußens Kiefern roden? –
wenn ich vergleiche, doch mein Blick bleibt zwie –
 beschwichtigt, weil auch Neger im Abteil –,
und mich entscheide zwischen Landschaft und Papier,
zwing ich die Augen, doch es schläft
Berlin nach Helmstedt durch die Börde
erst kurz vor San Francisco ein.

Bei Tisch

Damit sich niemand erschreckt
und dem Zählzwang verlobt:
Neunaugen auspunkten.
Vorbehalten bleibt Irrtum.
Die Schwierigkeiten beim Töten,
weil sich Nachleben in der Pfanne:
Gott lebt! Gott lebt!
und krümmt sich kategorisch:
Acht sind es. Acht.

Also den Kopf zur Öse geschlitzt,
eingefädelt den Schwanz.
Denn Legenden und Dill überwintern,
Essig verwischt überschreit.
Allenfalls fragen Kinder:
Neun, sind es neun?
Aber der Lehrer sagt: Saugt sich und nährt sich.
Schaut, welche Unzahl fleißig die Luft küßt.
Schaut, wieviel Glaube ihnen das Wasser ersetzt.

Luft zählt nicht.
Wasser tauft nicht.
Dies und das schmeckt uns,
macht uns gesprächig bei Tisch:
Wie heißt dieser schmackhafte Fisch?

Liebe

Das ist es:
Der bargeldlose Verkehr.
Die immer zu kurze Decke.
Der Wackelkontakt.

Hinter dem Horizont suchen.
Im Laub mit vier Schuhen rascheln
und in Gedanken Barfüße reiben.
Herzen vermieten und mieten;
oder im Zimmer mit Dusche und Spiegel,
im Leihwagen, Kühler zum Mond,
wo immer die Unschuld absteigt
und ihr Programm verbrennt,
fistelt das Wort
jedesmal anders und neu.

Heute, vor noch geschlossener Kasse,
knisterten Hand in Hand
der gedrückte Greis und die zierliche Greisin.
Der Film versprach Liebe.

DOPPELPORTRAIT
der Fotografin Renate Höllerer gewidmet

Alle Köpfe im Ausschnitt gewinnen.
Wenn ein Hai im Profil durch das Bild schwimmt.
Oder auch Haare extra bei Gegenwind.
Nimm dich zusammen: Postkartengröße.

In meinem Motivsucher stellte sich ein:
ich, die linke gefällige Seite
ausgeleuchtet nach der Rasur
und straff, weil geohrfeigt.

Wenn immer mein Hündchen bellt,
mache ich knips und belichte:
Dich und den Hintergrund.
Meine Geliebte ertrinkt im Entwickler.

Schwarz. Das sind wir auf zwei Stühlen,
wenn wir schweigen, dem Auslöser lauschen:
breit im Format, bei angehaltenem Atem
und verdeckter Blende.

Dreht euch nicht um

Geh nicht in den Wald,
im Wald ist der Wald.
Wer im Wald geht,
Bäume sucht,
wird im Wald nicht mehr gesucht.

Hab keine Angst,
die Angst riecht nach Angst.
Wer nach Angst riecht,
den riechen
Helden, die wie Helden riechen.

Trink nicht vom Meer,
das Meer schmeckt nach mehr.
Wer vom Meer trinkt,
hat fortan
nur noch Durst auf Ozean.

Bau dir kein Haus,
sonst bist du zu Haus.
Wer zu Haus ist,
wartet auf
spät Besuch und macht auf.

Schreib keinen Brief,
Brief kommt ins Archiv.
Wer den Brief schreibt,
unterschreibt,
was von ihm einst überbleibt.

PLATZANGST

Mama. Sie kommen auf mich zu
und knacken mit den Handgelenken,
die Söhne aus zu gutem Haus.

So wohlerzogen nimmt Gewalt
den Anlauf, nett, studentenhaft,
mit Kußmundfragen: Glauben Sie?
ein nackter Finger: Hoffen Sie?
die Drohung zielt, zum Schlips gebunden,
als Zusatzfrage: Lieben Sie?

Jetzt lockern sie den Knoten, jetzt:
Mitesser überlebensgroß.
Die Söhne aus zu gutem Haus.

Es ist so schön hier, auch bei Regen.
An Zigaretten glaub ich immer noch.
Mein Schnittlauch grünt, die Hoffnung auch.
Und manchmal, wenn ich mich zerstreue,
kehrt mich die Liebe mit Geduld aufs Blech.

Mama. Es hat sich Heiterkeit
verflogen und ist überfällig.
Eng wird es zwischen Ideologen
und Söhnen aus zu gutem Haus.
Sie kommen näher. Ich will raus.

Nach der Aktion

Ihr Gurren stellt die Löwen ab.
Viel Tauben, die das Gift vermieden,
zwängt Frost in unser Dachgebälk.

Wer hört darauf? Es gurgeln heute
auf jeder Wellenlänge Hälse:
Propheten nehmen überhand.

Dem Märchen mangelt Blut im Schuh.
Nichts tropft, um etwas zu beweisen.
Die Klingeln jubeln nach der Tat.

Der Rest drängt siech und böse, übrig:
des Himmels Ratten, Milben im Gefieder. –
Im Keller dauert Taubenmist.

Beim Friseur

Asche am Tresenfuß
oder was nachwuchs:
flüsternd gewaschen verschwitzt.

Ohne Scheitel.
Nur weniges läßt sich,
gegen Bezahlung, entscheiden.

Gespräche mit ihm. Diesmal Vietnam.
Es ist der Spiegel, der mich zögern läßt
zwischen Haarschnitt und Haarschnitt.

Wie sehe ich aus? Meine Ansichten über,
plus Trinkgeld und Unbekanntes,
machen mein Ansehen aus.

Als ich, seitlich Schaufenstern,
Umwege machte,
begann ich, mir Briefe zu schreiben.

HYMNE

So kompliziert wie eine Nachtigall,
so blechern wie,
gutmütig wie,
so knitterfrei, althergebracht,
so grün ernst sauer, so durchwachsen,
so ebenmäßig,
so behaart,
so nah dem Wasser, windgerecht,
so feuerfest, oft umgegraben,
so kinderleicht, zerlesen wie,
so neu und knarrend, teuer wie,
so unterkellert, häuslich wie,
so leicht verloren, blankgegriffen,
so dünn geblasen, schneegekühlt,
so eigenhändig, mündig wie,
so herzlos wie,
so sterblich wie,
so einfach wie meine Seele.

MEIN SCHUTZENGEL

Er schüttet mich aus:
das Kind mit dem Bade.

Ich springe nicht gerne:
wer springt, fällt in Gnade.

Soviel ich auch stemme:
er zinkt die Gewichte.

Will ich mit der Tante:
beschützt er die Nichte.

Zerwerfe ich Scheiben:
er handelt mit Kitt.

Und geh ich verloren:
mein Finder geht mit.

Der Delphin
dem Apostel Paulus und Peter Weiss gewidmet

Ich, gelehrig, sah im Sprung meinen Lehrer:
den Konvertiten hinter dem Mikrofon.
Hörte ihn abschwören und zerlachte ihm seine Beichte.
Schülergelächter. Delphinengelächter.
Er stülpte sich um, lächerlich um:
Damals war ich, heute bin ich.
Doch als er altbackenen Kuchen erbrochen
und frische Semmel getischt hatte,
als Saulus, gleich nach der Häutung,
in mir – ich sprang! –
den belehrbaren Delphin entdeckte,
als ich dran glauben sollte, dran glauben sollte,
säuerte Angst mein Gelächter:
ich sicherte den Ausgang,
tauchte und schwamm mich frei.

KETTENRAUCHEN

Während ich meine Suppe und meine Bilanz
wie die Weichteile aller Schalentiere,
wacht meine immer vorletzte Zigarette und löst sich ab.

Nein sagt der Arzt und raucht.
Sie lebt vor sich hin.
Kippen zeugen von mir.

Nur keine Pause, das automatische Schifferklavier
und ein Film, der nicht reißt,
wenn sie sich küssen küssen.

Ich will nicht schlafen. Das läßt sich nicht träumen.
Monatelang einen Parkplatz suchen
und im Opel rauchend verhungern.

Mariechen von Guadalupe, du hörst mir zu,
wenn ich bete, drei Päckchen pro Tag:
weiße Asche in deinem Schoß.

Nein, ich schnall mich nicht an,
laß glimmen in hohler Hand.
Sagt nicht Tod. Sagt Entwöhnung.

KLEINER KOMPLEX

Wie wir uns,
Fleck auf dem Schlips,
dankbar erkennen.
Schwitzende Butter oder die Angst,
Margarine zu heißen.

RECHTSANSPRÜCHE

Nicht mehr zukurzkommen
und bis in die Träume
nach Heringen Schlange stehen.
Über geschlossener Wolkendecke
kämpfen wir um den Fensterplatz.

DIE ERSTGEBURT

Dann werde ich meinen Söhnen Linsen kochen.
Der Vater, der kann das.
Dann werden sie handeln;
und jener wird Esau sein,
der seinen Vater liebt und seines Vaters Küche.

Tour de France

Als die Spitzengruppe
von einem Zitronenfalter
überholt wurde,
gaben viele Radfahrer das Rennen auf.

Sonntagmorgen

Wie sie zärtlich in sich gekehrt,
ernst besorgt um den fingerlang Kratzer,
ihren Wagen
und seine Stoßstange waschen.

ZWEIMAL DANEBEN

Als ich am Abzug den Druckpunkt suchte,
nicht durchriß,
gezielte Fahrkarten schoß.
Glück haben: lachende Nieten ziehen.

DEKADENZ

Obgleich frische Eier Aspirin enthalten,
haben die Hähne Kopfschmerzen,
treten aber trotzdem;
wie nervös die Küken im Frühjahr ausschlüpfen.

Die Peitsche

Weil jeder Leiche etwas entsprießt,
weil keine Haut dicht
und kein Geheimnis niet- oder nagelfest ist,
fängt langsam an wie das Gold
der Frühling unter dem Schnee.

Noch schläft die Peitsche und in der Peitsche
aufgerollt der April.
Noch sägt jemand Holz, denkt dabei an den Winter;
und eine Frau geht vorbei,
doch er dreht sich nicht um.

Ein Junge steht auf dem Hof,
schielt und hält eine Peitsche.
Dann dreht er sich langsam, dreht
und schielt nicht mehr, nein, er dreht
und knallt haushoch mit der Peitsche.

Karfreitag im Gebirge

Der Schnee vergeht, die Hähne bleiben.
Gebirge krähen, scharfe Kämme,
drei Bündel heiser spitze Winkel
und klappen auf und drängen Keile
und spalten Holz, den nackten Baum,
an dem zur Zeit die Schrauben reifen.

Die Flaschen bersten, Sirup läuft,
füllt alle Fugen, Brillenfutterale.
Wir sehen nichts mehr, Sirup läuft,
versüßt die Ohren, klebt Verschlüsse.
Die Schlüssel irren, Bitternis im Bart,
blutwitternd vor verschränkten Türen.

Wir fanden eine Venus unterm Schnee.
Sie schien erfroren, ihre Scham
glich einer oftgesprungnen Tasse.
Wir rieben ihren spröden Leib –
es lag noch vieles unterm Schnee,
für Auferstehung Zeitvertreib.

Jetzt erst erkennen wir sie wieder:
ein Arsenal gerollter Peitschen.
Es knattert halbmast, ist wer tot?
Als könnten Hähne sich aus Fahnen wickeln,
die schwarzen Fetzen treten Wind,
der Wind legt Eier, brütet Wind.

ORPHEUS

Weil ich mich damals zum Publikum zählte,
nahm ich Platz in der siebzehnten Reihe.
So, die Hände überm Programm,
hielt ich es aus bis kurz nach der Pause:

den Kapellmeister strich ich durch,
dem Klavier ins Gebiß, der Flöte ein Auge
weg und das Blech gefüllt – womit denn? – mit Blei.
Es galt, die Hälfte aller Instrumente zu enthaaren.

Wer schnitt mir damals den Film ab?
Platzanweiser bekamen Gewalt,
warfen mich Geigen vor, Hemdbrüsten,
was von Noten schwarz-weiß lebt, liniert.

Die Harfenistin, trotzdem ein Weib,
beugte sich über mich, trug ein mildtätig Kleid.
So ging ich in ihre Saiten ein,
verstehe mich nur noch auf Finger:

Wohlklang, ich überhöre mich, hüte mich,
nach ihrem Programm zu verlangen.

DER DAMPFKESSEL-EFFEKT

Immer zum Zischen bereit.
Schneller gezischt als gedacht.
Nicht mehr mit Fäusten,
zischend wird argumentiert.
Bald wird es heißen:
Er wurde zu Tode gezischt.
Aber noch lebt er und spricht.
Auf seine Frage gab Zischen Antwort.
Seht dieses Volk, im Zischen geeint.
Zischoman. Zischoplex. Zischophil.
Denn das Zischen macht gleich,
kostet wenig und wärmt.
Aber es kostete wessen Geld,
diese Elite, geistreich und zischend,
heranzubilden.
Als wollte Dampfablassen
den nächstliegenden Nero bewegen,
jeweils den Daumen zu senken.
Pfeifen ist schön. Nicht jeder kann pfeifen.
Dieses jedoch, anonym,
macht ängstlich und läßt befürchten...

ZORN ÄRGER WUT

In Ohnmacht gefallen

Wir lesen Napalm und stellen Napalm uns vor.
Da wir uns Napalm nicht vorstellen können,
lesen wir über Napalm, bis wir uns mehr
unter Napalm vorstellen können.
Jetzt protestieren wir gegen Napalm.
   Nach dem Frühstück, stumm,
   auf Fotos sehen wir, was Napalm vermag.
   Wir zeigen uns grobe Raster
   und sagen: Siehst du, Napalm.
   Das machen sie mit Napalm.
Bald wird es preiswerte Bildbände
mit besseren Fotos geben,
auf denen deutlicher wird,
was Napalm vermag.
Wir kauen Nägel und schreiben Proteste.
   Aber es gibt, so lesen wir,
   Schlimmeres als Napalm.
   Schnell protestieren wir gegen Schlimmeres.
   Unsere berechtigten Proteste, die wir jederzeit
   verfassen falten frankieren dürfen, schlagen zu Buch.
Ohnmacht, an Gummifassaden erprobt.
Ohnmacht legt Platten auf: ohnmächtige Songs.
Ohne Macht mit Guitarre. –
Aber feinmaschig und gelassen
wirkt sich draußen die Macht aus.

Irgendwas machen

Da können wir doch nicht zusehen.
Wenn wir auch nichts verhindern,
wir müssen uns deutlich machen.
(Mach doch was. Mach doch was.

Irgendwas. Mach doch was.)
Zorn, Ärger und Wut suchten sich ihre Adjektive.
Der Zorn nannte sich gerecht.
Bald sprach man vom alltäglichen Ärger.
Die Wut fiel in Ohnmacht: ohnmächtige Wut.
Ich spreche vom Protestgedicht
und gegen das Protestgedicht.
(Einmal sah ich Rekruten beim Eid
mit Kreuzfingern hinterrücks abschwören.)
Ohnmächtig protestiere ich gegen ohnmächtige Proteste.
Es handelt sich um Oster-, Schweige- und Friedensmärsche.
Es handelt sich um die hundert guten Namen
unter sieben richtigen Sätzen.
Es handelt sich um Guitarren und ähnliche
die Schallplatte fördernde Protestinstrumente.
Ich rede vom hölzernen Schwert und vom fehlenden Zahn,
vom Protestgedicht.

Wie Stahl seine Konjunktur hat, hat Lyrik ihre Konjunktur.
Aufrüstung öffnet Märkte für Antikriegsgedichte.
Die Herstellungskosten sind gering.
Man nehme: ein Achtel gerechten Zorn,
zwei Achtel alltäglichen Ärger
und fünf Achtel, damit sie vorschmeckt, ohnmächtige Wut.
Denn mittelgroße Gefühle gegen den Krieg
sind billig zu haben
und seit Troja schon Ladenhüter.
(Mach doch was. Mach doch was.
Irgendwas. Mach doch was.)
Man macht sich Luft: schon verraucht der gerechte Zorn.
Der kleine alltägliche Ärger läßt die Ventile zischen.
Ohnmächtige Wut entlädt sich, füllt einen Luftballon,
der steigt und steigt, wird kleiner und kleiner, ist weg.
Sind Gedichte Atemübungen?
Wenn sie diesen Zweck erfüllen – und ich frage,
prosaisch wie mein Großvater, nach dem Zweck –,
dann ist Lyrik Therapie.
Ist das Gedicht eine Waffe?

Manche, überarmiert, können kaum laufen.
Sie müssen das Unbehagen an Zuständen
als Vehikel benutzen:
sie kommen ans Ziel, sie kommen ans Ziel:
zuerst ins Feuilleton und dann in die Anthologie:
Die Napalm-Metapher und ihre Abwandlungen
im Protestgedicht der sechziger Jahre.
Es handelt sich um Traktatgedichte.
Gerechter Zorn zählt Elend und Terror auf.
Alltäglicher Ärger findet den Reim auf fehlendes Brot.
Ohnmächtige Wut macht atemlos von sich reden.
(Mach doch was. Mach doch was...)
Dabei gibt es Hebelgesetze.
Sie aber kreiden ihm an, dem Stein,
er wolle sich nicht bewegen.
Tags drauf ködert der hilflose Stil berechtigter Proteste
den treffsicheren Stil glatter Dementis.
Weil sie in der Sache zwar jeweils recht haben,
sich im Detail aber allzu leicht irren,
distanzieren sich die Unterzeichner
halblaut von den Verfassern und ihren Protesten.
(Nicht nur Diebe kaufen sich Handschuhe.)
Was übrigbleibt: zählebige Mißverständnisse
zitieren einander. Fehlerhafte Berichtigungen
lernen vom Meerschweinchen
und vermehren sich unübersichtlich.

Da erbarmt sich der Stein und tut so,
als habe man ihn verrückt:
während Zorn, Ärger und Wut einander ins Wort fallen,
treten die Spezialisten der Macht
lächelnd vor Publikum auf. Sie halten fundierte Vorträge
über den Preis, den die Freiheit fordert;
über Napalm und seine abschreckende Wirkung;
über berechtigte Proteste und die erklärliche Wut.
Das alles ist erlaubt.
Da die Macht nur die Macht achtet,
darf solange ohnmächtig protestiert werden,

bis nicht mehr, weil der Lärm stört,
protestiert werden darf. –
Wir aber verachten die Macht.
Wir sind nicht mächtig, beteuern wir uns.
Ohne Macht gefallen wir uns in Ohnmacht.
Wir wollen die Macht nicht; sie aber hat uns. –
Nun fühlt sich der gerechte Zorn mißverstanden.
Der alltägliche Ärger mündet in Schweigemärsche,
die zuvor angemeldet und genehmigt wurden.
Im Kreis läuft die ohnmächtige Wut.
Das fördert den gleichfalls gerechten Zorn
verärgerter Polizisten:
ohnmächtige Wut wird handgreiflich.
Die Faust wächst sich zum Kopf aus
und denkt in Tiefschlägen Leberhaken knöchelhart.
(Mach doch was. Mach doch was...)
Das alles macht Schule und wird von der Macht
gestreichelt geschlagen subventioniert.
Schon setzt der Stein, der bewegt werden wollte,
unbewegt Moos an.
Geht das so weiter? – Im Kreis schon.
Was sollen wir machen? – Nicht irgendwas.
Wohin mit der Wut? – Ich weiß ein Rezept:

Schlagt in die Schallmauer Nägel.
Köpft Pusteblumen und Kerzen.
Setzt auf dem Sofa euch durch.
 Wir haben immer noch Wut.
 Schon sind wir überall heiser.
 Wir sind gegen alles umsonst.
 Was sollen wir jetzt noch machen?
 Wo sollen wir hin mit der Wut?
Mach doch was. Mach doch was.
Wir müssen irgendwas,
mach doch was, machen.
 Los, protestieren wir schnell.
 Der will nicht mitprotestieren.
 Los, unterschreib schon und schnell.

Du warst doch immer dagegen.
Wer nicht unterschreibt, ist dafür.
Schön ist die Wut im Gehege,
bevor sie gefüttert wird.
Lang lief die Ohnmacht im Regen,
die Strümpfe trocknet sie jetzt.
Wut und Ventile, darüber Gesang;
Ohnmacht, dein Nadelöhr ist der Gesang:
    Weil ich nichts machen kann,
    weil ich nichts machen kann,
    hab ich die Wut, hab ich die Wut.
    Mach doch was. Mach doch was.
    Irgendwas. Mach doch was.
    Wir müssen irgendwas,
    hilft doch nix, hilft doch nix,
    wir müssen irgendwas,
    mach doch was, machen.
Lauf schweigend Protest.
Lief ich schon. Lief ich schon.
Schreib ein Gedicht.
Hab ich schon. Hab ich schon.
Koch eine Sülze. Schweinekopfsülze:
die Ohnmacht geliere, die Wut zittre nach.
Ich weiß ein Rezept; wer kocht es mir nach?

Die Schweinekopfsülze

Man nehme: einen halben Schweinekopf
samt Ohr und Fettbacke,
lasse die halbierte Schnauze, den Ohransatz,
die Hirnschale und das Jochbein anhacken,
lege alles mit zwei gespaltenen Spitzbeinen,
denen zuvor die blaue Schlachthofmarkierung
entfernt werden sollte,
mit nelkengespickter Zwiebel, großem Lorbeerblatt,
mit einer Kinderhand Senfkörner
und einem gestrichenen Suppenlöffel mittlere Wut

in kochendes Salzwasser,
wobei darauf zu achten ist,
daß in geräumigem Topf alle Teile
knapp mit Wasser bedeckt sind
und der Ohrlappen, weil er sonst ansetzt,
nicht flach auf den Topfboden gedrückt wird.
Fünf Viertel Stunden lasse man kochen,
wobei es ratsam ist, nach dem ersten Aufkochen
mit der Schaumkelle
die sämigen, braungrauen Absonderungen
der inneren Schnauzenteile sowie der Ohrmuschel
und der halbierten leeren Hirnschale
abzuschöpfen, damit wir zu einer klaren,
wenn auch geschmacksärmeren Sülze kommen,
zumal sich die rasch zum Protest gerinnende Wut,
wie jede ohnmächtige, also eiweißhaltige Leidenschaft,
wenn sie nicht rasch gleichmäßig untergerührt wird,
gern in weißen Partikeln dem Schaum mitteilt.
Inzwischen wiege man vier Zwiebeln
und zwei geschälte
und vom Gehäuse befreite Äpfel
möglichst klein,
schneide zwei Salzgurken –
niemals Dill-, Senf- oder Delikateßgurken –
zu winzigen Würfeln,
zerstoße in Gedanken wie im Mörser
eine gefüllte Schlüsselbeinkuhle schwarzen Pfeffer
und lasse die restliche Wut
mit beigelegter Ingwerwurzel
und wenig geriebener Zitronenschale
auf kleiner Flamme ohnmächtig ziehen.
 Sobald – nach einer Stichprobe in die Fettbacke –
das Kopffleisch weich ist,
die Backenzähne im Zahnbett gelockert sind,
aber noch haften,
und sich die besonders geleespendenden Hautteile
vom Ohr und an den Spalträndern
der beigelegten Spitzbeine zu lösen beginnen,

nehme man alle Teile
sowie die nelkengespickte Zwiebel
und das Lorbeerblatt aus dem Topf,
suche mit der Schaumkelle den Topfboden
nach Knochensplittern
und den sich leicht lösenden Vorderzähnen
sowie nach dem kiesig knirschenden Sand
der Ohrmuschel ab und lasse, während der Sud
auf kleingestelltem Feuer weiter ziehen sollte,
alles auf einer Platte,
möglichst bei offenem Küchenfenster
und verengten Pupillen, abkühlen.
Jetzt gilt es, die Weichteile der Schnauze,
die Fettbacke samt eingebettetem Auge
und das darunter gelagerte Fleisch
von den Knochen zu lösen.
   Es sei angeraten, auf weiche
bis schnittfeste Knorpelteile
sowie auf den gallertartigen Ohrbelag,
der sich mit dem Messerrücken leichthin
vom eigentlichen Ohrlappen schaben läßt,
nicht zu verzichten,
weil gerade diese Teile,
desgleichen das lamellenförmige Zahnfleisch
und der hornige,
zur Speise- und Luftröhre leitende Zungenansatz,
unserer Sülze den speziellen
und leidenschaftlichen Sülzgeschmack geben.
Auch scheue man sich nicht,
die während der Arbeit immer wieder rasch
von einem Geleefilm überzogenen Hände
über dem dampfenden Sud abtropfen zu lassen,
weil so der Prozeß des natürlichen Gelierens
abermals unterstützt wird;
denn unsere Schweinekopfsülze
soll ganz aus sich und mitgeteilter Wut,
also ohne Macht und Gelantinepapier, steif werden.
   Alsdann würfle man das

von den Knochen gelöste Fett und Fleisch,
desgleichen die Knorpel und Weichteile,
lege sie mit den gewiegten Zwiebeln und Äpfeln,
den winziggewürfelten Gurken,
dem gestoßenen Schwarzpfeffer
und einem satten Griff Kapern in den Sud.
Mit – nach Geschmack –
löffelweis unterrührtem Estragonessig –
es wird empfohlen, kräftig zu säuern,
weil Essig kalt gerne nachgibt –
lasse man alles noch einmal aufkochen,
gebe jetzt erst,
nach wenig Bedenken,
die mittlerweile
auf kleiner Flamme
schön eingedickte Wut
ohne die ausgelaugte Ingwerwurzel bei
und fülle alsdann eine zuvor
mit kaltem Wasser geschwenkte Steingutschüssel.
    Diese stelle man an einen kühlen,
    wenn möglich zugigen Ort
    und lade sich für den nächsten Abend
    freundliche Gäste ins Haus,
    die eine hausgemachte Schweinekopfsülze
    zu schätzen wissen.
Sparsamer Nachsatz: Wer ungern etwas verkommen läßt,
der lasse Großknorpel und Knochen
sowie die gespaltenen Spitzbeine
noch einmal auskochen,
verfeinere mit Majoran, Mohrrüben, Sellerie,
gebe, falls immer noch restliche Wut im Hause,
eine Messerspitze dazu
und gewinne so eine schmackhafte Suppe,
die, wenn man Wruken, Graupen, sonstige Kümmernisse
oder geschälte Erbsen beilegt,
kinderreichen Familien ein zwar einfaches,
aber nahrhaftes Essen zu ersetzen vermag.

Der Epilog

Schon hat gerechter Zorn seinen Schneider gefunden.
Sonntag glättet alltäglichen Ärger.
Ach, mit der Suppe, ohnmächtig, verkochte die Wut.
   Erschöpft und gezähmt sitzen wir sanft um den Tisch.
   Kleine Gewinne erfreuen den Vater; Sorge will kürzen,
   denn abgestimmt, Punkt für Punkt, wird unser Haushalt.
So läßt uns Fallsucht in Ohnmacht fallen.
Immer noch werden Proteste zur Kenntnis genommen
und – auf Verlangen – im Protokoll erwähnt.
   Es liegt ein Antrag auf Unterlassung vor:
   Nie mehr soll ohne Macht protestiert werden.
Stimmlos, weil nicht beschlußfähig,
vertagen wir uns auf morgen.

Mehr Obst essen

Ich war in der Rheinlust,
wo die Gewählten
bei taktischem Bier
Wahlen verwetten.
Die Krise am Stammtisch.
Wer hält das aus,
dieses Rechtbehalten?

Gesund will die kleine Wut überleben.
In einen Apfel großspurig beißen.
Hör dir nur zu:
Blutet das Zahnfleisch,
lärmen im Kleinhirn die Zähne.
Obst, kurz vorm Schlafen, ist lauter als
und übertönt übertönt...

Jetzt wieder rauchen.
Asche auf Kerne Gehäuse.
Stille und Widerspruch,
wenige Züge lang
nehmen sie zu.

Politische Landschaft

Uns Geschädigten, denen das Wissen
  Mühe macht beim Verlernen,
    ordnet die Geografie wirre Geschichte:
Seitlich Adenau und bis an das Flüßchen Hunte,
  zwischen Galen und Frings,
    buchen die Sozis kleine Gewinne,
    mühen sich ab beim Verlernen.
Doch immerfort tagt am Wannsee die Konferenz;
  immerfort werden in Eifellava, Basalt,
    in graun Globke – nie wieder in Travertin –
    die Kommentare gezwungen.
Denn das soll bleiben bleiben
  und sich nie mehr vertagen dürfen:
    von der Jaksch bis zur Veba,
    unausgesetzt wird zuendegedacht.
Schuld und die Forstwirtschaft
  oder was nachwächst: Schonungen
    geben dem Land Enge und Hoffnung,
damit Nutzholz und eine neue Generation
  schon morgen vergißt,
    wie verschuldet, wie abgeholzt
    Schwarzwälder waren.
Schön ist das Land, und Natur
  stützt die Kurse und Reiseprospekte,
    denn ein Blick bis zur Elbe
      oder vom Blocksberg nach drüben zum Marx
– wie sie sich abschirmen; wie wir uns abschirmen –,
  wo immer sich ernste Berge im Wege stehn
    und der Gedanke nicht flügge wird,
      lohnen sich Blicke
        vom Blessing über den Rhein.
Oh, ihr linken und rechten Nebenflüsse:
  die Barzel fließt in die Wehner.
    Abwässer speisen das Sein.

Grauwacke, Rehwinkel, laubgesägt Tannen,
 Karst, Abs und Kulmbacher Bier,
  altfränkische Wolken über dem Heideggerland.

NEUE MYSTIK
oder: Ein kleiner Ausblick auf die utopischen Verhältnisse
nach der vorläufig allerletzten Kulturrevolution

Als unsere Fragebögen lückenhaft blieben
und die formierten Mächte sich ratlos näherkamen,
begann die Verschmelzung aller Systeme mit der Telepathie.

Während noch Skeptiker abseits standen,
wurden schon volkseigne Tische gerückt,
Geister gerufen, mit Hegel
und anderen Mystikern gefüttert,
bis es klopfte und leserlich Antwort gab.

Auf jener Tagung spiritistischer Leninisten in Lourdes,
deren Arbeitsgruppen das fortschrittliche Tibet
und die Errungenschaften der Therese von Konnersreuth
mit Hilfe der Schrenck-Notzing-Methode behandelten,
wurden die Vertreter aufklärender Dekadenz gemaßregelt:
Fortan fiel Pfingsten auf jeweils den 1. Mai.

Im folgenden Jahr,
während der telepathischen Karwoche,
überführten Zen-Pioniere,
geleitet von den vierdimensionalen Sozial-Jesuiten,
gefolgt von indischen Kühen
und den großen Sensitiven astraler Hindu-Kombinate,
des Stalin wächserne Leiche in Etappen nach Rom.

Als man, nach paladinischer Weisung
(Eusapia Paladino, geb. 1854 in Neapel,
mediale Vorkämpferin der Neuen Mystik),
auf der windigen Insel Gotland
ein gelbhaariges Medium gefunden hatte,
wurde es zur Heldin des sozialistischen Mystizismus erklärt
und kurz nach jenem tragischen Autounfall –
versprengte Sozialdemokraten

und marxistische Revisionisten
gestanden später den Anschlag –
heiliggesprochen.

Die in Texas und in der Äußeren Mongolei
zwecks Umschulung an Schutzlagertischen
konzentrierten Konterrevolutionäre
nehmen fortan
von Sitzung zu Sitzung ab.

Ständig tagt unser Vollzirkel dialektischer Psychokinese.
Denn immer noch gibt die Heilige Antwort.
Um einen Tisch sitzt die Welt und holt Rat bei ihr.
Sie, die irrationale, rüstet uns ab,
sie, die telekinetische, hilft uns, das Soll zu erfüllen,
sie, die okkulte, ernährt und verwaltet uns,
nur sie, die parteiliche und unfehlbare,
sie, die gebenedeite und schmerzensreiche,
sie, die liebliche Sensitive,
füllt unsere Fragebögen,
benennt unsere Straßen,
säubert uns gründlich,
erlöst uns vom Zweifel,
nimmt uns das Kopfweh.

Fortan müssen wir nicht mehr denken,
nur noch gehorchen
und ihre Klopfzeichen auswerten.

GESAMTDEUTSCHER MÄRZ
Gustav Steffen zum Andenken

Die Krisen sprießen, Knospen knallen,
in Passau will ein Biedermann
den Föhn verhaften, Strauß beteuert,
daß er nicht schuld sei, wenn es taut;
in Bayern wird viel Bier gebraut.

Der Schnee verzehrt sich, Ulbricht dauert.
Gesamtdeutsch blüht der Stacheldraht.
Hier oder drüben, liquidieren
wird man den Winter laut Beschluß:
die Gärtner stehn Gewehr bei Fuß.

In Schilda wird ein Hochhaus, fensterlos,
das Licht verhüten; milde Lüfte
sind nicht gefragt, der alte Mief
soll konservieren Würdenträger
und Prinz Eugen, den Großwildjäger.

Im Friedenslager feiert Preußen
das Osterfest, denn auferstanden
sind Stechschritt und Paradenmarsch;
die Tage der Kommune sind vorbei,
und Marx verging im Leipz'ger Allerlei.

Bald wärmt die Sonne, und der greise,
schon legendäre Fuchs verläßt
zum Kirchgang-Wahlkampf seinen Bau;
der Rhein riecht fromm nach Abendland,
und Globke lächelt aus dem Zeugenstand.

Heut gab es an der Grenze keinen Toten.
Nun langweilt sich das Bild-Archiv.
Seht die Idylle: Vogelscheuchen
sind beiderseits der Elbe aufmarschiert;
jetzt werden Spatzen ideologisiert.

Oh, Deutschland, Hamlet kehrte heim:
»Er ist zu fett und kurz von Atem...«
und will, will nicht, auf kleiner Flamme
verkocht sein Image: Pichelsteiner Topf;
die Bundesliga spielt um Yoricks Kopf.

Bald wird das Frühjahr, dann der Sommer
mit all den Krisen pleite sein –
glaubt dem Kalender, im September
beginnt der Herbst, das Stimmenzählen;
ich rat Euch, Es-Pe-De zu wählen.

Kleines Fest

Bevor die Preise uns, den Lohn erklettern
– galvanisiert pocht morgen schon der Knöchel
auf feste Werte Leitmotive –,
soll Heiterkeit aufkommen, leichte Brisen
bewegen uns und kräuseln unsre Krisen.

Wir zählen Schätze auf: ein Brillenschoner
wird oft gefragt, bleibt später liegen.
Brief oder Geld – und auch der Glanz von innen –
zum Kapital geschlagen; Kerzenlicht
verkündet aller Hoffnung letzte Schicht.

Wer gibt? Wer reizt? Und wer sitzt vorne?
Nach sieben Stunden Pfennigskat
hat jeder Zeit gewonnen, nur die Mark
verlor und wollte heimwärts rollen
und sich ersäufen im ersoffnen Silberstollen.

In Ecken, von der Müdigkeit gestützt,
erholt sich Sünde und macht mäßig Spaß.
Erst gegen Morgen – nüchtern wieder –
rafft sich der Hausherr auf zum Manifest:
Gott unterliegt dem Warentest!

Wir, im Konsum vereint, auf Raten fällig
– auf Eis gelegt, wird jeder Gaumen taub,
liegt zwischen Hühnchen leichenbitter
und Vorrat, der an Notstand glaubt –,
uns wird Geschmack vom Mund geraubt.

Der Spott gedrosselt, Ironie blockiert:
mein Handel bleibt auf Tränensäcken sitzen.
Ach, wären Märkte offen, wäre Liebe frei,
es müßten die Tendenzen sich versteifen;
an Stützungskäufen läßt sich Impotenz begreifen.

Die Gäste gehen, halten Maß.
Doch mein Gelächter schreit nach Staubzulage,
und Kichern wirbt in Aschenbecherhalden
für blauen Himmel über Ruhr und Rhein. –
Ich lüfte, doch die Luft sagt: Nein.

Bevor es verjährt

Unter Verschluß liegt es.
Es kommt nicht oft vor.
Wirft seinen Schatten: es.
Und atmet laut durch die Nase,
hüstelt, nähert sich: es tritt ein.

Wenn sie,
   die Tür,
      nicht schließen will,
weil sich das Holz verzogen hat,
weil sich ein Haar ins Schloß
geschlichen, weil eine Schulter...

Wenn sie
   nicht schließt,
      die Tür,
und Zugluft die alten Papiere
wach hält, weiß ich,
es kommt Besuch.

Den Fuß hält es zwischen.
Es klopft nicht an.
Sitzt schon, bevor es eingetreten.
Und will nicht gehen,
bevor es verjährt.

Der Neubau

Beim Ausschachten,
im März,
stießen wir auf Scherben,
die vom Museum abgeholt wurden.
Das Fernsehen drehte die Übergabe.

Beim Ausgießen der Fundamente,
im Mai,
trat ein Italiener zwischen die Verschalung
und ging verschütt.
Ermittelt wurde menschliches Versagen.

Beim Versetzen der Fertigteile,
im Juni und Juli,
vergaß jemand seinen Henkelmann
in den Hohlräumen der Außenwände.
Diese Bauweise ist ein Isolierverfahren der Firma Schlempp.

Beim Installieren der Leitungen,
im späten September,
verschwanden Fotokopien und ähnliches Ostmaterial
hinter dem Putz.
Die Fernheizung wurde angeschlossen.

Beim Verlegen der Fußböden,
bevor im November die Anstreicher kamen,
verlagerten wir die Vergangenheit des Bauleiters Lübke
unter die Böden.
Später versiegelten wir das Parkett.

Jetzt,
ab Dezember,
ist der Neubau bewohnt;
doch klagen die Mieter über Nebengeräusche.
Sie werden sich gewöhnen müssen.

GEMÜSETEST

Erftperle Ingelfinger Ehrentrup.
Gut eingewogen, sortenrein,
die Unterschiede zwischen jung und fein –
die jungen dürfen braune Kerne haben –,
doch sei die Bohne, ob gebrochen,
wie Wachsbrechbohnen, Kanada,
Schnittbohnen, Stufe eins, Prinzeß,
jung rund grün schlank und fadenfrei;
so sei die Bohne: fadenfrei.
    Denn nicht nur mit der Bombe, mit Konserven
gilt es zu leben: Rote Beete
sind dankbar, preiswert und empfehlen sich
in Sonderdosen für den Ostermarsch.
Wie sanft sie protestieren, Hülsenfrüchte,
selbst wenn sie steinfrei, Linsen etwa,
sind von der Schote her Protest;
nicht nur die Bombe unterliegt dem Test.
Heut testen wir Gemüsesorten.
Es eignet sich für Notstandszeiten
das deutsche Büchsensauerkraut.
Doch Vorsicht bei der Sorte Nanz:
zerkocht, geschmacksarm, wenn auch ohne
Rückstände, die der Pflanzenschutz
auf Weißkohlsorten gerne haften läßt,
versagte dieses Sauerkraut beim Test.
    Denn ohne Essig ohne Bleiche,
ganz ohne Süßstoff muß es sauer sein.
Bei Gurken rundet Ananas Geschmack,
süß-sauer von der Firma Otto Frenzel.
Ob Salz Senf Dill, wir fanden alle Gurken
dank Glasverpackung ohne Blechgeschmack;
bei grünen Erbsen lag es oft am Lack.
Wir, die wir alles, Moos und Algen testen –
auch Löwenzahn ersetzt zur Not Gemüse –,
wir weisen hin auf Riesenstangenspargel

mit Köpfen extrastark aus Gifhorn und Formosa.
Von Pilzen sei der Pilzform wegen abgeraten,
auch sind bei Pfifferlingen Maden zugelassen,
getestet als Hotelkost, dritte Wahl.
Zuletzt sei auf Spinat verwiesen;
nicht nur bei Kindern hebt er die Moral.

KLECKERBURG

Gestrichnes Korn, gezielte Fragen
verlangt die Kimme lebenslang:
Als ich verließ den Zeugenstand,
an Wände, vor Gericht gestellt,
wo Grenzen Flüsse widerlegen,
sechstausend Meter überm Mief,
zu Hause, der Friseur behauchte
den Spiegel und sein Finger schrieb:
Geboren wann? Nun sag schon, wo?
  Das liegt nordöstlich, westlich von
  und nährt noch immer Fotografen.
  Das hieß mal so, heut heißt es so.
  Dort wohnten bis, von dann an wohnten.
  Ich buchstabiere: Wrzeszcz hieß früher.
  Das Haus blieb stehen, nur der Putz.
  Den Friedhof, den ich, gibts nicht mehr.
  Wo damals Zäune, kann heut jeder.
  So gotisch denkt sich Gott was aus.
  Denn man hat wieder für viel Geld.
  Ich zählte Giebel, keiner fehlte:
  das Mittelalter holt sich ein.
  Nur jenes Denkmal mit dem Schwanz
  ist westwärts und davon geritten.
Und jedes Pausenzeichen fragt;
denn als ich, zwischen Muscheln, kleckerte mit Sand,
als ich bei Brentau einen Grabstein fand,
als ich Papier bewegte im Archiv
und im Hotel die Frage in fünf Sprachen:
Geboren wann und wo, warum?
nach Antwort schnappte, beichtete mein Stift:
  Das war zur Zeit der Rentenmark.
  Hier, nah der Mottlau, die ein Nebenfluß,
  wo Forster brüllte und Hirsch Fajngold schwieg,
  hier, wo ich meine ersten Schuhe
  zerlief, und als ich sprechen konnte,

das Stottern lernte: Sand, klatschnaß,
zum Kleckern, bis mein Kinder-Gral
sich gotisch türmte und zerfiel.
Das war knapp zwanzig Jahre nach Verdun;
und dreißig Jahre Frist, bis mich die Söhne
zum Vater machten; Stallgeruch
hat diese Sprache, Sammeltrieb,
als ich Geschichten, Schmetterlinge spießte
und Worte fischte, die gleich Katzen
auf Treibholz zitterten, an Land gesetzt,
zwölf Junge warfen: grau und blind.
Geboren wann? Und wo? Warum?
Das hab ich hin und her geschleppt,
im Rhein versenkt, bei Hildesheim begraben;
doch Taucher fanden und mit Förderkörben
kam Strandgut Rollgut hoch, ans Licht.
Bucheckern, Bernstein, Brausepulver,
dies Taschenmesser und dies Abziehbild,
ein Stück vom Stück, Tonnagezahlen,
Minutenzeiger, Knöpfe, Münzen,
für jeden Platz ein Tütchen Wind.
Hochstapeln lehrt mein Fundbüro:
Gerüche, abgetretne Schwellen,
verjährte Schulden, Batterien,
die nur in Taschenlampen glücklich,
und Namen, die nur Namen sind:
Elfriede Broschke, Siemoneit,
Guschnerus, Lusch und Heinz Stanowski;
auch Chodowiecki, Schopenhauer
sind dort geboren. Wann? Warum?
Ja, in Geschichte war ich immer gut.
Fragt mich nach Pest und Teuerung.
Ich bete läufig Friedensschlüsse,
die Ordensmeister, Schwedennot,
und kenne alle Jagellonen
und alle Kirchen, von Johann
bis Trinitatis, backsteinrot.
Wer fragt noch wo? Mein Zungenschlag

ist baltisch tückisch stubenwarm.
Wie macht die Ostsee? – Blubb, pifff, pschsch...
Auf deutsch, auf polnisch: Blubb, pifff, pschsch...
Doch als ich auf dem volksfestmüden,
von Sonderbussen, Bundesbahn
gespeisten Flüchtlingstreffen in Hannover
die Funktionäre fragte, hatten sie
vergessen, wie die Ostsee macht,
und ließen den Atlantik röhren;
ich blieb beharrlich: Blubb, pifff, pschsch...
Da schrien alle: Schlagt ihn tot!
Er hat auf Menschenrecht und Renten,
auf Lastenausgleich, Vaterstadt
verzichtet, hört den Zungenschlag:
Das ist die Ostsee nicht, das ist Verrat.
Befragt ihn peinlich, holt den Stockturm her,
streckt, rädert, blendet, brecht und glüht,
paßt dem Gedächtnis Schrauben an.
Wir wollen wissen, wo und wann.
Nicht auf Strohdeich und Bürgerwiesen,
nicht in der Pfefferstadt – ach, wär ich doch
geboren zwischen Speichern auf dem Holm! –
in Strießbachnähe, nah dem Heeresanger
ist es passiert, heut heißt die Straße
auf polnisch Lelewela – nur die Nummer
links von der Haustür blieb und blieb.
Und Sand, klatschnaß, zum Kleckern: Gral...
In Kleckerburg gebürtig, westlich von.
Das liegt nordwestlich, südlich von.
Dort wechselt Licht viel schneller als.
Die Möwen sind nicht Möwen, sondern.
Und auch die Milch, ein Nebenarm der Weichsel,
floß mit dem Honig brückenreich vorbei.
  Getauft geimpft gefirmt geschult.
  Gespielt hab ich mit Bombensplittern.
  Und aufgewachsen bin ich zwischen
  dem Heilgen Geist und Hitlers Bild.
  Im Ohr verblieben Schiffssirenen,

gekappte Sätze, Schreie gegen Wind,
paar heile Glocken, Mündungsfeuer
und etwas Ostsee: Blubb, pifff, pschsch...

Sechsundsechzig

In diesem Eidechsenjahr –
  wirklich, auf sonnigem Putz
  atmeten viele verspielt...

In diesem Jahr unterwegs –
  was mich beschleunigt, wächst,
  gibt Zeichen, hat überholt...

In diesem Jahr kinderleicht –
  Jahr, das befürchten läßt: Schrott...

In diesem kosmischen Jahr –
  fortschreitend witzlos verläuft...

In diesem Jahr auf ein Jahr –
  Jahr ohne Gag Richtung Mond...

In diesem Bildschirmjahr –
  Eckbälle wurden verschossen,
    Schreckschüsse saßen im Tor...

Im sechsundsechzigsten Jahr
  tobte im Kies, zu Füßen der Mauer:
    ein unwiderrufner Befehl,
      bewegter Protest,
        ledige Wut:
          zwei Eidechsenschwänze.

Luft holen

Seife und Äpfel kaufen.
Möwen habe ich schon beschrieben.
Diese sind kleiner.

Eisgrütze auf den Grachten igelt sich ein.
Wer hat die Mädchen
mit Graupeln beworfen: zu fettes Essen?

Man sagt, die Königin subventioniere
die Fahrräder.
Und eine der Tulpen heißt: Lustige Witwe.

Es ist schon so, daß die Zwiebel,
wenn man sie streichelt,
am Ende ja sagt.

Tagsüber lache ich vor mich hin.
Das darf man hier:
vorsichhinlachen und luftholen.

Im Botanischen Garten

Die Farbenreiber leben vom Herbst.
Fünfhundert Sorten Erica,
darunter das Kräutchen Calluna der Besenheide.
　Am Sonntag Familienauftrieb:
　neben Begonien und weißer Vollendung,
　nahe dem Ricinus,
　wächst das Vivil für den übrigen Groschen,
　unseren Atem zu klären.
Nacktsamer und Farne.
Leguminosae – unsere Liebe, Hülsenfrucht,
Scheinhasel, Zaubernuß, flüchtet sich ins Latein. –
Auf verwaschenen Schildchen
springt sie und springt
von der kanadischen Felsenbirne,
zu deren Füßen Kastanien spotten,
zum morgenländischen Lebensbaum,
der kein Laub wirft und Friedhöfen nahe steht.
　Wir lernten uns bei der blassen Miß Winett kennen.
　Im Jahre neununddreißig züchtete Otto Greul
　seine Teehybride Gretl Greul.
Wegen deiner verzweigten Verwandtschaft
stritten wir uns
unterm getüpfelten Blasenstrauch.
　Diese Rose vorm weißen Tausendschön,
　neben der kniehoch kriechenden Floribunda,
　diese Rose wurde nach einem General benannt:
　Mac Arthur. Mac Arthur. Die Rose Mac Arthur.
Nichts schreckt die Kinder,
denn zwischen Anzuchten sind alle gerollten Schlangen
sonntäglich ruhende Schläuche,
montags die Pyrenäen zu wässern,
dienstags das Amurland und so weiter...
　Dort, unterm Judasbaum,
　Herzblätter wirft er,
　wird eine Bank frei.

Vermont

Zum Beispiel Grün. In sich zerstritten Grün.
Grün kriecht bergan, erobert seinen Markt;
so billig sind geweißte Häuser hier zu haben.

Wer sich dies ausgedacht, dem fällt
zum Beispiel immer neues Grün
in Raten ein, der wiederholt sich nie.

Geräte ruhen, grünlich überwunden,
dabei war Rost ihr rötester Beschluß,
der eisern vorlag, nun als Schrott zu haben.

Wir schlugen Feuerschneisen, doch es wuchs
das neue Grün viel schneller als
und grüner als zum Beispiel Rot.

Wenn dieses Grün erbrochen wird.
Zum Beispiel Herbst: die Wälder legen
den Kopfschmuck an und wandern aus.

Ich war mal in Vermont, dort ist es grün...

Falsche Schönheit

Diese Stille,
    also der abseits in sich verbißne Verkehr,
      gefällt mir,
und dieses Hammelkotelett,
    wenn es auch kalt mittlerweile und talgig,
      schmeckt mir,
das Leben,
    ich meine die Spanne seit gestern bis Montag früh,
      macht wieder Spaß:
ich lache über Teltower Rübchen,
unser Meerschweinchen erinnert mich rosa,
Heiterkeit will meinen Tisch überschwemmen,
und ein Gedanke,
    immerhin ein Gedanke,
      geht ohne Hefe auf;
        und ich freue mich,
          weil er falsch ist und schön.

MÄRZ

Schon wieder mischen sie Beton.
Von rostiger Armierung taut
die letzte Hemmung, Fertigteile
verfügen sich und stehen stramm:
Komm. Paß dich an. Komm. Paß dich an.
 Als meine Wut den Horizont verbog,
 als ich den Müll nicht schlucken wollte,
 als ich mit kleinen spitzen Verben
 Bereifung schlitzte – Warum parken Sie? –,
 als ich den Pudding durch ein Haarsieb hetzte
 und ihm sein rosa Gegenteil bewies,
 als ich mir Schatten fing, als Schattenfänger
 bezahlt, danach veranlagt wurde,
 als ich die Nägel himmelwärts
 durch frischgestrichne Bänke trieb,
 als ich Papier, mit Haß bekritzelt,
 zu Schiffchen faltete und schwimmen ließ,
 als Liebe einen Knochen warf
 und meine Zunge sich Geschmack erdachte,
 als ich beschloß, die Gürtelrose zu besprechen,
 nur weil im Welken noch drei Gramm Genuß,
 als ich, es nieselte, die Bronze leckte
 und schwellenscheu die Fotzen heilig sprach,
 als meine Finger läufig wurden
 und längs den Buden jedes Astloch deckten,
 als ich die Automaten, bis game over,
 bei kleinen Stößen Klingeln lehrte,
 als jede Rechnung unterm Strich
 auf minus neunundsechzig zählte,
 als ich bei Tauben lag und schwören mußte:
 Nie wieder werde ich mit Möwen! –
 als ich ein Ohr besprang, um Ablaß bat:
 Zu trocken sind die Engel und zu eng! –
 als nur noch Kopfstand mir Vokabeln gab:
 Ich liebe dich. Ich liebe dich. –

Als Winterfutter aus den Mänteln
geknöpft und eingemottet wurde,
als sich das Treibhaus bunt erbrach –
Lautsprecher in den März gestellt –,
als Kitzel Krätze Fisch und Lauch
sich stritten, brach der Frühling aus:
Ich hab genug. Komm. Zieh dich aus.

MARIAZUEHREN

MARIAZUEHREN

Schau, die Kartoffel
und ihre Keime,
wie geil die Weiden im März
und eine Wolke – als lehre das Wetter Fortschritt –
den Deich landeinwärts rückt.

Dein Lichtmesser schlägt aus.
Zwei Sekunden lang halten die Aale
auf ihrem Weg zu den Kühen still
und beten, bis sie gerinnt,
die Milch an: ein grütziges Foto.

Ich setze ein Zeichen und lösche es mit dem nächsten.
Die Hühner, die Nonnen, die Vögel, die Scheuchen...
Und als ich heimkam, zerredet ganz und hartgesotten,
ging ich zu, kamen mir Pilze entgegen,
Schirmlinge und Boviste, entwurzelte Pimmel,
die himmelwärts zeugen.

Schau, wie das laufende halbe Schwein
die Schnecke rittlings beschleunigt.
Schau, wie die Köchin in mir
mit ihrer Möse Zitronen preßt.
Schau, was ich wegließ.

Deine wechselnden Blenden.
Dein Täschchen voller Krimskram, Tabletten
und verkniffener Tränen...

Maria, knips mal die Spuren,
die Reste, den Abschaum und meine Kippen,
die ich seit Tagen, um Dich zu ehren
und mich zu beweisen – den Rauch.

Ein masurisches Handchenvoll, aber säuft und frißt
in sich rein, was ich tische: den Steinbutt (in Dill),
nachdem er belichtet, mit raschem Pinsel getuscht
und mystifiziert... (Das ist Anschauung, Ausbeutung;
von Kunst quasselt nur das Gewerbe.)

Krachende Äpfel.
Das Schweigen, nachdem die Zähne.
Ich hinterließ.

Dein Auslöser jetzt, jetzt und jetzt,
weil olle Dreher mit seinem Speckballen
das säuregebissene Kupferblech höht...

Schau, wie der Fischkopf,
den ich auf langer Stange über den Deich hielt,
damit er noch einmal,
wo sich die Elbe von weither auskotzt,
jetzt im siedenden Sud zerfällt
und beide Augen weiß – Glücksbringer –
in Deiner Suppe, Maria, kugeln, damit Du satt
und nicht mehr mit Deinem Dings...
Doch später, entwickelt, sagte der Rotbarsch,
er sei gegen Farbe.

Akwakolor Akwakolor behaupten auf seichtem Wasser
die colorierten Enten.
Aber graustichig ist mein Traum,
und verregnet fliehen auf beiden Ufern der Stör
die Horizonte...

Auf einmal (wieder) Gefühl.
Stottern auf neuem Papier.
Als hätten Deine Engel, die Fliegen...
Hier ist kein Streit.
Fremd stehen sich gegenüber,
warten auf Zufall, bilden Legende...

Mit ihrem Tuch nahm sie den Schweiß ab
und überlieferte sein Gesicht.
Ich zeichne bei Ebbe, damit die Flut,
dies, das, Dich und auch Dich in den Sand.
(Könnte ich wie der Staub,
bis ich mich nicht mehr verstehe.)

Was sich engfügt häuft lagert.
Was seinen Raum einbringt.
Jetzt bin ich fünfundvierzig und noch immer erstaunt.

Schau, wie frei ich im Ausschnitt
und die Schwärze, den Zwang,
der auf Weiß besteht, grausiebe.
Schau das gebettete Auge.
Schau die Puppe, nachdem der Besuch ging.
Schau den gebrauchten Tisch.
Plappernde Fundsachen.
Die Gräte der Gräte.
Mit Sorgfalt leichthin: Mariazuehren.

ACH BUTT,
DEIN MÄRCHEN GEHT BÖSE AUS

Worüber ich schreibe

Über das Essen, den Nachgeschmack.
Nachträglich über Gäste, die ungeladen
oder ein knappes Jahrhundert zu spät kamen.
Über den Wunsch der Makrele nach gepreßter Zitrone.
Vor allen Fischen schreibe ich über den Butt.

Ich schreibe über den Überfluß.
Über das Fasten und warum es die Prasser erfunden haben.
Über den Nährwert der Rinden vom Tisch der Reichen.
Über das Fett und den Kot und das Salz und den Mangel.
Wie der Geist gallebitter
und der Bauch geisteskrank wurden,
werde ich – mitten im Hirseberg –
lehrreich beschreiben.

Ich schreibe über die Brust.
Über Ilsebill schwanger (die Sauregurkengier)
werde ich schreiben, solange das dauert.
Über den letzten Bissen geteilt,
die Stunde mit einem Freund
bei Brot, Käse, Nüssen und Wein.
(Wir sprachen gaumig über Gott und die Welt
und über das Fressen, das auch nur Angst ist.)

Ich schreibe über den Hunger, wie er beschrieben
und schriftlich verbreitet wurde.
Über Gewürze (als Vasco da Gama und ich
den Pfeffer billiger machten)
will ich unterwegs nach Kalkutta schreiben.

Fleisch: roh und gekocht,
lappt, fasert, schrumpft und zergeht.
Den täglichen Brei,
was sonst noch vorgekaut wurde: datierte Geschichte,
das Schlachten bei Tannenberg Wittstock Kolin,

was übrigbleibt, schreibe ich auf:
Knochen, Schlauben, Gekröse und Wurst.

Über den Ekel vor vollem Teller,
über den guten Geschmack,
über die Milch (wie sie glumsig wird),
über die Rübe, den Kohl, den Sieg der Kartoffel
schreibe ich morgen
oder nachdem die Reste von gestern
versteinert von heute sind.

Worüber ich schreibe: über das Ei.
Kummer und Speck, verzehrende Liebe, Nagel und Strick,
Streit um das Haar und das Wort in der Suppe zuviel.
Tiefkühltruhen, wie ihnen geschah,
als Strom nicht mehr kam.
Über uns alle am leergegessenen Tisch
werde ich schreiben;
auch über dich und mich und die Gräte im Hals.

AUA

Und säße gegenüber drei Brüsten
und wüßte nicht nur das eine, das andere Gesäuge
und wäre nicht doppelt, weil üblich gespalten
und hätte nicht zwischen die Wahl
und müßte nie wieder entweder oder
und trüge dem Zwilling nicht nach
und bliebe ohne den übrigen Wunsch...

Aber ich habe nur andere Wahl
und hänge am anderen Gesäuge.
Dem Zwilling neide ich.
Mein übriger Wunsch ist üblich gespalten.
Und auch ganz bin ich halb nur und halb.
Immer dazwischen fällt meine Wahl.

Nur noch keramisch (vage datiert) gibt es,
soll es Aua gegeben haben: die Göttin
mit dem dreieinigen Quell,
dessen einer (immer der dritte) weiß,
was der erste verspricht und der zweite verweigert.

Wer trug dich ab, ließ uns verarmen?
Wer sagte: Zwei ist genug?
Schonkost seitdem, Rationen.

Arbeit geteilt

Wir – das sind Rollen.
Ich und du halten, du die Suppe schön warm –
ich den Flaschengeist kühl.

Irgendwann, lange vor Karl dem Großen,
wurde ich mir bewußt,
während du dich nur fortgesetzt hast.
Du bist – ich werde.
Dir fehlt noch immer – ich brauche schon wieder.
Dein kleiner Bezirk gesichert –
meine ganz große Sache gewagt.
Sorg du für Frieden zu Haus – ich will mich auswärts beeilen.

Arbeit geteilt.
Halt mal die Leiter, während ich steige.
Dein Flennen hilft nichts, da stelle ich lieber den Sekt kalt.
Du mußt nur hinhalten, wenn ich dir von hinten rein.

Meine kleine tapfere Ilsebill
auf die ich mich voll ganz verlassen kann,
auf die ich eigentlich stolz sein möchte,
die mit paar praktischen Griffen alles wieder heilheil macht,
die ich anbete anbete,
während sie innerlich umschult,
ganz anders fremd anders und sich bewußt wird.

Darf ich dir immer noch Feuer geben?

Vorgeträumt

Vorsicht! sage ich, Vorsicht.
Mit dem Wetter schlägt auch das bißchen Vernunft um.
Schon ist Gefühl zu haben, das irgendwie ist:
irgendwie komisch, unheimlich irgendwie.
Wörter, die brav ihren Sinn machten,
tragen ihr Futter gewendet.
Zeit bricht um.
Wahrsager ambulant.
Zeichen am Himmel – runenhafte, kyrillische –
will wer wo gesehen haben.
Filzschreiber – einer oder ein Kollektiv – verkünden
auf Kritzelwänden der U-Bahnstationen: Glaubt mir glaubt!

Jemand – es kann auch ein Kollektiv sein – hat einen Willen,
den niemand bedacht hat.
Und die ihn fürchten, päppeln ihn hoch mit Furcht.
Und die ihr Vernünftlein noch hüten,
schrauben die Funzel kleiner.
Ausbrüche von Gemütlichkeit.
Gruppendynamische Tastversuche.
Wir rücken zusammen: noch vermuten wir uns.

Etwas, eine Kraft, die noch nicht, weil kein Wort taugt,
benannt worden ist, verschiebt, schiebt.
Das allgemeine Befinden meint diesen Rutsch
(zugegeben: wir rutschen) mehrmals und angenehm
vorgeträumt zu haben: Aufwärts! Es geht wieder aufwärts.

Nur ein Kind – es können auch Kinder im Kollektiv sein –
ruft: Da will ich nicht runter. Will ich nicht runter.
Aber es muß.
Und alle reden ihm zu: vernünftig.

FLEISCH

Rohes faules tiefgefroren gekocht.
Es soll der Wolf (woanders der Geier)
anfangs das Feuer verwaltet haben.
In allen Mythen war listig die Köchin:
in nasser Tasche hat sie drei Stückchen Glut,
während die Wölfe schliefen (die Geier
umwölkt waren), bei sich verborgen.
Sie hat das Feuer vom Himmel gestohlen.

Nicht mehr mit langen Zähnen gegen die Faser.
Den Nachgeschmack Aas nicht vorschmecken mehr.
Sanft rief das tote Holz, wollte brennen.
Erst versammelt (weil Feuer sammelt)
zündeten Pläne, knisterte der Gedanke,
sprangen Funke und Namen für roh und gekocht.

Als Leber schrumpfte über der Glut,
Eberköpfe in Lehm gebacken,
als Fische gereiht am grünen Ast
oder gefüllte Därme in Asche gebettet,
als Speck auf erhitzten Steinen zischte
und gerührtes Blut Kuchen wurde,
siegte das Feuer über das Rohe,
sprachen wir männlich über Geschmack,
verriet uns der Rauch,
träumten wir von Metall,
begann (als Ahnung) Geschichte.

Was uns fehlt

Vorwärts? Das kennen wir schon.
Warum nicht rückentwickeln, rasch
und ohne zu zeitweilen.
Jeder darf irgendwas mitnehmen, irgendwas.

Schon entwickeln wir uns –
und blinzeln links rechts – zurück.
Unterwegs lassen sich einige abwerben:
Wallenstein stellt Regimenter auf.
Wegen der Mode schert jemand gotisch-ekstatisch aus
und wird (in Brabanter Tuch) von einem Pestjahr erwischt.
Während die Völkerwanderung hinläppert,
spaltet sich eine Gruppe (wie bekannt) mit den Goten.
Die ihre Zukunft als späte Marxisten gesucht hatten,
wollen nun frühe Christen sein oder Griechen
vor oder nach der dorischen Säuberung.

Endlich sind alle Daten gelöscht.
Keine Erbfolge mehr.
Angekommen sind wir steinzeitlich blank.
Doch habe ich meine Schreibmaschine dabei
und reiße aus Riesenlauchblättern DIN-A4-große Bögen.
Die Faustkeiltechnologie, Feuermythen,
die Horde als erste Kommune (wie sie Konflikte austrägt)
und das ungeschriebene Mutterrecht
wollen beschrieben werden;
auch wenn keine Zeit geht, sofort.

Auf Lauchblätter tippe ich: Die Steinzeit ist schön.
Ums Feuer sitzen: gemütlich.
Weil eine Frau das Feuer vom Himmel geholt hat,
herrschen die Frauen erträglich.
Was uns fehlt (einzig), ist eine griffige Utopie.
Heute – aber das gibt es nicht: heute –
hat jemand, ein Mann, seine Axt aus Bronze gemacht.

Jetzt – aber das gibt es nicht: jetzt –
diskutiert die Horde, ob Bronze Fortschritt ist oder was.

Ein Amateur, der wie ich aus der Gegenwart kommt
und seine Weitwinkelkamera mitgenommen hat,
will uns, weil die Geschichte knallhart begonnen hat,
der kommenden Zeit überliefern:
in Farbe oder Schwarzweiß.

GESTILLT

Die Brust meiner Mutter war groß und weiß.
Den Zitzen anliegen.
Schmarotzen, bevor sie Flasche und Nuckel wird.
Mit Stottern, Komplexen drohen,
wenn sie versagt werden sollte.
Nicht nur quengeln.

Klare Fleischbrühe läßt die Milch einschießen
oder Sud aus Dorschköpfen trüb gekocht,
bis Fischaugen blind
ungefähr Richtung Glück rollen.

Männer nähren nicht.
Männer schielen heimwärts, wenn Kühe
mit schwerem Euter die Straße
und den Berufsverkehr sperren.
Männer träumen die dritte Brust.
Männer neiden dem Säugling
und immer fehlt ihnen.

Unsere bärtigen Brustkinder,
die uns steuerpflichtig versorgen,
schmatzen in Pausen zwischen Terminen,
an Zigaretten gelehnt.

Ab vierzig sollten alle Männer wieder gesäugt werden:
öffentlich und gegen Gebühr,
bis sie ohne Wunsch satt sind und nicht mehr weinen,
auf dem Klo weinen müssen: allein.

DOKTOR ZÄRTLICH

Fehlt was?
Was fehlt denn?
Dein Atem im Nacken.
Etwas, das lutscht kaut leckt.
Die Kälberzunge, der Mäusebiß.

Es geht ein Wunsch um die Welt nach Nuschelworten,
die keinen Sinn geben.
Kinder lispeln ihn, Greise, die unter der Decke
mit ihrem Daumen für sich bleiben.
Und deine Haut, nun befragt, erschrickt unterm Test:
Scheu, die im Dunkeln (als uns Gesellschaft verging)
nicht abgelegt wurde.

Jemand heißt Doktor Zärtlich
und lebt noch immer verboten versteckt.

Was fehlt,
nennt die zählende Wissenschaft: Streicheleinheiten,
für die es keinen,
vorerst keinen Ersatz gibt.

Demeter

Mit offenem Auge
erkennt die Göttin,
wie blind der Himmel ist.

Rings werfen Wimpern versteinert Schatten.
Kein Lid will fallen und Schlaf machen.

Immer Entsetzen,
seitdem sie den Gott
hier auf dem Brachfeld sah,
wo die Pflugschar gezeugt wurde.

Rundum ist das Maultier willig über der Gerste.
Das ändert sich nicht.

Wir, aus dem Kreis gefallen,
machen ein Foto
überbelichtet.

Wie ich mich sehe

Spiegelverkehrt und deutlicher schief.
Schon überlappen die oberen Lider.
Das eine Auge hängt müde, verschlagen, das andere wach.
So viel Einsicht und Innerei,
nachdem ich laut wiederholt
die Macht und ihren Besitz verbellt habe.
(Wir werden! Es wird! Das muß!)

Seht die porigen Backen.
Noch oder wieder: Federn blase ich leicht
und behaupte, was schwebt.
Wissen möchte das Kinn, wann es zittern darf endlich.
Dicht hält die Stirn; dem Ganzen fehlt ein Gedanke.
Wo, wenn das Ohr verdeckt ist
oder an andere Bilder verliehen,
nistet in Krümeln Gelächter?

Alles verschattet und mit Erfahrung verhängt.
Die Brille habe ich seitlich gelegt.
Nur aus Gewohnheit wittert die Nase.
Den Lippen,
die immer noch Federn blasen,
lese ich Durst ab.

Unterm Euter der schwarzweißen Kuh:
ich sehe mich trinken
oder dir angelegt, Köchin,
nachdem deine Brust
tropfend über dem garenden Fisch hing;
du findest mich schön.

AM ENDE

Männer, die mit bekanntem Ausdruck
zu Ende denken,
schon immer zu Ende gedacht haben;
Männer, denen nicht Ziele – womöglich mögliche –,
sondern das Endziel – die entsorgte Gesellschaft –
hinter Massengräbern den Pflock gesteckt hat;
Männer, die aus der Summe datierter Niederlagen
nur einen Schluß ziehen: den rauchverhangenen Endsieg
auf gründlich verbrannter Erde;
Männer, wie sie auf einer der täglichen Konferenzen,
nachdem sich das Gröbste als technisch machbar erwies,
die Endlösung beschließen,
sachlich männlich beschlossen haben;
Männer mit Überblick,
denen Bedeutung nachläuft,
große verstiegene Männer,
die niemand, kein warmer Pantoffel
hat halten können,
Männer mit steiler Idee, der Taten platt folgten,
sind endlich – fragen wir uns – am Ende?

STREIT

Weil der Hund, nein, die Katze
oder die Kinder (deine und meine)
nicht stubenrein sind und herhalten müssen,
weil Besuch zu früh ging
oder Frieden zu lange schon
und alle Rosinen gewöhnlich.

Wörter, die in Schubladen klemmen
und für Ilsebill Haken und Öse sind.
Sie wünscht sich was, wünscht sich was.

Jetzt geh ich.
Ich geh jetzt nochmal ums Haus.
Rindfleisch fasert zwischen den Zähnen.
Himmel Nacht Luft.
Jemand entfernt, der auch ums Haus geht, nochmal.

Nur der Rentner und seine Frau,
die nebenan im Pißpott wohnen,
sind ohne ein Wort zuviel
schon schlafen gegangen.

Ach, Butt! Dein Märchen geht böse aus.

Helene Migräne

Sitzt im gespaltenen Baum,
ist wetterfühlig über gezupften,
mit der Pinzette gezupften Brauen.
Schlägt es um, kommt ein Hoch, wird es schön,
reißt ihr die Seide den Faden lang.
Alle fürchten den Umschlag,
huschen auf Strümpfen, verhängen das Licht.
Es soll ein verklemmter Nerv sein: hier oder hier oder hier.
Man sagt, es lege sich innen, noch tiefer innen was quer.
Ein Leiden, das mit der letzten Eiszeit begann,
als sich Natur noch einmal verschob.
(Auch soll die Jungfrau, als ihr der Engel
klirrend zu nah kam, danach ihre Schläfen
mit Fingerspitzen punktiert haben.)

Seitdem verdienen die Ärzte.
Seitdem übt Glaube sich autogen ein.
Der Schrei, den alle gehört haben wollen;
selbst Greise erinnern Entsetzen:
als Mutter im Dunkeln stumm lag.
Schmerz, den nur kennt, wer ihn hat.

Schon wieder droht,
stößt Tasse auf Teller zu laut,
stirbt eine Fliege,
stehen frierend die Gläser zu eng,
schrillt der paradiesische Vogel.
»Helene Migräne« singen vorm Fenster die Kinder.
Wir – ohne Begriff – härmen uns aus Distanz.
Sie aber, hinter Rolläden, hat ihre Peinkammer bezogen,
hängt am sirrenden Zwirn und wird immer schöner.

Manzi Manzi

Zwischen getrennten Betten
ist auf Rufweite
von den Geschlechtern die Rede.

Ausreden! Laß mich ausreden.
Du hast nichts mehr zu sagen.
Du hast Jahrhunderte lang.
Dir schalten wir einfach den Ton ab.
Ohne Text bist du
nicht mal mehr komisch bist du.

Manzi Manzi! rufen die Kinder
der Ilsebill aus dem Märchen nach.
Sie hat zerschlagen, was lieb und teuer ist.
Sie hat mit stumpfem Beil
das bißchen Einundalles gekappt.
Sie will aus sich, nur noch aus sich
und kein gemeinsames Konto mehr.

Aber uns gab es doch: ich und du – wir.
Ein doppeltes Ja im Blick.
Ein Schatten, in dem wir erschöpft,
vielgliedrig dennoch ein Schlaf
und Foto waren, auf dem wir uns treu.

Haß bildet Sätze.
Wie sie abrechnet, mich fertigmacht,
aus ihrer Rolle wächst, überragt
und zu Ende redet: Ausreden! Laß mich ausreden!
Und gewöhn dir endlich das Uns und das Wir ab.

Manzi Manzi! stand in Tontäfelchen geritzt,
die als minoische Funde (Knossos, erste Palastperiode)
lange Zeit nicht entziffert wurden.
Man hielt das für Haushaltsrechnungen,

Fruchtbarkeitsformeln,
mutterrechtlichen Kleinkram.

Aber schon anfangs (lange vor Ilsebill)
agitierte die Göttin.

Wie im Kino

Eine Frau, die ihr Haar streichelt
oder in ihren Lieben rasch blättert,
sich nicht erinnern kann.
Zwischendurch möchte sie rothaarig sein
oder ein bißchen tot oder Nebenrolle
in einem anderen Film.

Jetzt zerfällt sie in Ausschnitte und Textilien.
Ein Frauenbein für sich genommen.
Sie will nicht glücklich sein, sondern gemacht werden.
Wissen will sie, was er jetzt denkt.
Und die andere, falls es sie gibt,
will sie rausschneiden aus dem Film: schnippschnapp.

Handlung läuft: Blechschaden, Regen
und der Verdacht im Kofferraum.
Am Wochenende zeichnen Männerslips ab.
Behaart – enthaart: beliebige Glieder.
Eine Ohrfeige verspricht, was später wie echt klingt.

Jetzt will sie sich wieder anziehen,
doch vorher schaumgeboren sein
und nicht mehr fremd riechen.
Zu mager vom vielen Joghurtessen
weint Ilsebill unter der Dusche.

Ilsebill zugeschrieben

Das Essen wird kalt.
Ich komme jetzt nicht mehr pünktlich.
Kein »Hallo hier bin ich!« stößt die gewohnte Tür.
Auf Umwegen, um mich dir anzunähern,
habe ich mich verstiegen: in Bäume, Pilzhänge,
entlegene Wortfelder, abseits in Müll.
Nicht warten. Du mußt schon suchen.

Ich könnte mich in Fäulnis warm halten.
Meine Verstecke haben drei Ausgänge.
Wirklicher bin ich in meinen Geschichten
und im Oktober, wenn wir Geburtstag haben
und die Sonnenblumen geköpft stehen.

Weil wir nicht heute den Tag
und das bißchen Nacht leben können,
schlage ich dir Jahrhunderte vor,
etwa das vierzehnte.
Nach Aachen unterwegs sind wir Pilger,
die vom Pfennig zehren
und die Pest zu Hause gelassen haben.

Das hat mir der Butt geraten.
Schon wieder Flucht.
Doch einmal – ich erinnere mich –
hast du mich mitten in einer Geschichte,
die ganz woanders hin, übers Eis nach Litauen wollte,
bei dir gefunden: auch du bist Versteck.

MEHRWERT

Oder gefrorener Jubel,
den ich gesammelt, zur Ansicht gesammelt habe.

Die Gläser auf meinem Brett
mögen seitliches Licht; nicht jedes Glas böhmisch.

Täglich sind zwei besonders.
So viel Liebe zu Scherben bereit.

Weithergeholt Atem, der nicht zerbrach.
So überlebt ohne Namen

Luft und ihr Mehrwert:
die Glasbläser, liest man, wurden nicht alt.

Wie ich ihr Küchenjunge gewesen bin

Die Pfanne aus Kupfer blank.
Ihre Frühmorgenstimme. Hier! rief ich: Hier!
und lief auf sie zu, sooft ich versuchte,
ihren Töpfen davonzulaufen.

Auf Ostern habe ich Lämmerzungen – die evangelischen,
die katholischen – wie meine Sünderseele gehäutet.
Und wenn sie im November Gänse gerupft hat,
habe ich Federn, den Flaum geblasen,
damit der Tag in Schwebe blieb.

Sie hatte die Ausmaße der Hauptkirche Sankt Marien,
doch ging nie mystische Zugluft,
war es nie kühl in ihr.
Ach, ihre Schlafkiste,
in der es nach Ziegenmilch roch,
in die Fliegen gefallen waren.
In ihrem Stallgeruch gefangen.
Ihr Schoß war Wiege.
Wann war das?

Unter dem Nonnenrock – Äbtissin war sie –
stand die Zeit nicht still,
fand Geschichte statt,
wurde der Streit um Fleisch und Blut
und Brot und Wein wortlos entschieden.
Solange ich ihr Küchenjunge gewesen bin,
habe ich nie frieren oder mich schämen müssen.

Die dicke Gret: ein halber Kürbis
lacht und spuckt Kerne.
Nur selten sah ich sie
Bier in Brotsuppe rühren;
worauf sie stark pfefferte: ihre Trauer
schmeckte nicht nach.

Drei Fragen

Wie kann ich,
wo uns Entsetzen in Blei gießen sollte,
lachen,
beim Frühstück schon lachen?
Wie sollte ich,
wo Müll, nur noch der Müll wächst,
von Ilsebill, weil sie schön ist,
und über die Schönheit reden?
Wie will ich,
wo die Hand auf dem Foto
bis zum Schluß ohne Reis bleibt,
über die Köchin schreiben:
wie sie Mastgänse füllt?

Die Satten treten in Hungerstreik.
Der schöne Müll.
Das ist zum Kaputtlachen ist das.

Ich suche ein Wort für Scham.

ZUVIEL

Zwischen den Feiertagen,
sobald es spät still genug ist,
lese ich Orwells utopischen Roman »1984«,
den ich 1949 zum erstenmal
ganz anders gelesen habe.

Beiseite, neben dem Nußknacker und dem Päckchen Tabak,
liegt ein statistisches Buch,
dessen Zahlen die Weltbevölkerung,
wie sie ernährt – nicht ernährt wird,
bis zum Jahre 2000 steigern – verknappen.
In Pausen,
wenn ich nach meinem Tabak greife
oder eine Haselnuß knacke,
holen mich Schwierigkeiten ein,
die im Vergleich mit Big Brother
und dem globalen Eiweißmangel
klein sind,
aber nicht aufhören wollen, privat zu kichern.

Jetzt lese ich über Verhörmethoden in naher Zukunft.
Jetzt will ich mir Zahlen merken:
gegenwärtige Mortalitätsmuster
der Kindersterblichkeit in Südasien.
Jetzt zerfaser ich von den Rändern her,
weil vor den Feiertagen das nachgelassene Gezänk
in Päckchen verschnürt wurde: Ilsebills Wünsche...

Zur Hälfte füllen Nußschalen den Aschenbecher.
Das ist zuviel alles.
Etwas muß gestrichen werden: Indien
oder der Oligarchische Kollektivismus
oder die familiäre Weihnacht.

Esau sagt

Zu Linsen begnadigt.
In einem Meer Linsen ertrinken.
Auf meinem linsengefüllten Kissen.
Hoffnung findet sich linsengroß.
Und alle Propheten wollen nur immer
die wunderbare Linsenvermehrung.

Und als er auferstanden am dritten Tag,
war sein Verlangen nach Linsen groß.

Zum Frühstück schon.
Eingedickt, bis der Löffel steht.
Zu Hammelnacken mit Majoran frisch.
Oder erinnerte Linsen: Einmal, als König Bathory
von der Jagd ins Lager zurückkam,
hat ihm die Nonne Rusch einen Fasan (vorjährig zäh)
mit Linsen polnisch zu Suppe verkocht.

Mit einem Beutel voll ging ich und ohne Furcht.
Seit mir sind Erstgeburten zu haben.
Ausgezahlt lebe ich linsengerecht.
Mein Brüderchen plagt sich.

Geteert und gefedert

Sie mochte mich nur gerupft.
Federn – ich schreibe
über Möwenkonflikte
und gegen die Zeit.

Oder ein Junge mit seinem Atem,
wie er den Flaum über die Zäune
nach nirgendwo trägt.

Flaum, das ist Schlaf und Gänse nach Kilo und Preis.
Jedem Bett seine Last.
Während sie rupfte zwischen den dummen Knien
und die Federn, wie es geschrieben steht, flogen,
schlief daunenweich die verordnete Macht.

Geflügel für wen?
Aber ich blies, hielt in Schwebe.
Das ist Glaube, wie er sich überträgt;
Zweifel geteert und gefedert.

Neulich habe ich Federn,
wie sie sich finden,
mir zugeschnitten.
Erst Mönche, Stadtschreiber später,
Schriftführer heute halten die Lüge in Fluß.

AUFSCHUB

Die Messerspitze Erlösersalz.
Aufschub noch einmal, als meine Frage: welches
Jahrhundert spielen wir jetzt? küchengerecht
beantwortet wurde: Als der Pfefferpreis fiel...

Neunmal nieste sie über die Schüssel,
in der das Hasenklein in seinem Sud lag.
Sie wollte sich nicht erinnern,
daß ich ihr Küchenjunge gewesen bin.
Finster blickte sie auf die Fliege im Bier
und wollte mich (kein Aufschub mehr)
bei Pest und Gelegenheit loswerden...

Suppen, in denen die Graupe siegt.
Als sie den Hunger wie eine Mahlzeit lobte,
als sie ursächlich und nicht über Rübchen lachte,
als sie den Tod auf der Küchenbank
mit grauen Erbsen (Peluschken genannt)
für Aufschub gewann...

So hockt sie in mir und schreibt sich fort...

HASENPFEFFER

Ich lief und lief.
Gegen die Wegweiser, mit meinem Heißhunger
lief ich Geschichte bergab, war Rutsch und Geröll,
strampelte flächig, was ohnehin flach lag,
ein gegenläufiger Bote.

Wiedergekäute Kriege,
die Sieben die Dreißig,
die nordischen Hundert lief ich mir ab.
Nachzügler, die aus Gewohnheit hinter sich blickten,
sahen mich schwinden und Haken schlagen.
Und die mich warnten: Magdeburg brennt! ahnten nicht,
daß ich die gerade noch heile Stadt
lachend durchlaufen würde.

Keinem Faden nach, nur dem Gefälle.
Zerstückelte fügten sich,
von den Pestkarren sprangen, vom Rad geflochten,
aus Feuern, die in sich sanken,
hüpften Hexen mit mir ein Stück Wegs.

Ach, die Durststrecken jahrelanger Konzile,
der Hunger nach Daten,
bis ich ihr zulief: atemlos und verzehrt.

Sie hob den Deckel vom Topf und rührte im Sud.
»Was gibt's denn, was gibt's?«
»Hasenpfeffer, was sonst. Ahnte ich doch, daß du kommst.«

Die Köchin küsst

Wenn sie den Mund,
der lieber summt als trällert,
öffnet und stülpt: seimigen Brei, Gaumenklöße
oder ein Stück mit praktischen Zähnen
aus mürbem Schafsnacken, der linken Gänsebrust beißt
und mir – in ihrem Speichel gewendet –
mit Zungenschub überträgt.

Vorgekaut Faserfleisch.
Durch den Wolf gedreht, was zu zäh.
Ihr Kuß füttert.
So wandern Forellenbäckchen, Oliven,
auch Nüsse, der Kern des Pflaumensteins,
den sie mit Backenzähnen geknackt hat,
Schwarzbrot im Bierschluck gespült,
ein Pfefferkorn heil
und Brockenkäse, den sie im Kuß noch teilt.

Hinfällig schon und in Kissen gedrückt,
von Fieber, Ekel, Gedanken kopfüber verzehrt,
lebte ich auf (immer wieder) von ihren Küssen,
die nie leer kamen oder nur sich meinten.
Und ich gab zurück:
Muschelfleisch Kälberhirn Hühnerherz Speck.

Einmal aßen wir einen Hecht von der Gräte;
ich ihren, sie meinen.
Einmal tauschten wir Täubchen aus;
und selbst die Knöchlein noch.
Einmal (und immer wieder) küßten wir uns an Bohnen satt.
Einmal, nach immer dem gleichen Streit
(weil ich die Miete versoffen hatte)
versöhnte ein Rettich uns über Rübendistanz.
Und einmal machte im Sauerkraut Kümmel uns lustig,
den wir tauschten und tauschten: hungrig nach mehr.

Als Agnes, die Köchin,
den sterbenden Dichter Opitz küßte,
nahm er ein Spargelköpfchen mit auf die Reise.

LEER UND ALLEINE

Hosen runter, Hände wie zum Gebet,
trifft mein Blick voll:
die dritte Kachel von oben, die sechste von rechts.
Durchfall.
Ich höre mich.
Zweitausendfünfhundert Jahre Geschichte,
frühe Erkenntnis und letzte Gedanken
lecken einander, heben sich auf.

Es ist die übliche Infektion.
Rotwein fördert
oder Zank auf der Treppe mit Ilsebill.
Angst, weil die Zeit – die Uhr meine ich –
chronischen Dünnpfiff hat.

Was nachkleckert: Frühstücksprobleme.
Da will kein Kot sich bilden kompakt,
und auch die Liebe fällt bodenlos durch.

So viel Leere
ist schon Vergnügen: allein auf dem Klo
mit dem mir eigenen Arsch.
Gott Staat Gesellschaft Familie Partei...
Raus, alles raus.
Was riecht, bin ich.
Jetzt weinen können.

Runkeln und Gänseklein

Im November,
wenn das Spülwasser ausgegossen,
die letzten Farben verbraucht
und die Gänse gerupft sind,
auf Sankt Martin pünktlich
kochte Agnes, die immer wußte,
was wann gekocht wird,
den Hals in lappiger Haut, Magen und Herz,
die Flügel beide: das Gänseklein
mit Runkeln und gewürfeltem Kürbis
lange auf kleinem Feuer und in Gedanken
an einen schwedischen Fähnrich, der Axel geheißen
und wiederzukommen versprochen hatte:
Bald im November.

Mitgekocht wurden:
ein Händchenvoll Graupen, Kümmel, Majoran
und wenig vom Bilsenkraut gegen die Pest.
Das alles: den Magen kaute, vom Flügelbein nagte,
am Halswirbel saugte der Maler Möller,
dem Agnes tischte, während der Dichter Opitz
die sanfte Brühe, die weiche Runkel
löffelte löffelte und keine Worte fand –
wenn auch überall im November
und trüben Sud ein Gänseherz schwamm,
das seinen Vergleich suchte.

Bei Kochfisch Agnes erinnert

Auf den Kabeljau heute,
den ich in Weißwein und Gedanken an Dorsch,
als er noch billig – Pomuchel! Pomuchel! –,
auf schwacher Hitze gekocht habe,
legte ich, als sein Auge schon milchig
und Fischaugen weiß dem fiebrigen Opitz
übers leere Papier rollten,
grüne Gurken, in Streifen geschnitten,
dann, von der Hitze genommen, Dill in den Sud.

Über den Kochfisch streute ich Krabbenschwänze,
die unsere Gäste – zwei Herren, die sich nicht kannten –,
während der Kabeljau garte, gesprächig
und um die Zukunft besorgt,
mit Fingern gepult hatten.

Ach Köchin, du schaust mir zu,
wenn ich mit flachem Löffel
dem zarten Fleisch helfe: willig gibt es die Gräte auf
und will erinnert, Agnes, erinnert werden.

Nun kannten die Gäste sich besser.
Ich sagte, Opitz, in unserem Alter, starb an der Pest.
Wir sprachen über Künste und Preise.
Politisch regte nichts auf.
Suppe von sauren Kirschen danach.
Mitgezählt wurden frühere Kerne:
als wir noch Edelmann Bettelmann Bauer Pastor...

SPÄT

Ich kenne nur,
soweit sie sich zeigt,
die Natur.

Mit tastendem Griff
sehe ich sie in Stücken,
nie
oder nur, wenn das Glück mich schlägt,
ganz.

Was so viel Schönheit,
die sich am Morgen schon
in meinem Kot beweist,
soll oder zweckt,
weiß ich nicht.

Deshalb gehe ich zögernd schlafen,
denn der Traum macht den Gegenstand fließend
und redet ihm Sinn ein.

Ich will wach bleiben.
Vielleicht rührt sich der Stein
oder Agnes kommt
und bringt, was mich müde macht:
Kümmel oder Dill.

Kot gereimt

Dampft, wird beschaut.
Riecht nicht fremd, will gesehen werden,
namentlich sein.
Exkremente. Der Stoffwechsel oder Stuhlgang.
Die Kacke: was sich ringförmig legt.

Mach Würstchen! Mach Würstchen! rufen die Mütter.
Frühe Knetmasse, Schamknoten
und Angstbleibsel: was in die Hose ging.

Erkennen wir wieder: unverdaut Erbsen, Kirschkerne
und den verschluckten Zahn.
Wir staunen uns an.
Wir haben uns was zu sagen.
Mein Abfall, mir näher als Gott oder du oder du.

Warum trennen wir uns hinter verriegelter Tür
und lassen Gäste nicht zu,
mit denen wir vortags an einem Tisch lärmend
Bohnen und Speck vorbestimmt haben?

Wir wollen jetzt (laut Beschluß) jeder vereinzelt essen
und in Gesellschaft scheißen;
steinzeitlich wird Erkenntnis möglicher sein.

Alle Gedichte, die wahrsagen und den Tod reimen,
sind Kot, der aus hartem Leib fiel,
in dem Blut rinnselt, Gewürm überlebt;
so sah Opitz, der Dichter,
den sich die Pest als Allegorie verschrieb,
seinen letzten Dünnpfiff.

UNSTERBLICH

Als ich die mir versprochenen Fenster
in jede Richtung aufstieß,
war ich sicher,
abgelebt nichts zu sehen.

Aber auf flache Landschaft,
die sauber besiedelt war,
und gegenüber in offene Fenster,
aus denen Männer und Frauen alt sahen,
gegen den heiter bis wolkigen Himmel,
Stare auch in den Birnen,
Schulkinder, die der Bus gebracht hatte,
den Sparkassenneubau,
die Kirche mit Uhr
sah ich: halb zwei.

Auf meine Beschwerde kam Antwort:
Das sei übliches Nachleben
und höre bald auf.
Schon grüßen die alten Nachbarn.
Sie wollen aus allen Fenstern
mich wirklich gesehen haben.
Und Ilsebill kommt überladen
vom Einkauf zurück.
Morgen ist Sonntag.

Klage und Gebet
der Gesindeköchin Amanda Woyke

Als ihr die Würmchen,
hießen Stine Trude Lovise,
weil der Halm faulgeregnet, vom Hagel erschlagen,
von Dürre und Mäusen gebissen war,
daß gedroschen kein Rest blieb,
Hirse nicht körnte, Grütze nicht pappte,
kein Haferschleim süß und Fladenbrot sauer wurde,
weghungerten alle drei,
bevor es dusterte zweimal im März – denn auch die Ziege
war einem Kosaken ins Messer gesprungen,
fortgetrieben die Kuh von fouragierenden Preußen,
kein Huhn mehr scharrte,
von den Gurretauben blieb Taubenmist nur,
und auch der Kerl mit dem Zwirbelbart,
der die Würmchen Stine Trude Lovise
mit seinem Prügel wie nichts gemacht hatte,
weil Amanda ihm jedesmal beinebreit,
war außer Haus schon wieder und gegen Handgeld
nach Sachsen, Böhmen, Hochkirch gelaufen,
denn der König, der König rief –
als nun drei Kodderpuppen,
die Stine Trude Lovise hießen,
schlaff baumelten,
wollte Amanda nicht glauben
und lassen los.

Und als die Mädchen,
blaß, blau und hungerkrumm,
grämlich verfrühte Greisinnen,
grad geboren, kaum abgestillt – bald hätte
Lovise laufen wollen – in eine Kiste gelegt,
zugenagelt, verschaufelt waren,
klagte Amanda laut
und hielt den Ton vor der Wimmerschwelle:

ein zittriges Heulen,
in dem viel ai mai wai nai jainte,
das zwischen langgezwirntem Euhhh und Euühhh
dennoch Sätze (was der Mensch im Schmerz sagt) zuließ:
Das mecht nich jelaidet sain.
Das mecht selbig den Daibel äwaichen.
Das mecht ain Kujon fier Jerechtigkait haißen.
Das mecht Liebgottchen välaiden.
Dem mecht Jeschrai elendlich blaiben.
Nai ist kain Liebgottchen nich,
och wenn jeschrieben steht...

Sie schrie drei klirrklare Märztage lang,
bis ihre Klage feingesiebt nur noch Iiiih hieß.
(Und auch in den anderen Katen
in Zuckau, Ramkau, Kokoschken,
wo wem was weggedarbt war,
wurde geschrien: Ihhh...)

Das kümmerte niemand.
Als sei nichts, schlug der Holunder aus.
Buchweizen, Hafer blieben nicht taub.
Pflaumen zum Trocknen genug.
Es lohnte, in die Pilze zu gehen.
Und am Strick eine Kuh, kam gezwirbelt der Kerl zurück
aus Winterquartieren, auch diesmal wie jedesmal invalid.
Der hatte seit Zorndorf Finger zwei weniger,
der kam nach Torgau einäugig lachend,
der trug nach Hochkirch die Narbe über dem Deetz,
was ihn dußliger noch als damlich machte.
Der richtete aber den Prügel ihr,
weil sie stillhielt,
um Marjellen wie nichts zu machen,
die Lisbeth, Annchen, Martha und Ernestine hießen
und lebig blieben,
so daß auch Liebgottchen gut fürs Gebet wieder war:
Er werde schon wissen, warum so viel Leid.
Ihm sei das Kreuz ja ewiglich aufgeladen.

Er lohne die Mühe
und habe Liebe, himmlische Mehlschütten voll...

Da war viel Jiehte behiete drin,
Reimworte später auf die Kartoffelblüte –
und Hoffnung körnchengroß,
daß Stine Trude Lovise nun Engel seien
und satt.

Übers Wetter geredet

Plötzlich will keiner mehr Vorfahrt haben.
Wohin denn und warum schnell?
Nur hinten – doch wo ist hinten? –
drängeln sie noch.

Ob jene Zahlreichen,
die weit entfernt hungern,
doch sonst kaum auffallen,
daran gehindert werden dürfen,
ist eine Frage, die beiläufig
immer wieder gestellt wird.
Die Natur – so heißt es nun auch im Dritten Programm –
wird sich zu helfen wissen.
Sachlich sein.
Bei uns bleibt genug zu tun.
Die vielen kaputten Ehen.
Methoden, nach denen zwei mal zwei vier ist.
Notfalls Beamtenrecht.

Am Abend stellen wir zornig fest,
daß auch das Wetter vorausgesagt falsch war.

Am Hungertuch nagen

Immer schon sprach aus hohlem Bauch
die Mehlschütte Trost,
und Schnee fiel wie zum Beweis.

Nagte er nur die verhängte Karwoche lang,
wäre das Fasten ein Spaß,
Fladen mit nichts zu beißen,
aber es deckt den Winter über bis in den März
das Tuch totenstill meine Gegend,
während woanders die Speicher schlau
und die Märkte gesättigt sind.

Gegen den Hunger ist viel geschrieben worden.
Wie schön er macht.
Wie frei von Schlacke seine Idee ist.
Wie dumm die Made im Speck bleibt.
Und immer schon gab es Schweizer,
die sich vor Gott (oder sonstwem)
wohltätig zeigten: es fehlte ja nur
das Notwendigste.

Als aber endlich genug war
und Amanda Woyke mit Korb, Hacke und ihren Töchtern
in die Kartoffeln ging, saßen woanders Herren am Tisch
und sorgten sich um den fallenden Preis der Hirse.

Es ist die Nachfrage, sagte Professor Bürlimann,
die immer alles am Ende regelt –
und lächelte liberal.

Alle beide

Er sagt nicht meine, die Frau sagt er.
Die Frau will das nicht.
Das muß ich erst mit der Frau besprechen.

Angst zum Krawattenknoten gezurrt.
Angst, nach Hause zu kommen.
Angst, zuzugeben.
Verängstigt sind beide einander Besitz.

Die Liebe klagt ihre Ansprüche ein.
Und das gewohnte Küßchen danach.
Nur noch Gedächtnis zählt.
Beide leben vom Streitwert.
(Die Kinder merken vorm Schlüsselloch was
und beschließen für später das Gegenteil.)

Aber, sagt er, ohne die Frau hätte ich nicht soviel.
Aber, sagt sie, er tut, was er kann und noch mehr.
Ein Segen, der Fluch, und als Fluch Gesetz wurde.
Ein Gesetz, das immer sozialer wird.
Zwischen den Einbauschränken, die abgezahlt sind,
bildet der Haß
Knötchen im Teppich: nicht pflegeleicht.

Beide entdecken einander,
wenn sie sich fremd genug sind,
nur noch im Kino.

Zum Fürchten

Im Wald laut rufen.
Die Pilze und Märchen
holen uns ein.

Jede Knolle treibt jüngeren Schrecken.
Noch unter eigenem Hut,
doch die Angsttrichter rings
sind schon gestrichen voll.

Immer war schon wer da.
Zerstörtes Bett – bin ich es gewesen?
Nichts ließ mein Vorgänger stehn.

Wir unterscheiden: schmackhafte
ungenießbare giftige Pilze.
Viele Pilzkenner sterben früh
und hinterlassen gesammelt Notizen.

Reizker, Morchel, Totentrompete.

Mit Sophie gingen wir in die Pilze,
bevor der Kaiser nach Rußland zog.
Ich verlor meine Brille
und nahm den Daumen;
sie fand und fand.

Sophie

Wir suchen
und meinen zu finden;
aber anders heißt er
und ist auch anders verwandt.

Einmal fanden wir einen,
den gab es nicht.
Meine Brille beschlug,
ein Häher schrie,
wir liefen davon.

In den Wäldern um Saskoschin
sollen sie sich verglichen haben.
Weil immer noch kenntlich,
wurden die Pfifferlinge verlacht.

Pilze bedeuten.
Nicht nur die eßbaren
stehen auf einem Bein
für Gleichnisse stramm.

Sophie, die später Köchin wurde
und auch politisch,
kannte alle beim Namen.

Hinter den Bergen

Was wäre ich ohne Ilsebill!
rief der Fischer
zufrieden.

In ihre Wünsche kleiden sich meine.
Was in Erfüllung geht, zählt nicht.
Außer uns alles erfunden.
Nur das Märchen ist wirklich.
Immer kommt, wenn ich rufe, der Butt.
Ich will, ich will, ich will wie Ilsebill sein!

Höher, tiefer, güldener, doppelt so viel.
Schöner noch als gedacht.
Gespiegelt bis ins Unendliche.
Und weil kein Tod, kein Leben mehr als Begriff.
Jetzt das Rad noch einmal erfinden dürfen.

Kürzlich träumte ich reich:
alles war da wie gewünscht,
Brot, Käse, Nüsse und Wein,
nur fehlte ich, mich zu freuen.
Da verliefen sich wieder die Wünsche
und suchten hinter den Bergen
ihren doppelten Sinn: Ilsebill oder mich.

Auf der Suche nach ähnlichen Pilzen

Ein Wurf Boviste,
glücklich gefunden,
daneben.

Als ich recht bekam,
gab ich den Rest, alles,
verloren.

Dieser Hut paßt
einen Kopf kürzer
auf Maß.

Nimm es diffus;
auch das Licht
schummelt sich durch.

Zwar sind es Boviste,
doch falsche,
genau.

FORTGEZEUGT

Ein Gedanke entvölkert.
Rattenlos
rollt ins Abseits.

Der Gegenzeuge tritt auf.
Unten will oben.
Nicht keine, die andere Ordnung.

Es steht der Pilz
schirmlings
und lüftet die Wurzel.

Wann kappt der endliche Schnitt?
Doch staunend auch du
und offen.

Zeug fort – beiß ab.
Aber es bleibt nur
drohend beim Spiel.

Lena teilt Suppe aus

Aus Kesseln tief,
in denen lappiger Kohl und Graupen schwammen
oder Kartoffeln verkocht mit verkochten Wruken
und Fleisch nur Gerücht war,
es sei denn, es fielen Kaldaunen ab
oder ein Pferd krepierte zu günstigem Preis,
schöpfte Lena sämige Erbsen,
von denen nur Schlauben geblieben,
und Knorpel und Knöchlein,
die der Schweinsfuß, das Spitzbein gewesen waren
und nun im Kessel, wenn Lena tief rührte, lärmten,
wie vor dem Kessel, in Schlange gestellt,
die mit dem Blechnapf lärmten.

Nie blindlings, auch nicht mit fischender Kelle.
Ihr Suppenschlag hatte Ruf.
Und wie sie erhöht neben dem Kessel stand,
linkshändig auf ihrer Schiefertafel Zählstriche reihte,
mit rechter Hand rührte, dann einen halben Liter genau
in Napf nach Napf kippte
und aus gerunzeltem Winterapfelgesicht
nicht in den Kessel schaute,
sondern, als sähe sie was, in die Zukunft blickte,
hätte man hoffen, irgendwas hoffen können.
Dabei sah sie hinter sich,
sah sich vergangene Suppen schöpfen,
vor, nach den Kriegen, im Krieg,
bis sie sich jung sah neben dem Kessel.

Die Bürger jedoch,
wie sie abseits in ihren Mänteln standen
und Lena Stubbe erhöht sahen,
fürchteten sich vor ihrer andauernden Schönheit.
Deshalb beschlossen sie,
der Armut einen verklärenden Sinn zu geben:
als Antwort auf die soziale Frage.

ALLE

Mit Sophie,
so fängt mein Gedicht an,
gingen wir in die Pilze.
Als Aua mir ihre dritte Brust gab,
lernte ich zählen.
Wenn Amanda Kartoffeln schälte,
las ich dem Fluß ihrer Schalen
den Fortgang meiner Geschichte ab.
Weil Sibylle Miehlau Vatertag feiern wollte,
nahm sie ein schlimmes Ende.
Eigentlich wollte Mestwina den heiligen Adalbert
nur liebhaben, immerzu liebhaben.
Während die Nonne Rusch polnische Gänse rupfte,
habe ich nichtsnutz flaumige Federn geblasen.
Agnes, die keine Tür
ins Schloß fallen ließ,
war sanftmütig immer nur halb da.
Die Witwe Lena zog Kummer an,
weshalb es bei ihr nach Wruken und Kohl roch.
Wigga, die Zuflucht, der ich entlief.
Schön wie ein Eiszapfen ist Dorothea gewesen.
Maria lebt noch und wird immer härter.

Aber – sagte der Butt – eine fehlt.
Ja – sagte ich – neben mir
träumt sich Ilsebill weg.

Bratkartoffeln

Nein, mit Schmalz.
Es müssen alte mit fingernden Keimen sein.
Im Keller, auf trocknem Lattenrost,
wo das Licht ein Versprechen bleibt von weither,
haben sie überwintert.

Vor langer Zeit, im Jahrhundert der Hosenträger,
als Lena die Streikkasse unter der Schürze
schon in den sechsten Monat trug.

Ich will mit Zwiebeln und erinnertem Majoran
einen Stummfilm flimmern, in dem Großvater,
ich meine den Sozi, der bei Tannenberg fiel,
bevor er sich über den Teller beugt, flucht
und mit allen Fingern knackt.

Doch nur geschmälzt und in Gußeisen.
Bratkartoffeln mit
Schwarzsauer und ähnlichen Mythen.
Heringe, die sich in Mehl freiwillig wälzen,
oder bibbernde Sülze, in der gewürfelte Gürkchen
schön und natürlich bleiben.

Zum Frühstück schon aß Otto Stubbe,
bevor er zum Schichtwechsel auf die Werft ging,
seinen Teller voll leer;
und auch die Sperlinge vor den Scheibengardinen
waren schon proletarisch bewußt.

Verspätet

Ilsebill aus dem Haus.
Ich bin nicht hier.
Eigentlich hatte ich Agnes erwartet.
Was sonst geschieht – Tellerklappern –,
gehört zu Amanda: ihr täglicher Abwasch.

Lena war da.
Vielleicht haben wir nur vergessen,
genaue Zeit abzusprechen.

Ich traf mich mit Sophie, während von allen Kirchen
die Vesper geläutet wurde.
Wir küßten uns wie im Kino.

Kalt stehen Reste: Hühnchen, was sonst.
Angefangen lungert ein Satz.
Selbst Fremdes riecht nicht mehr neu.
Im Schrank fehlt ein Kleid: das Großgeblümte
für Feste mit Dorothea gedacht,
die immer in Lumpen ging.

Als es noch die Musik gab,
konnten wir Gleiches zusammen verschieden hören.
Oder Liebe, das Foto: Billy und ich
auf dem weißen Dampfer, der Margarete hieß
und zwischen den Seebädern dicken Rauch machte.

Natürlich bin ich verspätet.
Aber Maria wollte nicht warten.
Jetzt sagt der Butt ihr die Zeit.

WORTWECHSEL

Im ersten Monat wußten wir nicht genau,
und nur der Eileiter hatte begriffen.
Im zweiten Monat stritten wir ab,
was wir gewollt, nicht gewollt,
gesagt, nicht gesagt hatten.
Im dritten Monat veränderte sich der faßbare Leib,
aber die Wörter wiederholten sich nur.
Als mit dem vierten Monat das Neue Jahr begann,
begann nur das Jahr neu; die Wörter blieben verbraucht.
Erschöpft, aber noch immer im Recht,
schrieben wir den fünften, den sechsten Monat ab:
Es bewegt sich, sagten wir unbewegt.
Als wir im siebten Monat geräumige Kleider kauften,
blieben wir eng und stritten uns
um den dritten, versäumten Monat;
erst als ein Sprung über den Graben
zum Sturz wurde –
Spring nicht! Nein! Wart doch. Nein. Spring nicht! –,
sorgten wir uns: Stammeln und Flüstern.
Im achten Monat waren wir traurig,
weil die Wörter, im zweiten und vierten gesagt,
sich immer noch auszahlten.
Als wir im neunten Monat besiegt waren
und das Kind unbekümmert geboren wurde,
hatten wir keine Wörter mehr.
Glückwünsche kamen durchs Telefon.

MANNOMANN

Hör schon auf.
Machen Punkt.
Du bist doch fertig, Mann, und nur noch läufig.

Sag nochmal: Wird gemacht.
Drück nochmal Knöpfchen und laß sie tanzen, die Puppen.
Zeig nochmal deinen Willen und seine Brüche.
Hau nochmal auf den Tisch, sag: Das ist meiner.
Zähl nochmal auf, wie oft du und wessen.
Sei nochmal hart, damit es sich einprägt.
Beweise dir noch einmal deine große, bewiesene,
deine allumfassende Fürundfürsorge.

Mannomann.
Da stehst du nun da und im Anzug da.
Männer weinen nicht, Mann.
Deine Träume, die typisch männlich waren, sind alle gefilmt.
Deine Siege datiert und in Reihe gebracht.
Dein Fortschritt eingeholt und vermessen.
Deine Trauer und ihre Darsteller ermüden den Spielplan.
Zu oft variiert deine Witze; Sender Eriwan schweigt.
Leistungsstark (immer noch) hebt deine Macht sich auf.

Mannomann.
Sag nochmal ich.
Denk nochmal scharf.
Blick nochmal durch.
Hab nochmal recht.
Schweig nochmal tief.
Steh oder fall noch ein einziges Mal.

Du mußt nicht aufräumen, Mann; laß alles liegen.
Du bist nach deinen Gesetzen verbraucht,
entlassen aus deiner Geschichte.

Und nur das Streichelkind in dir
darf noch ein Weilchen mit Bauklötzen spielen. –
Was, Mannomann, wird deine Frau dazu sagen?

Mein Schuh

Mit ihm zerstritten.
Läuft gegenläufig davon.
Kommt flüchtig entgegen.

Mütze trifft Schuh:
Auswärts sie, heimwärts er.
Beide auf Abschied gedellt:
vergriffen vergangen.

Allseits mein Schuh.
Wem ich entlaufen, was mich eingeholt,
lese ich seiner Sohle ab:

Als ich noch barfuß.
Als mir kein Senkel aufgehen wollte.
Als ich mir witzig daneben stand.
Als er noch knarrte, anstößig ich.

Und die Geschichte der Köchin in mir,
wie sie für General Rapp (weil die Franzosen)
jenen knolligen Pilz fein in die Suppe.
Aber er aß nicht.
Nur seine Gäste.
Unter denen Graf Posadovski.
Dessen Stiefel sie später.

Da kommen gelaufen: das Schwein und sein Leder.
Wie gehts? – Auf und ab.
Fünf mal sechs.
Die Unruhe ausschreiten.
Stühle scheuen.

Nicht pfeifen, weil ja kein Wald
und die Angst möbliert.
Den Schuh ermüden.

Oder auf langer Stange rund um den Platz
oder ihm Wurzeln einreden
oder vom großen Auslauf träumen.

Schon auf Strümpfen geh ich dem Faden nach,
sammel, was blieb: Standpunkte
aus der Familie der Kopffüßler:
mittlerweile verkrautet.

KINDERSTUNDE

Dein Vater, Helene, der sich beruflich bücken muß,
sammelt Federn Pilze Geschichten,
in denen Federn geblasen und Kinder,
die in die Pilze gingen, verlorengehen.

Oft, wenn ich Pilze und Federn sammle,
finde ich Wörter, die Richtlinie und Beschluß heißen.
Sie riechen nicht, fliegen nicht,
sind aber gut für Geschichten,
in denen verboten ist, Federn zu blasen,
in denen alles, was Pilz genannt wird,
tödlich, ohne Widerspruch tödlich ist.

Nur noch im Fernsehen dürfen im tiefen Wald
Kinder verlorengehen,
bis eine Feder, die sich in Schwebe hält,
ihnen den Weg zeigt aus der Geschichte.

Jetzt kritzel ich über alles schnelles Gestrüpp,
damit du dich dennoch glücklich verlaufen kannst.

Übers Jahresende in Budissin

Und fand in der Ruine von Sankt Nikolai
über der Spree einen Hinweis in Stein gehauen:
das Kind einer Tochter der Köchin in mir –
sorbischer Zweig.

Privat im Sozialismus.
Wie dünn das Eis trägt,
wo Vergangenheit Türme erhält.
Wir nicht vergessen: eingemauert der Mönch und die Nonne.

Den Dom zweit ein niedriges Gatter.
Simultan, wenn auch durch eigens gesegnete Türen,
können Katholen und Evangelen.

Doch draußen der eine sich selbst vergatternde Glaube.
Abseits lastet das Zuchthaus, Gelbes Elend genannt.

Wir wollten dem Kind Spielräume finden.
Ich ging dann doch entlang Gemäuer
alleine ins Neue Jahr.
Über Kopfstein auf Kies: erbrochene Gurken,
Silvestermüll – ein Scherbengericht.

Schöne Aussicht

Mit dem Schrei 10 Uhr 15
hat ein Kind mehr,
kaum abgenabelt,
Gewicht, Länge und seinen Namen,
der nie umstritten auf Lauer lag.

Schon ähnelt wird soll es.
Ein Mädchen mehr
mit dem Spalt,
der offen blieb,
als die Aussicht vernagelt wurde.

PAPPI

Flatterherz, kalter Schweiß
und katastrophale Sandkastenträume,
weil immer alles halbfertig knickt.
   Doch sonst ist Pappi in Ordnung.
Abend für Abend gehört Pappi uns.
Nur mittwochs geht Pappi fremd.
Er hat eine Freizeitausrüstung gekauft,
muß Vatertag feiern mit seinen Typen;
auch wenn ihn das ankotzt, sagt er, er muß.
Wie er uns leidtut, manchmal,
wenn er statt Zucker Salz nimmt
und seine Tabletten meint: Knötchen schnüren den Magen.
Es ist auch zuviel, sagt Omi, entschieden zuviel.
Und das seit Ende der Steinzeit, als Zukunft begann:
immerzu strammstehen und Neues schaffen: jawoll!
Pappi vergißt sich jetzt manchmal.
Wir hören ihn seufzen und gucken uns an.
Verständlich, daß Pappi auch mal für sich sein muß.

Pappi weint auf dem Klo
und will nicht mehr, will nicht mehr wollen.
Nichts ist ihm wichtig.
Immerzu hat er Gefühle.
Alles findet er komisch.
Seine Krawatten und die kompletten Spielzeuglokomotiven,
in die er, wie Omi sagt, all seine Liebe gesteckt hat,
hat er dem Roten Kreuz geschenkt.
Pappi schnallt ab; nur Mutti, die donnerstags fremd geht,
spurt noch und spricht zerstreut von Terminen.

Torso weiblich

An einem Mittwoch, Helene,
dreieinhalb Wochen nach deiner Geburt,
wurde ein Torso (Bruchstück, das ahnen läßt)
freigeschaufelt und schön befunden.
Man tanzte auf Straßen, rief altgriechisch das Wort.

Das war zwei Wochen vor Ende der Watergatezeit.
Du kannst das lesen später,
wer auf der Insel Zypern
die Ferien störte.
Wie üblich wurden die Toten gezählt:
Türken Griechen Touristen.

Doch die Geschichte schlug um.
Wiedererrichtet soll werden,
was ohne Arm und Bein
immer nur Rumpf gewesen
und den Kopf auf dem Wendehals
über gekitteter Bruchstelle trägt.

Die Demokratie – der weibliche Stein.
Ich sag dir, Helene, kein Mann –
und wäre es Männersache, beschlossen –
könnte ihn heben, verwerfen;

deshalb lächelt er brüchig.

Was Vater sah

An einem Freitag wie heute,
zwischen den Spielen der Zwischenrunde –
Chile schon draußen, Polen liegt vorn –
kam nach Ultraschall und genauem Schnitt
durch Haut, Fettmantel, Muskelgewebe
und Bauchfell,
nach zarter Öffnung der nun
griffig im klaffenden Leib nackten Gebärmutter,
ärschlings und zeigte ihr Semmelchen –
während entfernt Geschichte: die Privilegien
der Lübecker Stadtfischer, welche seit 1188
durch Barbarossa verbrieft sind,
auch von der DDR endlich anerkannt wurden –
endlich durch Zugriff Helene zur Welt.

Geboren – Halleluja – aus Steißlage willentlich.
Ach Mädchen, bald blühen die Wicken.
Hinterm Sandkasten wartet auf dich Holunder.
Noch gibt es Störche.
Und deine Mutter heilt wieder,
klafft nicht mehr,
ist bald wieder zu, wieder glatt.
Verzeih uns deine Geburt.
Wir zeugten – es war Oktober –
nachdem wir Brechbohnen grün,
drauf Birnen gedünstet
zu fettem Hammel von Tellern gegessen hatten.

Ich übersah den Knoten
in deiner Nabelschnur nicht.
Was, Helene, soll nie vergessen werden?

Federn blasen

Das war im Mai, als Willy zurücktrat.
Ich hatte mit Möwenfedern den sechsten tagsüber
mich gezeichnet: ältlich schon und gebraucht,
doch immer noch Federn blasend,
wie ich als Junge (zur Luftschiffzeit)
und auch zuvor,
soweit ich mich denke (vorchristlich steinzeitlich)
Federn, drei vier zugleich,
den Flaum, Wünsche, das Glück
liegend laufend geblasen
und in Schwebe (ein Menschenalter) gehalten habe.

Willy auch.
Sein bestaunt langer Atem.
Woher er ihn holte.
Seit dem Lübecker Pausenhof.
Meine Federn – einige waren seine – ermatten.
Zufällig liegen sie, wie gewöhnlich.

Draußen, ich weiß, bläht die Macht ihre Backen;
doch keine Feder,
kein Traum wird ihr tanzen.

Im Apfelgarten

Verstört und die Glieder vereinzelt.
Wörter und Fallobst.
Nur kurz weichen die Schwalben,
weil die Nato
mit ihrem niedrigen Düsenmanöver,
und lassen Federn leicht.

Fürsorge Mückenspray.
Licht überredet
uns außer Haus.

Später, obgleich keine Zeit ist,
schaut eine Kuh unbegreiflich.
Dir springt im Schlaf Maus oder
Frosch auf die Stirn.
Das Fallobst nehmen wir mit.

LIEBE GEPRÜFT

Dein Apfel – mein Apfel.
Jetzt beißen wir gleichzeitig zu:
schau, wie auf ewig verschieden.
Jetzt legen wir Apfel und Apfel
Biß gegen Biß.

Doch aber

Mit Brille neuerdings
mehr Pickel freundlicher sehen.

Im Ausschnitt befangen,
fältchengetreu (begabter für Liebe),
doch ohne Einsicht in jenen Zusammenhang,
den das Gebirge als Horizont diktiert.

Aber die eigenen brüchigen Nähte
sind mir jetzt näher.
Neu und entsetzt
sehe ich meinen Abfall
und wie die Linien wackeln.

Dein Ohr

Gutzureden wahrsagen.
Wollte mich ausgesprochen versenken.
Wollte verstanden sein dumm.
Nur zwischen Gänsefüßchen oder gedruckt
bleigefaßt lügen.

Was keinen Grund findet, aber Antwort bekommt:
logische Ketten,
geständiges Flüstern,
die Pause ausgespart,
Sprachschotter Lautgeröll.

In den Wind gehißt,
flattert dein Ohr,
hört sich flattern.

Beim Fädeln spleißen die Wörter danebengesagt.

Wie ohne Vernunft

Mein Zufall wirft:
Krabben und Kippen.
Auszählen jetzt,
den Wurf lesen
und deine und meine Hölzchen,
(die abgebrannten)
hier und dort
krisengerecht überkreuz legen.

SCENISCHES MADRIGAL

Das trennt.
So nah wir liegen,
schwimmen doch Fische von anderen Küsten
dort, wo wir meinten,
uns trockengelegt zu haben.

Ähnlich getäuscht verläuft sich draußen,
was wir (noch immer) Gesellschaft nennen:
Frauen, die ihren Mann stehen,
verheulte Männer,
Tiere ohne Duftmarken und Adresse.

Auf unserer Langspielplatte
streiten (in Zimmerlautstärke)
Tancredi und Clorinda.

Später streicheln wir uns gewöhnlich.

NOVEMBERLAND

Für Peter Rühmkorf

DAS UNSRE

Breit liegt das Land, in dessen Lied wie in Prospekten
sich Schönheit weit gehügelt austrägt, gegen Norden flach,
besiedelt, eng (in dieser Zeit) bis unters Dach.
Wo sich die Kinder einst vor Vaters Zorn versteckten,

ist keine Zuflucht mehr, nein, nichts schließt mehr geheim.
So offen sind wir kenntlich, allseits ausgestellt,
daß jeder Nachbar, ringsum alle Welt
als Unglück treiben sieht, was unsres Glückes Keim.

Wo wir uns finden, hat verkehrte Konjunktur
uns fett gemacht. Dank Leid und Kummer satt,
schlug mästend Elend an als freien Marktes Kur;
und selbst auf unsre Sünden gab's Rabatt.
Still liegt Novemberland, verflucht zum tugendhaften Fleiß,
in Angst vorm Jüngstgericht, dem überhöhten Preis.

NOVEMBERLAND

Da komm ich her. Das feiert jährlich alle Neune.
Von dem ich weg will über selbsterdachte Zäune,
doch in verkehrten Schuhen dahin laufe, wo ich heiße
und ruchbar bin für die zurückgelaßne Scheiße.

Das bleibt veränderlich sich gleich
und ähnelt unterm Schutt der Moden –
mal sind es Jeans, dann wieder Loden –
den abgelebten Fotos aus dem Dritten Reich.

Novembertote, laßt sie ruhn!
Wir haben mit uns Lebenden genug zu tun.
Doch diese sind nicht jene, jene sind erwacht
und haben sich als Täter das gleiche ähnlich ausgedacht.
Nicht abgebucht noch steuerfrei ist der Gewinn
aus Schuldenlast, für die ich haftbar bin.

Späte Sonnenblumen

November schlug sie, schwarz in schwarz vor Hell.
Noch ragen Strünke, sind der Farben Spott,
im Regen schräg und suchen sich Vergleiche,
auch Reime, etwa Gott und Leiche.

Noch immer tauglich, stehn sie mir Modell,
weil ausgesägt vor Himmeln, deren Grau
im Ausschnitt und total zerfließt,
drauf eine Meldung sich als Botschaft liest:

Geschieden sind wie Mann und Frau
nach kurzer Ehe Land und Leute.
Karg war die Ernte, reich die Beute.
Ach, Treuhand hat uns abgeschöpft.
Wer bei Verdacht schon Sonnenblumen köpft,
dem werden Zeugen fehlen, den erwischt die Meute.

ALLERSEELEN

Ich flog nach Polen, nahm November mit.
Die Frage, was, wenn polnisch meine Zunge
mir wörtlich wäre und tödlich folgsam beim Ulanenritt –
ich rauchte tief katholisch und auf Lunge –,

blieb wortreich ohne Antwort, deutsch auf deutsch vernarrt:
Zwar schmeichle der Gedanke, sei bizarr, apart,
doch müsse ich bei heimischer Kontrolle
zu Markte tragen meine eingefärbte Wolle.

So nachbarlich durchnäßt, so ferngerückt verloren,
so anverwandt vom Lied und Leid im Lied besessen,
so heimlich zugetan, doch taub auf beiden Ohren,
sind Freunde wir, bis Schmerz, weil nie vergessen
die Narbe (unsre) pocht; umsonst war alles Hoffen:
Die Gräber alle stehn auf Allerseelen offen.

Sturmwarnung

Im Radio angekündigt, kam von England ein Orkan.
Nur wenig Tote diesmal, überhoch die Schäden
an Sachen, Material, von Klimasorgen nicht zu reden:
Die Stürme könnten, wie der allgemeine Wahn,

sich mehren, bis matt wir sind von einheitlicher Last
und ausgeschlossen wären aus dem Club der Reichen,
denn selbst die D-Mark ließe sich erweichen,
wenn zügelloses Wetter dauerhaft als Gast

hier heimisch wünscht zu werden, wie der Fremden Flut,
die frech, trotz Drogensucht und aidsverseuchtem Blut,
mit uns sich mischen möchte, will uns trüb durchrassen,
so daß wir sie, nicht uns mehr hassen. –
Schon wieder, angekündigt, ein Orkan zuviel,
der keine Grenzen kennt, klopft an und fordert laut Asyl.

Vorm ersten Advent

Was teuer wird: das Leben, der Kredit, Benzin!
Im kahlen Garten spärlich Hagebutten glühn.
Auf allgemeinem Grau ein Farbenklecks
erinnert uns an Ehestreit und sommerlichen Sex.

So abgefackelt nach nur bißchen Lustgewinn
krümmt sich Novemberland, bekümmert vom Gebrüll:
kein Penis mehr, doch tausendmal ein Skin
steht für Gewalt und unversorgten Müll.

Der gilt als schlau, der rechnet in Prozenten
den fremden Anteil nach bei deutschen Renten,
als könnte jenen eine Rechnung dienen,
die schweigend grinsen hinter den Gardinen,
wenn draußen Mölln ist, unsre kleine Stadt,
die sich ganz unverhofft ein Fest bereitet hat.

AUSSER PLAN

Auf alte Zeitung, die im Garten treibt, unstetig,
und sich an Dornen reißt, auf Suche nach Ästhetik,
schlägt wütig Gegenwart, ein rüder Hagelschauer;
November spottet aller Schönschrift Dauer.

Schaut nur, die blassen, stilgerechten Knaben,
die sich, auf Wunsch, der Stunde Null verschrieben haben.
Jetzt jammern sie, weil selbst auf Stasispitzel
Verlaß nicht ist, um Zeilenschwund und momentanen Kitzel.

Betreten reisen sie, wie altgewohnt, zur nächsten Vernissage,
auf Spesen mürrisch von Premiere zu Premiere
und reden sich bei Billigsekt und Klatsch in Rage;
da kommt Gewalt dem fixen Wortfluß in die Quere
und brüllt aufs neue überlieferten Jargon:
verschreckt (ganz außer Plan) wacht auf das Feuilleton.

ANDAUERNDER REGEN

Die Angst geht um, November droht zu bleiben.
Nie wieder langer Tage Heiterkeit.
Die letzten Fliegen fallen von den Scheiben,
und Stillstand folgt dem Schnellimbiß der Zeit.

Des Bauherrn Ängste gründen sich auf Fundamente,
denn Pfusch von gestern könnte heut zutage treten.
Die Jugend bangt – schon früh vergreist – um ihre Rente.
Und auch des Volkes Diener üppige Diäten

sind ängstlich rasch verdoppelt worden.
Die Skins mit Schlips und Scheitel kriegen Orden.
Wer dieser Wirtschaft Zukunftsmärkte lobt,
den hat der Zeitgeist regelrecht gedopt,
dem steht Zweidrittelmehrheit stramm, aus Angst geeint;
ein Narr, der im Novemberregen weint.

Die Festung wächst

Liegt brach das Land zum Fraß der Krähenschar.
Der Maulwurf mehrt sich, und verdächtig häufig
sind längs den Zäunen fremde Hunde läufig.
Wir sollen zahlen: auf die Hand und bar.

Weil in der Mitte liegend, reich und ungeschützt,
hat planend Furcht ein Bauwerk ausgeschwitzt:
als Festung will Novemberland sich sicher machen
vor Roma, Schwarzen, Juden und Fellachen.

Nach Osten hin soll Polen Grenzmark sein;
so schnell fällt nützlich uns Geschichte ein.
Das Burgenbauen war schon immer unsre Lust,
den Wall zu ziehn, die Mauer zu errichten,
und gegen Festungskoller, Stumpfsinn, Lagerfrust
half stets ein Hölderlin im Brotsack mit Gedichten.

Entlaubt

Der Nußbaum leer, hat alles fallenlassen.
Die Körbe schwer, aus schwarzem Schalenbrei
zieh Tinten ich, die Unschuld, die sich weiß beteuert, hassen.
Aus bittrem Sud fließt meine Litanei.

Was wirft hier Blasen, sprengt Beton,
der unsren Parkplatz überm kommunalen Sumpf
so sicher machte? Gehegte Ordnung jeglicher Fasson
ist außer Kurs, und Glieder, ledig, ohne Rumpf,

sind unterwegs, im Gleichschritt wie geübt.
Gestreckte Arme grüßen irgendwas.
Drauf ein Gebrüll, das nur sein Echo liebt,
aus Köpfen, die gedunsen sind vom Haß,
bis daß – Peng, Krach! –, welch komisch echter Knall...
Komm! Laß uns Nüsse knacken nach dem jüngsten Fall.

NACH KURZER KRANKHEIT

Verschnupft das Land, die Grippe sucht uns heim
und macht aufs Krippenkind sich einen Fieberreim.
Aktive Viren, wach zu neuem Kult,
den wir besänftigt glaubten, pfleglich eingelullt.

Bis uns die Augen triefen und der Blick getrübt,
verrotzt, weil nun auch Taschentücher fehlen,
wird alte Klage, jung vertont, geübt,
auf daß wir eine Stimme sind beim Hustentropfenzählen.

Kaum ausgeschwitzt, doch noch vom Brüllen heiser,
verhallt Gewalt, bellt leis und auf Verlangen leiser.
Kaum abgeklungen, schrumpft die Grippe zur Legende
und findet in der Talkshow prompt ihr gutes Ende:
ganz locker wird vom Hocker diskutiert,
warum der Mensch sich bei Gelegenheit vertiert.

Bei klarer Sicht

Komm, Nebel, komm! Und mach uns anonym.
Wir sind ertappt auf frischer (unterlaßner) Tat.
Versalzen welkt nun unser harmloser Salat,
der treuherzig, wie einst Minister Blüm,

mit Gästen rechnete, für die brav andre zahlen.
So lebten wir begünstigt auf Kredit,
doch jemand, der (ein Gott?) am Nebelvorhang zieht,
verriet schon jetzt die Zahlen nächster Wahlen.

Fein rausgeputzt, verkürzt auf Mittelmaß,
der Riß verklebt, der Klassen gröbster Unterschied
bemäntelt. Kein Rüchlein (nein!) erinnerte ans Gas,
und nur die dritte Strophe galt (halblaut) im Lied.
Auf Siegers Seite lebten wir, behütet und getrennt,
bis uns die Einheit schlug, die keine Gnade kennt.

WER KOMMT?

Novemberschwärze vor verwaschnem Hell:
die letzten Sonnenblumen stehen schwarz Modell.
Seitab verglühen restlich Hagebutten.
Weil oben ohne, nässen Bäume ohne Kutten,

gestaffelt und vereinzelt, auch der Nußbaum leer.
Fern übt mit Waffenschein ein einsames Gewehr.
Den häßlich kleinen Unterschied vertuscht der Nebel.
Ach, wüßt ich dem Adventsgebrüll doch einen Knebel.

Wer kommt, ist da, multipliziert?
Im Radio angekündigt, nur wie üblich, ein Orkan,
der seine Wut gewöhnlich unterwegs verliert.
Vor jähem Frost geschützt der blanke Wasserhahn,
verschnürt die Päckchen, fertig zum Versand;
demnächst droht Weihnacht dem Novemberland.

FUNDSACHEN FÜR NICHTLESER

Für meine Enkelkinder in wachsender Zahl

Einige Fundsachen für Nichtleser

Alles, was abseits der Buchstaben
  wie von Sinnen ins Auge fällt:
    dieses Dingsda,
      krumme Nägel oder Krümel,
        die ein Radiergummi hinterließ.

Scherben

sind leicht zu haben.
Gut in der Hand liegen Steine,
und handlich sind meine Gläser.
Zwischen ihnen tobt sich
die Freiheit des Willens aus.

Der Raucher spricht

Fremdsprachen?
  Reicht es nicht,
    wenn ich um tændstikker,
      matches, fósforos bitte?

Heiter bleiben

Jetzt schmerzt auch das rechte Bein.
  Mühsam zu Fuß,
    nehme ich ein Kaninchen,
      das unter die Räder geriet,
    bei den Ohren.
Wie lebhaft sein Auge immer noch glänzt,
  wie heiter ich
    immer noch
      auf Papier bleibe.

Vier Zeilen nur

Alle Bleistifte angespitzt.
Wörter auf Abruf.
Und doch wird ein Rest
ungesagt bleiben.

Nachlass

Das Haus ist weg,
nur Schlüssel blieben,
auch der zum Keller,
der auch weg ist
mitsamt den Leichen.

Heiterer Morgen

Nachdem ich meine unteren
  und oberen Zähne
    aus dem Glas genommen,
      mir eingesetzt,
        sie angesaugt habe,
lächle ich dem Spiegel zu
und lasse den Tag beginnen.

Aus unserem Garten

Jung oder mit Zahnersatz zubeißen
oder nur fotografieren,
zum Beispiel Radieschen,
bevor sie schrumpeln
und Farbe verlieren.

Nahe dem Südfriedhof

Jung und belehrbar war ich Steinmetz
und gut in Kindergrabsteinen.
Geblieben ist Werkzeug,
das handlich einen Schatten wirft.

Rapsblüte

Normaler Wahnsinn, der sich sonst
und alltäglich grau in grau kleidet,
tritt nun flächig in Farbe auf.

Familiärer Versuch

Eine meiner Enkeltöchter,
Luisa, Ronja, Rosanna oder Emilia –
nein, es war schwarzäugig Giulia –,
habe ich in ein blühendes Rapsfeld gesetzt,
in eine dieser hektarweit geklonten Sorten.
   Ganz still ist sie.
     Mal sehen,
         was sich verändert.

Nachträglich

Noch vor den Eichhörnchen sammelte ich.
Nun wollen die Nüsse vom Vorjahr,
die vorjährig schmecken,
alle geknackt werden.

FARBENLEHRE

Bald wird die Post nicht mehr gelb sein.
Noch eilt die Feuerwehr rot
von Einsatz zu Einsatz.
Demnächst aber sollen alle Farben
– auch des Montags Blau – privatisiert
und der Marktlage angepaßt werden.

AUF PAPIER

Erzähl keine Witze,
sagte der Stein. Aber die Schere
hörte nicht auf zu zwitschern.

SIEBEN SACHEN

Meine liegen mir nah.
　Greifbar sind Stift Feder Pinsel,
　　tonige Erde, der Stein.
Auch Papier und Tinte,
　dieser mal fließende, mal tröpfelnde Tripper,
　　mit dem mich eine der Musen
　　　in jungen Jahren geimpft hat.

Seitdem die Mauer weg ist

wird Berlin kleinlich größer und größer.
Unterm Sommerloch träumt die Stadt,
wieder geteilt zu sein.

Spargelzeit

Wenig später erinnert uns streng Urin
an das Essen mit Freunden, an alles,
was sonst noch auf der Zunge zerging.

Echo

Weil ich unterhaltsam
über Unken geschrieben habe,
schenkt man mir bei zunehmendem Verkehr
plattgefahrene Kröten.

Dank Kontrastmittel

sah ich mein Herz und dessen Kranzgefäße,
  sah, daß sich Kalk darin gelagert hatte,
    sah die Arterie und in ihr den Schlauch,
mit dem Professor Katus summend fingerte,
  sah einen Punkt befördert, der –
    kaum aufgeblasen – Wunder tat,
      und sah, wie sich mein aufgeräumtes Herz
nach kinderleichtem Spiel erfreute.

Spiegelbild

Als er sich sattgesehen hatte,
warf Narziß
einen Stein in den Teich.

Am Teich

Besonders glaubhaft
lüge ich spiegelverkehrt.

Aus dem Tagebuch

Wieder ein Kaninchen, diesmal ein junges,
das sich im Netz über den Erdbeeren verfangen
und zappelnd erwürgt hat.

Meine alte Olivetti

ist Zeuge, wie fleißig ich lüge
und von Fassung zu Fassung
der Wahrheit
um einen Tippfehler näher bin.

Mitten im Leben

denke ich an die Toten,
die ungezählten und die mit Namen.
Dann klopft der Alltag an,
und übern Zaun
ruft der Garten: Die Kirschen sind reif!

Wo Ute herkommt

Sie ist ein Inselkind,
nur übers Wasser oder bei klarer Sicht
als Wunschbild zu erreichen.
Die vom Festland, sagt sie,
verstehen das nicht.

Aus gewerkschaftlicher Sicht

Lange glaubte ich, Hammer zu sein,
doch der Amboß, der im Schatten meiner Werkstatt
vor sich hinrostet, will,
daß ich mich klassenbewußter erleide.

Auf Nebenstrassen nach Neuruppin

Das lange vergessene Land ist nun,
kaum von den neuen Besitzern entdeckt,
schon wieder vergessen,
bleibt aber literarisch belebt.

FRISCH AUS POLEN GELIEFERT

Ein Wurf Pfifferlinge, wie sie grad fallen.
    Und schon sehe ich mich
        als Kind in Wäldern,
            etwa im Saskoschiner Forst,
                wo sie dicht bei dicht standen.

AUF EINE SCHIEFERTAFEL

an der ein Schwamm hängt,
will ich erste Wörter
mit einem Griffel schreiben,
    dann löschen,
        nicht nur der Fehler wegen,
            auch soll der Schulgeruch
                früher Ängste aufleben
                    und tadellos mit ihm
                        das erste Glück.

In Gdańsk

schenkte mir ein Übriggebliebener
jenen mürben Lappen, der zu Freistaatzeiten
über den Seestegen meiner Kindheit flatterte,
bis die Fahne der Sieger gehißt wurde,
worauf alles in Scherben fiel.
  Seht nur: die polnische Krone
      über den Kreuzen der Deutschritter.
     Ein Sammlerstück,
        mottengefährdet.

Aus dem Nähkästchen

Kein stilles Leben.
Diese Knöpfe, zum Beispiel,
sprechen alle für sich durcheinander.

Am Abend

zählen wir unsere Leiden auf,
die kleinen,
über die zu lächeln sich lohnt,
die großen,
von denen besser zu schweigen wäre.

Der Stein

den ich wälze, ist nicht mein Eigentum.
Auf Zeit und gegen Gebühr
verleiht ihn die Firma Sisyphos
in verschieden gewichtigem Format;
    und neuerdings gehören faltbare Steine,
      die bei Bedarf aufzublasen sind,
        günstig zum Angebot.

Nach der Arbeit

Ein toter Vogel,
    elf tote Fliegen,
       ein zu gewichtiger Satz,
der auf Abwegen versandet;
aber auch ich habe mich
an all dem müde gesehen.

Bei Gelegenheit

schleichen sich solche Gedichte ein,
die später behaupten,
schon immer am Tisch gesessen
und mitgeplaudert zu haben.

Auf Rügen

Leibeigen an die Insel gebunden.
Alles soll wieder wie damals werden,
doch diesmal motorisiert.
Geübt im Bauernlegen,
langen die Grafen von Putbus zu.

Zur Strafe

kommen Kinder, die nicht lesen,
immer nur glotzen wollen,
in keinem Buch mehr vor.
Von allen Dichtern verschwiegen,
werden sie wegkümmern wie jene Kinder,
die ihre Suppe nicht löffeln wollten.

Aquadichte

sind Verse, die ich
   mittels gefüllter Tuborgflaschen,
     wasserlöslicher Farben,
        sattem Pinsel
           und offenen Auges herstelle;
ach ja, Papier ist vonnöten.

Mein Schwamm

mit dem ich Papier anfeuchte,
ist ohne weitere Bedeutung;
es sei denn, verglichen
mit meiner Saugfähigkeit:
Man drücke mich aus, immer wieder.

Eigne Kartoffeln

Drei knappe Reihen
   sind genug für den Herbst
      und für Gäste, die wenig
         von eignen Kartoffeln wissen.

Vor der Abreise

Weil wir nicht Ruhe finden,
verplaudern zwei leere Stühle,
die rot im Grünen stehn,
den Abend.

BUTT ÜBER MØN

Noch immer hat er die Übersicht,
aber er sagt mir nichts mehr.
Und von Ilsebill weiß man,
daß sie, von ihrem Fischer getrennt,
ganz für sich lebt
und seitdem wunschlos ist.

FEUERSTEINE

wie sie die baltische See
mit blubbrigem Maul
   schluckt
      lutscht
         ausspuckt
und mit breiter Zunge strändelang rollt,
liegen gut in der Hand: Jeder Wurf trifft.

KARA

meldet mir wedelnd bildschönste Motive
und winselt, sobald auf meinem Papier
wieder mal alles danebengeht.

ULVSHALE SKOV

Was fällt, bleibt liegen.
Förster haben hier Platzverbot.
In diesem Wald darf ich mich verlaufen
und laut rufend um einen Fingerzeig bitten.

VOM GEBRAUCH DER ARTIKEL

Der Wald lehrt
die Liebe
das Fürchten.

ULVSHALE

Die Wildgänse auf der Wiese
zu den Stranddünen hin
werfen Federn ab,
die ich mir zuschneide
für Skizzen von Möwenfedern;
   auch Knochen, Halbsätze
      und andere Fundsachen
         zeichnen sie auf.

SEITENSPRUNG

Kürzlich träumte mir eine fremde Frau,
die mich in ein mir fremdes Zimmer mitnahm;
   doch da lagen wir beide schon,
     jung an Erschöpfung gestorben
     und mittlerweile papieren.

SOMMERGLÜCK

Sich vorher gegen Møns Mücken
mit Chemie einreiben, dann geradewegs
und fünf Dutzend Jahre zurück
in die Blaubeeren gehn,
   auf daß wir sie später aus Tellern löffeln,
    in denen die Milch sich färbt,
     bis unsere Zungen Beweis sind;
wir zeigen sie uns wieder und wieder.

EIN ROMAN

den ich nicht schreiben werde,
könnte so beginnen: Als Maletzke abkürzend
den Weg durch den Wald nahm,
erkannte er sich in einem ältlichen Pilz,
dessen Stiel, weil entwurzelt,
himmelwärts zeugte...

WENN NÖTIG

Überall liegen Hammer und Nägel,
Harke und Hacke rum: Utes Werkzeug
für das Haus, den Garten.
　Und gegen Abend
　　behandelt sie den Hund und mich
　　　mit der Zeckenzange.

JEDEN MORGEN

begegnet mir, auf dem Weg zur Heide,
ein Ameisenberg, dem ich nicht begegne,
denn er setzt seinen Betrieb fort
und hört nicht auf mein Krisengerede.

SEIT GRIMMS ZEITEN

sitzt die Kröte auf der Hausschwelle
und wartet auf das lösende Wort.
　Hallo! Prinzessin Bettine!
　　Aber ich bin ihr nicht Goethe genug.

Disput

Stein und Fisch,
diese Schwätzer,
unentwegt im Gespräch.

Überrundet

Noch immer, doch mit weniger Geduld
sehe ich den Schnecken bei ihren Wettläufen zu,
wie sie immer wieder gegen die Zeit verlieren;
aber die Zeit gewinnt nicht,
sie vergeht nur.

Grillenfangen

Nachts zirpten sie
über all meine Ängste hinweg.
Als ich ein Kind war, fing ich mir Grillen
und hielt sie in einem Schuhkarton,
der mit Mutters Gardine bespannt war.

In unserem Freilichtmuseum

stellen die Spinnen auch in diesem August
dicht beieinander ihre Kunstwerke aus.
Viele Besucher können sich nicht trennen,
so sehr sind sie in die Exponate vergafft.

Zu trocken der Sommer

Am Waldrand nur Kremplinge und blasse Täublinge.
Nichts im Korb, das schmecken könnte.
Bleibt die Erinnerung an Pilzjahre,
als Rotkappen – ich verrate nicht, wo –
wie im Märchen zuhauf standen.

Feucht in feucht

bis die harten Gegenstände,
   der Hammer, die Zange,
     der Nagel zerfließen,
und schnell,
   bevor die Farbe trocknet,
     wenige Wörter in Fluß gebracht...
Aquadichte – hör mir zu, bitte,
   schau nicht weg.

Kurze Sonntagspredigt

Gott ist – laut Nietzsche – verstorben,
  doch als Mehrzweckwaffe
    immer noch tauglich
      und weltweit im Handel,
weil urheberrechtlich nicht geschützt.

Der Platz bei den Eichen

Für den Wanderer stehen Tisch und Bänke.
Beim Altersvergleich –
  abgestorbene Äste,
    aber die Krone dicht –
      sind wir noch da.
Doch ich habe nirgendwo Wurzeln geschlagen;
  und schon gehe ich wieder.

Das Beil im Schuppen

war früher dem Henker scharf.
Und in entlegenen Ländern
hackt man noch heute
Dieben die Hand ab.
  Ich bin inzwischen zivilisiert,
    mache nur Kleinholz,
      spalte Wörter...

Geständnis

Meine kleinste Kammer
will ich mit Gedichten tapezieren.
Kurzgebunden sollen alle vier Wände
ausplaudern, was ich Dir, meine Liebe,
umständlich verschwiegen habe.

Vorsorglich

sollte man eine Schubkarre
im Haus haben.
   Plötzlich kommt ein altbekannter Feind
      auf Besuch,
         fällt tot um;
            wohin dann mit ihm?

Meine beweglichen Freunde

die mir vormals weit links voraus waren,
   weichen nun rückläufig
      und scharf von rechts kommend aus;
ob sie mir demnächst
   von oben herab
      und frei schwebend
         begegnen werden?

PILZE

Es gibt schmackhafte,
　ungenießbare,
　　solche, die auf den Magen drücken,
　　　und einige, die Geschichte gemacht haben.

FÜR DICH

Meine leeren Schuhe
sind voller Reisepläne
und wissen Umwege,
die alle zu Dir führen.

EIN AST

sandgeschliffen, dazu Federn,
vom Wind getragen.
Matt schlägt die See an.
Das Glück, so heißt es,
ist eine Fundsache.

BEI SCHÖNWETTER

gehen Kinder mit ihren Gärtnerinnen
am Zaun vorbei. Ein Kind hängt nach.
Immer hängt ein Kind nach.

KÖNNTE MEIN ATEM

Federn in Schwebe halten
und einen Flaum steigen lassen,
   bis ihn der Wind davontrüge,
     wäre nicht viel,
       nur andeutungsweise
der Erde Schwerkraft widerlegt.

ÜBERM STOPPELACKER

Die Felder kahlgeschoren,
der Himmel leergefegt.
   Dieses Gedicht will als Drachen steigen
     und Ausschau halten: Mal sehen,
       ob etwas Neues
         über den Horizont kriecht.

AM ABEND

Während ich vor der Westwand des Hauses
über Komma und Punkt hinweg spekuliere,
fliegen Fledermäuse mich an.
   Knapp und wie greifbar vorbei,
      beantworten sie letzte Fragen
         mit Ja oder Nein.

NACH DER JAGD

Welch blutige Strecke!
Zwölf langohrige Metaphern erledigt,
unter ihnen fünf vom Stamm Genitiv;
   und auch das letzte Wildschwein
      ist keiner Metamorphose mehr mächtig.
Von festen Standpunkten aus
plaudern wir von Subjekt zu Subjekt.

VON LINKS NACH RECHTS

durchzieht die Herde mein Blickfeld.
Später werde ich auf dem Weg über die Weide,
und weil gezwungen zu kurzem Halt,
   aus den noch warmen
      oder schon trockenen Kuhfladen
         unsere Zukunft lesen.

Die Heringe der Ostsee

sind kleiner als die Heringe der Nordsee;
auch verlaufen ihre Geschichten
von Pfützenrand zu Pfützenrand
ganz anders erzählt.

Aus dem Tagebuch

Zu trocken der Sommer.
Auf dem Weg zum Tümpel,
der auch trockengefallen ist,
gaben die Kröten auf.
Leere Wolken treibt der Wind vor sich her.

Überschaubar, nur leicht verkrautet

In ihrem Gärtchen blüht immer was.
Vor dieser umzäunten Seelenanlage
stehe ich oft und finde mich auch:
verpflanzt zwischen Malven und Dill.

Der Trick mit dem Speck

klappt immer noch.
Am Freitag dem dreizehnten
schnappte die Falle zu.
Leonardo soll sie erfunden haben:
ein Nebenprodukt.

Zeugnis

Ich kann nicht Auto fahren
und bin Dir, meine Liebe,
nur als Mitfahrer tauglich,
der aufzählt, was hinter uns liegt,
und voraussieht, was kommt:
   Tankstellen,
      Kirchtürme,
         von weit her blinzelndes Unglück.

Steinpilze

Immer größer erinnern wir sie.
Damals, als uns das Glück schlug.
Heute kaufen wir teuer ein
und kochen nach Rezept.

KUCKUCKSEI

Etwas zum Brüten.
Aber das Nest ist leer,
und alle Flüge sind ausgebucht.

IN DIESEM TROCKNEN SOMMER

hing unser Garten an Schläuchen;
und auch ich war oftgesehener Gast
im Klinikum Lübeck, wo eilige Oberärzte
gerne Chef und Professor wären.

O MENSCH!

Selbst deine Scheiße
   fällt eigensinnig,
     riecht ichbezogen
         und ist ohne Vergleich.

FALLOBST

Wie schwer die Bäume tragen.
Später werden Äpfel und Birnen
zugleich fallen: Saft für den Winter.
  Im Korb gemischt
    und betäubt vom Geruch,
      stoßen sich die Gefühle wund.
        Vorsicht, Wespen!

TAGSÜBER

aus großer Kanne kleine Schlucke üben –
heiß lau kalt –, während ich
Blatt nach Blatt verbrauche:
  die Mülltonne,
    der Allesverwerter,
      ein Teetrinker ...

RICHMOND HILL

Turners Blick auf Wiesen,
  Hecken, den Park, die Themse
    hat diese Flußbiegung
      und die Insel im Fluß erfunden.
Seitdem bleibt alles wie gemalt.

Neunzehnhundertvierzehn

nahmen drei Maler das Schiff nach Tunis.
Zwei wurden seekrank, der dritte malte die Kotze.
Kaum angekommen,
   fingen sie mit Wasserfarben
     das Licht ein;
und kaum zurück,
   wurde August Macke Soldat
     und war bald tot.

Der Korb voller Äpfel

Und überall ist der Wurm drin.
Greift zu, Leute! denn auch ich
will auf meinen Früchten
nicht sitzenbleiben.

Terracotta

Auf meiner Drehscheibe
sind Fisch- und Menschenkopf
von gleich feuchtem Ton.
Gebrannte Erde, zerbrechlich.

Utes Kissen

auf das sie ihr Ohr legt,
   ist – was gut für den Nacken sein soll –
     mit Hirse gefüllt,
        darf mit auf Reisen
           und weiß mehr, als ich ahne.

Der Teich

spielt mit in diesem Naturtheater,
in dessen Verlauf Bäume
narzißhaft die Szene beherrschen.
Nun steht kopfüber
Herbst im Programm.

Bücher

die ich leergemolken verließ,
Bücher, in die ich kroch,
um den Vielfraß, die Zeit, zu verzehren,
riechen nun fremdgegangen,
sind mir enteignet.

BEWAFFNETER FRIEDEN

Die Herkuleskeule in unserem Garten
steht abgerüstet im Herbst,
aber noch immer bedrohlich
ist ihr Versprechen:
   Ich komme wieder!
      Ich komme wieder!

BEI WINDIGEM WETTER

hängt meine Jacke an der Leine.
Sie dünstet aus,
   nimmt Abstand von mir
      und ist mit leeren Taschen
zeitweilig frei von meinem Gekrümel.

HERBST DER BÜCHER

Blatt für Blatt,
Nüsse, auch taube fallen.
Jahr um Jahr stehen am Ende
wir reich beschenkt nackt da.

MEIN MONAT

in dem die Kastanien springen.
Feucht in der Hand wiegen sie auf,
was sonst noch zu Fall kam:
   Denkmäler kopfüber,
      die Mauer für ewig gebaut
         und unser Stehaufmännchen,
      das Hoffnungsprinzip.

AUSVERKAUF

Niemand will sparen
bei herbstlichen Preisen.
Hingeblättert jeden Betrag,
diesmal in einer Währung,
die Ahorn heißt.

SEIT JAHREN

liegt eine Last auf meinem Land.
Versteinerter Brei, klebfest,
nicht abzuwählen.

Später Wunsch

Pappeln säumen den Elbe-Trave-Kanal.
Von Stufe zu Stufe wenig Verkehr.
Wäre ich Schleusenwärter, schriebe ich
gegen die Zeit an, ließe sie nur
verzögert passieren.

Meine alte Tasche

lauert in dunkler Ecke
und flüstert Fahrpläne.
Aber ich darf nicht mehr,
soll nur noch auf Kopfreise sein.

Überm Fingerzeig

mondsüchtiger Zypressen nimmt er zu,
nimmt er ab. Nicht er,
Armstrong ist Legende.

Von Mittwoch zu Mittwoch

ist die Zeit als verlängerter Sommer käuflich.
Charterflüge bringen uns dorthin,
wo mich ein Paar Schuhe
und steinige Hügel erwarten.
  Billig und täuschend echt
    sind im November
      Zikaden zu haben.

Geliebte Agave

Verrückt nach Schmerz,
wollte ich sie umarmen.
  Aber im Traum kam
    eine Tante dazwischen.
Die ist ausländisch! rief sie.
Die paßt nicht zu Dir.

Das Fell

über die Ohren.
Unser Kaninchen hieß Sonntag,
schmeckte aber kalt
noch am Montag.

MÄNNLICHER TRAUM

Auf eine der Grazien im Reich der Insekten,
die Gottesanbeterin genannt wird,
fiel männlich mein Traum.
　Ihr wendiges Köpfchen.
　　Noch ruhen in Demut die Greifer.
　　　Umarmt atme ich aus.

KLEINE ZUTAT

Bevor der Fisch über der Glut
zu weißen Augen kommt,
salbt ihn ein Gebet;
der Koch in mir frömmelt.

WO ICH SCHUTZ SUCHE

Hinterm mannshohen Kaktus,
der vielarmig um sich greift
und mit Lanzen den Luftraum abschirmt,
verbirgt sich mein verletzliches Ich.
Er spießt jeden Widerspruch auf;
mir bleibt das Vergnügen,
seine Opfer zu trösten.

LEBENSLANG

Auch an atlantischer Küste
laufe ich baltische Strände ab.
  Bis zur Mole,
    dann der Fußspur entgegen.
Ob Bernstein, ob Muscheln,
  nur Vorwand sind meine Fundsachen,
    denn was ich suche,
      bleibt unbestimmt.

SCHÜSSE AM SONNTAG

Männer mit Hunden
löchern den Himmel.
Schrot prasselt aufs Dach.
Heiser fliehen wir
mit den letzten Vögeln – aber wohin?

ZWISCHEN KOPF UND SCHWANZ

saugt jeder die Gräte ab
und schaut auf den anderen,
wie er die Gräte absaugt;
vierhändig sind wir musikalisch
und Fischesser von Geburt.

IM VORBEIGEHN

Hinterm letzten Hügel das Meer.
Roterdig steigt der Weg
vorbei an Feigenbäumen,
deren übrige Früchte geschenkt sind.

UNTER VERRÄTERN

Zum Petersfisch – erkennbar am Daumendruck –
wünsche ich Gäste mir,
denen schon dreimal der Hahn krähte:
gute Esser, schwer von Gehör.

NACH TISCH

Nachdem die Gäste gegangen waren,
   blieben vom Petersfisch
     die blanke Gräte,
       sein weißes Auge,
das niemand haben wollte –
   und das Gelächter der Schwerhörigen,
     die nur über eigne Witze lachen,
       hallte noch eine Weile lang nach.

Zum Abschied

winken mir Löffelkakteen,
die ich vor Jahren als Ableger gesetzt habe
und die als Familie
nun dicht gedrängt stehen.
    Auf bald! rufen sie.
Und ich, der Gärtner für Pflanzen,
denen wenig Wasser genug ist,
winke zurück: Seid sparsam, bitte,
    vermehrt euch!

Herbstlicher Obstgarten

Alle stehn leergefegt,
doch trägt ein Baum ohne Blatt
Äpfel in den Dezember hinein.
Nur wer nicht staunen kann,
sieht einzig kahles Geäst.

Versteinert

und als Fundsache nur
werden wir ziemlich verspätet
Auskunft geben:
    über den Fortschritt an sich
        und unser Steckenpferd,
            Nächstenliebe genannt.

November

Standhaft bis zum Verrecken
bewachen Sonnenblumen den Zaun.
Bald wird die letzte Farbe vertrieben sein.
Wie der Kalender befiehlt,
werden sie schwarz tragen.

Im Sommer neununddreissig

Aus vielarmigen Bäumen,
die ihren Schattenhof hüten,
fallen schwarzbraune Schoten.
   Nun kaue ich mich in Kinderjahre zurück,
     als Johannisbrot seltenes Glück
       und erst nach den Ferien
         im Radio Krieg war.

Meine Kritiker

wissen nicht, wie man das macht:
Zaubern auf weißem Papier.
  Meister, dürfen wir
    über die Schwelle treten?
Doch selbst als Lehrlinge
  taugen sie wenig
    und bleiben traurig
      ohne Begriff.

Kurz Luft schnappen

Sobald ich vors Haus trete,
meldet die Hofbeleuchtung Bewegung.
   Auf lautem Kies hin und her.
     Rings bestaunen Bäume
        meine nächtliche Unruhe.

Kurze Geschichte

Als ich mit meinen siebzehn Jahren
und einem Kochgeschirr in der Hand,
gleich jenem, mit dem meine Enkeltochter Luisa
auf Pfadfinderreise geht, am Rand
der Straße nach Spremberg stand
und Erbsen löffelte,
schlug eine Granate ein:
   Die Suppe verschüttet,
     doch ich kam
        leicht angekratzt nur
            und glücklich davon.

Zum Abschied

habe ich meine Tinte umgestürzt.
Soll doch jemand,
der mir nachkleckert,
das Fäßchen auffüllen
und sich die Finger schmutzig machen;
Schreiben färbt ab.

In Erwartung

Bevor es wintert, lagert meine Liebste
Dahlienknollen im Keller ein
und vergräbt, weit gestreut, Tulpenzwiebeln;
doch auch von mir werden ab März
erste Triebe erhofft.

Noch einmal

brennen restliche Farben durch.
Schon riecht es nach Schnee,
der alles bemänteln wird.

WEGZEHRUNG

Mit einem Sack Nüsse
will ich begraben sein
und mit neuesten Zähnen.
　Wenn es dann kracht,
　　wo ich liege,
　　　kann vermutet werden:
　　　　Er ist das,
　　　　　immer noch er.

IM WINTER

schlägt nackt die Kastanie grün aus,
als schäme sie sich;
　könnten doch wir erröten
　　bei so viel Weitsicht
　　　über die Horizonte hinweg.

RÜCKBLICK NACH JAHRESENDE

Auf englischem Rasen spielten nicht Kühe,
sondern elf Kroaten verrückt.
Am Ende wurden die Schlauen Meister.

KUCKUCKSRUFE

Ich zählte mit.
Aber so viele Jahre
will ich nicht mehr,
es sei denn, ohne Verbot,
mit Pfeife.

TROPFEN

Blut Öl Tau...
Wörter, wie Hustensaft
abgezählt.

NACH DEN FEIERTAGEN

Kein Ros' ist entsprungen,
doch schlagen die Weiden bald aus.
Nachdem die Erlösung gestrichen wurde,
hoffen wir, daß die Rente uns bleibt.

Im Tanz erstarrt

überwintert der Garten.
  Zwischen Bäumen
    die Hoppelschrift der Kaninchen
      und meine Spur,
        gesetzt in knirschenden Schnee.

LETZTE TÄNZE

Maria Sommer gewidmet

GOTTÄHNLICH

Als ich des Schiffes Untergang
und den nachhallenden Schrei
zum Buch verkürzt hatte,
wollte ich etwas Heiteres
zum Gegenstand meiner Laune machen
und begann aus Töpferton,
der feucht und vorrätig alt roch,
Figuren – Mann und Frau in Bewegung –
als Hohlkörper zu formen: jenseits
des Schreckens tanzende Paare,
die rundum Raum nahmen.

Musik! Ihr kurzer eiliger oder verschleppter
oder weit fußfassender Tangoschritt
blieb unterm Kleid verborgen,
seine herrisch bestimmenden Tanzbeine
in zu großen Schuhen,
die der raschen Drehung, dem Beinahesturz
Halt geben sollten.

Mit beiden Händen,
von denen Erde krümelte,
gab ich dem schnellen Schieber der Kinderjahre,
meiner durchtanzten Jugend Gestalt, Ragtime,
die späteren Tänze, bald atemlos.
Verjüngt war ich gottähnlich.
Die Pfeife lag abseits, kalt.

Früh gelernt

Ganz einfach der Schieber.
Der Herr greift die Dame,
sie zieht ihn sich über.
Er will, sie will noch nicht
und bleibt in der Klammer.
Er drängelt, drängt mittlings,
sein Knie – und sie spürt es,
tritt hinter sich schnell.

So einfach der Schieber.
Gelernt, als ich Kind noch,
weil Krieg war und Männer
in Stiefeln weit ostwärts,
so daß sich die Mädchen
aus Mangel und Tanzlust
uns Jungs von der Bank weg
mit Fingerschnalz holten.

Und noch einen Schieber.
Er vor- und sie rückwärts.
Im Takt ohne Zögern,
der Blick in die Ferne,
wo nichts ist, nichts dreht sich.
Das läuft wie am Schnürchen
querbeet und am Rand lang.
Vierkant das Podest.

Beim Schieber, da gibts nichts
zu lachen zu weinen:
nicht traurig, nicht heiter,
in Schönheit stirbt niemand,
kein Hüpfer hebt ab.
Der Herr drängt die Dame,
fast fällt sie, er hält sie.
Sein Knie trifft ihr Glück.

Wie einst, als ich vierzehn,
und sie mich, war siebzehn,
freiweg in den Griff nahm,
daß ich ihr beim Schieber
mit halbstarkem Pimmel...
Hieß Ilse, war Tippse,
die richtigen Männer
warn draußen im Krieg.

Einst in der Löwenburg

Als über die Bretter,
wie sie gefügt
und alles erleiden,
wir paarweis losgelassen
– mal so mal so gewürfelt –,
schoß uns Sankt Veit in die Beine.

Rag auf qualmenden Sohlen.
Die Glieder, Kleinholz verworfen.
Zum Siedepunkt, nein, drüber weg,
bis beiderlei Fleisch gekocht.
Doch keine Erlösung,
weil kurz nur die Pause.

Drauf, im Nachzittern noch,
den Herrn, die Dame gewechselt,
Münzen im Automaten, damit nicht aufhört,
was flußaufwärts am Mississippi begann.
Lichtwechsel jetzt und
aus gestopfter Trompete: Blues...

Rings alle Abgründe offen,
doch niemand stolpert, fällt, stürzt,
weil Engel – billig beim Kellner gemietet –
schweißlos mit schützender Hand
allgegenwärtig: Nobody knows
the trouble I have seen...

Das war, als vom Krieg wir übriggeblieben
und bei Heißgetränk mit Rumgeschmack
– sprachlos noch immer –
uns auf den Tanzböden der Vorstadt
das Überleben und sonst noch paar Nummern
beweisen wollten.

Jeden Sonnabend Ragtime.
Vom Fernsprechamt lösten nach Schicht
die Mädchen sich ab.
Die hießen – wie hießen sie noch? –
und waren heiß
bei minus fünfzehn Grad draußen.

Der Schuppen nannte sich »Löwenburg«.
Gibt es schon lange nicht mehr,
auch kaum noch uns, aber der Beat
hört nicht auf zu hämmern,
auf daß beim Totentanz
die alten Knochen wieder versammelt.

Rag und Blues – zwischendurch Damenwahl!

Tango Nocturno

Der Herr knickt die Dame,
nein, biegt sie, so beugsam die Dame,
der Herr gibt sich steif.

Zwei Körper, die eins sind, doch nichts
von sich wissen, geschieden in Treue,
in Treue vereint.

Die Hand in der Beuge, gedehnt tropft die Zeit,
bis plötzlich die Uhr schlägt:
fünf eilige Schritte.

Wir stürzen nach vorne und retten uns rücklings,
wo nichts ist als Fläche,
nach vorne zurück.

In Angst, doch ich fange – der Sturz
ist gespielt nur – mit rettendem Händchen
dich oftgeübt auf.

Sind leer jetzt mit Haltung und schauen
im Schleppschritt, beim Leerlauf mit Haltung
uns unbewegt zu.

Das ist der Tango, die Diagonale.
Aus Fallsucht zum Stillstand.
Ich höre dein Herz.

Tango Mortale

Befehl wie von oben: der Leib, der den Leib flieht,
gestreckt auf der Flucht ist,
so reißt es uns hin.

Kein Abgrund, doch Weite, in die wir,
als stünden rings Spiegel,
Blicke verwerfen.

Und nochmals befohlen: die Einkehr nach innen.
Wir treten die Stelle, zuinnerst die Stelle
und bleiben im Takt.

Gezählt sind die Stürze, die Beinahestürze,
der Fortgang der Schritte, die zögernd, verzögernd
das Ende verschleppen.

Unsterblich, unsterblich! Das doppelte Ich,
solange beim Tango, beim Tango Mortale
ein Schrittmuster führt.

Mit restlichem Atem beim Fest ohne Gäste.
Das Paar, das sich feiert, ist dennoch und endlich
auf Beifall bedacht.

Der Schmerz ist nur Maske. Wir gleiten verkleidet
auf grenzloser Fläche, dem Tod auf den Fersen,
uns selbst hinterdrein.

Tanz im Schnee

Nach so viel wankelmütigem Wetter –
hart standen Bäume vor nassem Grau,
sonst fiel dem Winter nichts ein –
schneit es, es schneit!
Auf Ost und West fällt Schnee,
deckt zu, macht gleich,
als habe wetterbedingt
der Sozialismus gesiegt,
und Kachelmann, der Wolkenschieber,
war – gleich nach der Tagesschau –
sein Prophet.

Laß uns tanzen im Schnee, damit wir,
solang er noch liegt, Spuren machen
im knirschenden Weiß,
die bleiben, bleiben,
bis es – vorausgesagt – taut,
Ost West wieder nackt
und unbemäntelt zu unterscheiden sind.

Laß uns tanzen im Schnee.

Tanz der Kakteen

Hangaufwärts greifen sie über sich
und fingern, auf Lücken aus,
bedrängen einander.

Aus dem Stand tanzen sie, sind,
bewegt und starr zugleich,
sich selbst genug.

Und kommen nie aus dem Takt,
schwitzen nicht, sparen ihr Wasser,
einzig dürstend nach Licht.

Fällt ein Arm, wurzelt er blindlings,
treibt später Glieder,
geübt in Ekstase.

Feind alles Fremden sind sie.
Nichts dringt hier ein.
Nadelspitz abgewiesen

und verletzlich steh ich abseits
mit meinem Schatten, der tanzen will,
aber nicht darf.

Als der Walzer in Mode kam

Wer noch auf Beinen stand, tanzte ihn,
vor und nach Austerlitz.

Mit knapper Verbeugung. Die überlebenden Offiziere
forderten auf: uniform.

Festlich spiegelte sich nach Dienstschluß
der Drill der Kasernenhöfe.

Ich tanzte selten auf dem fortwährenden Kongreß
Walzer zur Metternichzeit.

War mir zu beschwingt, zu rechtsrum, linksrum, zu selig
und ohne Ecken.

Die Donau zu blau und des Himmels Hängeboden
voller Geigen zuviel.

Nichts gegen die Firma Strauß, den Opernball
und weitere kostümbunte Filme.

Wiener Schmäh im Dreivierteltakt oder
des Untergangs süßer Singsang.

Solch fesches Madel, die Melencolia,
rundum überzuckert.

Diesen Walzer lasse ich aus, suche Vergnügen
bei Mauerblümchen, die ihr Taschentuch knüllen.

Wenn schon, dann eine Polka, bevor des Cowboys Raketen
abermals sprechen.

Ab jetzt werden nur Einschläge tödlich daneben
auf der Mattscheibe tanzen.

Altes Europa! Nach so viel Walzer- und Waffenexport
schaust du tränenblind zu.

AUF TÖNERNEN FÜSSEN

Dann, fast fertig
und hoch schlank gelungen,
stürzte, mitten im Tanz,
ein Paar,
fiel zu Scherben.

Schön lagen die Glieder
in ihrer Unordnung.
Risse, den Rücken lang,
und saubere Brüche
gaben Hohlräume frei.

Noch immer tanzten sie.
Verkrüppelt, gestaucht
die tönernen Füße,
kopflos sie, er immer noch
festen Blickes.

Neu will ich beide
entstehen lassen,
höher, noch schlanker gelungen,
der Tanzschritt gefestigt,
gefeit gegen Stürze.

Jadoch, ich weiß: allenfalls
bleiben Scherben.

Nach Mitternacht

Nein, kein knöcherner Sensenmann,
der tänzelnd Bauer und Bürger,
das adlige Fräulein, den feisten Pfaff,
Bettler und Kaiser wegnimmt,
auch nicht der tanzende Gott
überm bergspiegelnden Wasser von Sils Maria,
wie er mit Sprüngen über sich weist
und als Superman Sprechblasen füllt;
einzig wir beide gepaart,
wenn uns um Mitternacht,
gleich nach den Spätnachrichten –
schon wieder droht Krieg –
das Küchenradio führt:
ein Slowfox, altmodisch, fügt zusammen,
was tagsüber zerstreut seinen Lauf nahm.

Liebste, nur wenige Takte,
bevor du mich und dich –
wie immer um diese Zeit –
mit Tabletten versorgst: einzelne
und gezählte.

Schleiertanz

Und noch einer fällt,
weil unerschöpflich dein Fundus:
die Grabbelkiste im Schlußverkauf.

Und in jeden weniger
ist eine Geschichte verstrickt:
Fortsetzung folgt.

Und immer aufs Neue verhüllt,
gibst du Pointen preis,
mal tragische, mal komische.

Und jedes Gewebe verrät durchsichtig
das nächste, das wiederum
durchsichtig ist.

Und um dich, nur um dich
dreht, dreht sich
in Zeitlupe alles.

Und unberührt bleibt,
was dein Geiz – reich an Tränen –
erspart hat.

Und so bleibt, Mal um Mal,
verhängte Schönheit
Spekulation.

Und weil fünftausend Jahre und mehr
verschleiert vorrätig sind,
hört er nie auf, dein Tanz.

Und ich – an Striptease gewöhnt –
schaue dir zu, ungeduldig,
ein wenig genervt.

Zum Paar gefügt

Zwei Buchen einer Wurzel
sacht bewegt, sobald ich
um ihren Tanz den Kreis beschreibe.

Die Stämme glatt und nah bei nah,
daß grad ein Luftzug
die Haut noch streichelt.

Erst im Geäst sind sie behende,
nackt winterlich verzweigt
vor leergeräumtem Himmel.

So bleiben sie im Takt,
verzückt in leichter Beuge.
Weiß nicht, welche ist sie, welche er.

Zwei Buchen tanzen auf der Stelle.

Nach alter Melodie

Ungezählt – no bodycount –
liegen sie weitgestreut,
wie jene Bombe, die ihnen galt,
auf deutsch Streubombe heißt
und gleich wen – Frau, Mann, den Säugling
und auch des Nachbars Hund –
ohne Ansehen erkennt.

Keine Frage nach Alter, Geschlecht, Beruf
oder Rasse. Blindlings ist ihr
alles was atmet lieb.
Der sie erfand, kopierte
den Comic vom Tod, der niemanden schont
und aus Prinzip
gerecht ist.

Uns bleiben sie unter Tüchern verborgen,
sind kaum noch fotogen, es sei denn,
er käme – unser Eintänzer –
mit der altmodischen Fiedel, auf daß
nach seiner Melodie alle verstreuten Glieder
wieder versammelt wären,
sich fänden reihum.

Gottbefohlen, wie der Präsident sagt,
nähm bei der Hand alle der Tod: den Bäcker
von nebenan, den Jungen in Uniform, die Frau
mit dem vierten Kind unterm Herzen,
die vielen überzähligen Kinder, tänzelnd alle;
doch kein Bein, kein Arm
will sich regen.

Military Blues

Einst kam übers große Wasser
schallplattenrund und mit Jubel verziert
dunkle Klage.
Ella und ihr heiserer Trompeter
machten uns hellhörig
für Singsang auf Baumwollfeldern.
Auch ahnten wir, wie gottverlassen
Gottes Kinder in Gottes eignem Land
den Rücken beugten.
Immerhin stand der Himmel offen
den Schuhputzern, Küchenschaben, dem Nigger,
wenn auch getrennt nach Rasse.
 Glory Hallelujah...

Oh, das änderte sich mit der neuen,
gegen Billiglohn
oder auf Kredit vergebenen Zeit.
Zwar wurden hinter Gittern
mehr Befreite von Lincolns Gnaden gezählt,
als das Gesetz, dieser Wiederkäuer, versprach,
aber ehrenvoll glichen
überzählig viele Soldaten
annähernd die Statistik aus.
In Vietnam verkauften sie ihre dunkle Haut
teuer, so hieß es,
gegen die Haut der Gelben.
 Glory Hallelujah...

Jetzt aber werden auf Bildschirmen
Generäle bekannt, die sich in Westpoint bereits
als Jahrgangsbeste bewiesen haben.
So anstrengend das ist: als Schwarze
bringen sie ihren Job
weißer als weiß zu Ende.
Ein wenig traurig sehen sie aus,

als stecke ihnen noch immer
der alte Blues in den Genen.
Doch besorgen sie klaglos – wie einst
die Schuhputzer, Küchenschaben, der Nigger –
das globale Geschäft ihrer beherrschenden Bosse.
   Glory Hallelujah...

ZUGABE

Nach langem Beifall – Handwerk knallhart –
greifen müde ergraut die Musikanten noch einmal
nach Holz und Blech.

Paare, wie sie gefügt und zufällig beieinander,
bewegen sich zwangsläufig, bleiben,
solange das dauert, im Takt.

Schon räumen die Kellner ab. Wir ahnen, daß demnächst,
wenn nicht sogleich, Schluß ist, hoffen aber
auf Zugaben bis zuletzt.

So verzögert sich allgemein und speziell
unser Ende, das seit langem rot vordatiert
im Kalender steht.

Wer das Licht ausknipst endlich, bleibt im Dunkeln,
hüstelt ein wenig und lacht sich ins Fäustchen.
Kehraus heißt die Polka.

Des Wiederholungstäters halbherzige Beichte

So komm ich denn geschlichen, such den Kasten,
will mich in ihm vom Sondermüll entlasten,
auf daß ein Ohr gleich einem Abfallschacht
mich wie in Kinderjahren leicht und schuldfrei macht;
der Priester zählte zu der Zunft der Päderasten.

Noch turnt auf meiner Zunge dies und das,
bevor es überläuft, mein mäßig großes Faß.
Fein säuberlich sortiert, was schwer wiegt, was nur läßlich,
was ich mir ausgedacht gehässig,
was ich aus Liebe sorglos tat, bewußt aus Haß.

Der Täter auf Gedankenflucht sucht Lücken:
nicht immer gings saisonbedingt ums Ficken.
Da war doch was, geschah vor Jahr und Tag,
zuerst nur Wortsalat, drauf Schlag auf Schlag,
als ich mir Sonnenblumen köpfte, danach Wicken.

Erklären läßt sich vieles, doch das Ohr will Fakten,
der Priester nuschelt was von nackten
und solchen, die sich modisch kostümieren,
will hören, ob mit Menschen, ob mit Tieren,
was sonst noch ruchbar ist in staubergrauten Akten.

Ich habe, bin, griff, stieß, lag zwischen,
war darauf aus, die Säfte immer neu zu mischen.
Zerstreut versammelt, ganz auf Null gebracht,
hab ich das Komma und den Doppelpunkt verlacht,
war ungeladen Gast an allzu vielen Tischen.

Verlust belebte mein Geschäft, gern fledderte ich Leichen,
wie sie allzeit sich unter Leichentüchern gleichen.
Ich molk Vergangenheit, nahm Zukunft auf Kredit,
als ich mich billig an die Gegenwart verriet;
so schöpft ich Armut ab und zählte zu den Reichen.

Was bist du nun? Ein ausgewrungner Socken,
ein Schwamm, der mittlerweile trocken,
ein Tänzer, der rasch atemlos,
die Inschrift auf diversen Klos,
der Arzt, der Handel treibt mit Gonokokken?

Gern hätt ich mich auf einer magersüchtgen Ziege
als Opfer meines Spinnefeinds Intrige
euch Tugendhaften bloßgestellt – der Hirschkuhschänder! –,
doch fehlte es an freien Tagen im Kalender:
zu wenig Zeit, zu viele hochdotierte Siege.

So wurd zum Standbild ich, das allseits ausgestellt
sich selbst enteignet war, als Eigentum der Welt
genagelt stand auf wackligem Podest,
Verwalter seines Ruhmes zähgekautem Rest,
der Häme Ziel, bespuckt, vom Neid verbellt.

Ach, meine Beichte findet weder Stuhl noch Ohr.
So fleißig ich die dicken Bretter bohr,
kein Loch ins Grüne führt und nirgendwo Idylle.
Ja, selbst die Flucht in dornumhegte Stille
hält nachbarlich sich unverjährte Schuld als Chor.

Das bringt mich nach dem Stuhlgang oft ins Schwitzen,
hält mich auf Suche nach noch unverstopften Ritzen,
will, was vergessen ist, vergessen, doch ein Tier
nagt ständig in und außer mir;
zur Tarnung kauf ich Kappen bunt und uniforme Mützen.

Mir zur Entlastung setzte ich Gelächter frei,
war flüchtig in der pilz- und beerenreichen Kaschubei.
Die fetten Lügen trieb ich schlankweg auf die Spitze,
erzählte Toten quicklebendig Witze
und rief Kassandra aus als fotogene Loreley.

Vor allen Freuden war mir eine ganz besonders lieb:
den Stein zu wälzen streng nach Sisyphus-Prinzip.

War froh, fand ich ihn unten, mürrisch, wenn er oben,
ließ mich als patentierten Steinewälzer loben
und nannte Glück, was mich bergaufwärts trieb.

Dann wiederum war ich auf selbstgespanntem Seil
ein Tänzer, der im Abgrund sucht sein Heil
und doch mit Wörtern, luftig in Balance,
ein Netz sich spannt, vorsorglich seinem Tanze;
es ist die Furcht des Mutes feig verschwiegner Teil.

Nur manchmal, wenn ich Stein und Tanz entkam
und mich vergrub in feuchtbestellter Scham,
gelang mir ein Gedicht, in dem sich nichts mehr reimte,
jedoch ein Körnchen Wahrheit zwischen Zeilen keimte,
mein Versfuß gab sich hinkend, doch nicht lahm.

Halbherzig ist die Beichte mir mißraten,
weil ich stets Ablaß kaufte, häppchenweis auf Raten.
Gespiegelt und entschlüsselt bin ich von Natur
ein Glatzkopf, der mit wechselnder Frisur
allabendlich Objekt ist, wenn wir Rätsel raten.

Was restlich an mir klebt katholisch,
läßt sich als Suff erklären, ist notorisch.
Ich gieß mir nach. Nie ist das Glas ganz leer.
Was sich nicht sagen läßt, bleibt wortreich ungefähr,
nennt sich im Zweifelsfall: symbolisch.

So will ich denn mit meinen nachgeschminkten Sünden
mir Richter suchen unter Tauben, Stummen, Blinden.
Ein Rest soll bleiben und als Mehrwert oder Hypothek,
wenn ich mich fügsam in die Erde leg,
mein Grabstein sein, für Freund und Feind zu finden.

Liebe im August

Wenn zweisam wir
zwischen und unter den Spinnen
vielgliedrig uns ins Netz gehen,
das hausgemacht
dich und mich auffängt,
sind wir
  einer
    des anderen
      Beute.

Vertrauen

Nein, du beißt ihn nicht ab,
den kahlköpfigen Hinweis
auf kurzes Glück.
So bleiben uns beide Eier
heil und auf Vorrat.

Gestrandet

Nach steilem Aufstieg
bis über die Wolken
und höher noch,
stürzen Ikarus und Ikara
schneller ab als gedacht,
landen aber weich in den Dünen,
wo sie – noch steiler –
den nächsten Flug planen.

EIN WUNDER

Soeben noch schlaff und abgenutzt
nach so viel Jahren Gebrauch,
steht er
 – was Wunder!
  er steht –,
will von dir, mir und dir bestaunt sein,
verlästert und nützlich zugleich.

HEFTIGE STÖSSE

Zuerst klirrten die Gläser,
dann zweistimmig wir,
doch nichts ging in Scherben.

SCHNELLER PROFIT

Während sie, auf Wolken gebettet,
himmelhoch spekuliert,
streicht er – sich immer voraus –
auf anderer Börse Gewinn ein.

EIGENTLICH

wollten wir in die Pilze gehen.
Dann aber fanden wir uns
reichlich nahbei
und dicht bei dicht.

IM GLEICHKLANG

Schwerer als Federnblasen
ist die fleischliche Liebe,
es sei denn, beide
  erleben sich
    gleichzeitig leicht.

MIT DEN MITTELN DER KUNST

Ihr Fleisch hat Rubens offenen Mundes
aufs Löwenfell geworfen;
ihm jedoch, der ihr beiliegt,
gab El Greco schmale Lippen
und langgliedrige Ekstase ein.

DANACH

Als wir uns lösten
und Fäden zogen,
kam Hunger auf,
doch greifbar waren
nur Möhren: knackig,
weil roh.

SCHAMLOS

wie Tiere
leckten wir uns
und fanden später –
satt und matt –
mit selbiger Zunge
zivil geordnete Wörter,
einander die Welt zu erklären:
den Anstieg der Benzinpreise,
die Mängel im Rentensystem,
das Unbegreifliche
der letzten Beethoven-Quartette.

LÄSTERLICH

Heute nacht, Liebste,
träumte mir,
ich läge dir bei.
Aber das warst nicht du,
auch du nicht,
verjährte Geliebte –
nein, natürlich nicht meine Mutter! –,
vielmehr war ich der besagte Erzengel,
und die Jungfrau – jadoch, Maria! –
erkannte mich: beinebreit.

Wollte erwacht lästerlich
meine katholische Herkunft verfluchen,
dann aber begann ich mir Sorgen zu machen
um mein Söhnchen,
des kleinen Erlösers bekannte Zukunft.

Über der baltischen See

Vom nordöstlichen Diwan
heben wir eins in eins ab.
Matt – auf dem Rückflug erst –
erzählen wir uns
die erprobten Inselgeschichten.

Aus gewohntem Bett

Flug über die Insel –
wohin?
Dort, Liebste, dort,
zwischen Wiese und Wald,
offen steht unser Haus.

Zuletzt drei Wünsche

Komm, tanz mit mir, solang ich noch bei Puste
und von den Sohlen aufwärts existiere.
Was ich von Kindesbeinen her an Wechselschritten wußte,
ist mir noch immer wie das ABC geläufig,
doch pocht in linker Wade häufig
ein Schmerz, den ich im Ruhestand verliere.
 Drum bitt ich dich um eine Pause Toleranz,
 bis ich gelenkig bin zum nächsten Tanz.

Komm, lieg mir bei, solang mein Einundalles steht
und wichtig tut, als stünd er zum Beweis,
worum in aller Welt es laut Statistik geht:
nah dem Polarkreis, in der Wüste Gobi koitieren
selbst Greise noch, bevor sie kollabieren
und suchen Lustgewinn um jeden Preis.
 Drum bitt ich dich, Geduld als Stütze zu begreifen,
 bis er – du staunst – beginnt, sich zu versteifen.

Komm, sieh mir zu, ob ich den Kopfstand schaffe
und aus verkehrter Sicht die Dinge rings erkenne,
wie ich schon immer schräg von oben als Giraffe
und schräg von unten aus des Menschenwurmes Blick
mir reimte, was behinderlich dem Glück
und was zuerst auf Erden war: das Ei? die Henne?
 Drum bitt um Nachsicht ich, wenn meine Kopfständ gleichen
 letztendlich einem Fragezeichen.

Komm tanz, lieg bei, sieh zu und staune,
was mir noch möglich ist bei Gunst und Laune.

Augenblickliches Glück

Wenn ich beim Kopfstand die Familie zähle
und weiß, daß kein Haupt fehlt,
denn alle bibbern ängstlich und geniert
im Halbkreis stumm,
weil Vater zeigt, was ihm als Greis
so grade noch gelingt –
mit siebzig, fünfundsiebzig
die Kiste hoch, die Beine krumm –,
und ich aus Bodennähe seh,
wie alle Enkel
sind wohlgeraten,
die Söhne, Töchter schön
in ihren Krisen und kopfoben alle,
scheint mir die Welt im Lot zu sein,
auch staunenswert,
solang ich mich kopfunten halte;
dann aber wankt, was nur Behauptung war
und – auf des Augenblickes Dauer –
mich glücklich machte aus verkehrtem Stand.

KOPFSTÄNDLERS LIED

Das kam davon, das kam davon!
Fromm ständisch Land und Leut verkrustet,
von unten schielend sah sich Obrigkeit
mal streng mal huldvoll nach Belieben.
Doch mit der Dampfmaschine und dem Blitzableiter
brach an samt Kinderfron und Stücklohntakt
die neue Zeit; der Rest blieb noch abstrakt.
    Denn nach des Fortschritts Schrittezählerregel
    stand auf dem Kopf der Weltgeistreiter Hegel.

Das muß sich ändern, ändern muß sich das!
Die Weber habens blutend vorgemacht,
doch in den Städten warn die Proletarier
noch ohn Bewußtsein, aus Prinzip zerstritten,
verliebknecht und verbebelt auf Reförmchen aus.
Daß sich die Reichen von der Armut mästen,
stand nur in Marxundengels' Manifesten:
    Auf daß sich Volk mit Volk vereine,
    stellt endlich Vater Hegel auf die Beine!

Das kommt davon, das kommt davon!
Die Welt ist nun total verfilzt,
verflüchtigt digital das Kapital
in diesen und den nächsten Krieg,
doch nur der Hunger feiert Sieg nach Sieg.
Alleingelassen hofft der Hegemon,
daß er sich selbst erlöst – und seis als Klon.
    Kein Hegel steht uns Kopf als Retter,
    kopfständig ist allein das Wetter.

Kurz vor Ostern

Sah einen Schwan
auf schwarzem Tümpel.
Nicht er, ich erschrak.
Zuviel Schönheit mit Gleichmut gepaart.
Hielt das nicht aus, ging.

Auf dem Rückweg zwei Kröten
unter- wie übereinander,
kaum vom Atem belebt.
So Jahr für Jahr
wie nach Vorschrift.

Ach, stünde die Welt doch Kopf!
Vielleicht fiele ihr was
aus der Tasche.
Der Schlüssel, zum Beispiel,
passend für einen Ausweg.

KARA

Unser Hündchen ist tot.
Niemand hebt mehr den Kopf,
wenn ich, weil schlaflos,
nachts die Küche heimsuche.
Im Wald ist mir niemand
drei Schritte voraus
und zeigt an,
wo es sich lohnt, haltzumachen,
die einzelne Eiche, engstehende Buchen
mit Stift und Papier wahrzunehmen:
Stämme, Geäst.

Schneller als mein voreiliger Gedanke,
folgsamer, als ich je sein könnte,
treuer, als selbst die Liebe es fordert,
war unser Hündchen.
Wenn ich den Stock weit
in die schlappen Wellen warf,
war ihm nie – mir schon –
die Ostsee zu kalt.
Leer ist der Korb,
doch immer noch schau ich mich um,
wenn ich – unschlüssig wohin – vors Haus trete.

DOPPELT IN DIE PILZE GEGANGEN

Auf Waldboden kam mir
mit scheinbar festem, dann aber
erkennbar tapsigem Schritt
jemand entgegen, der, gekleidet
in erdfarbenen Cord,
ich war, dem ich – tapsig in Cord –
näher und näher entgegenkam.
War gleich mir
mit schlechtziehender Pfeife
auf Waldboden unterwegs.

Beide zielstrebig. Runde Rücken.
Er an mir, ich an ihm wie achtlos vorbei.
Kurzer Blick nur aus Augenwinkeln.
Kein Erschrecken. Ich und ich
wollten nur wissen, wer mehr Pilze
in seinem Beutel heimtrug.

DUMMER AUGUST

Christa Wolf gewidmet

Hart und leicht

Was liegt, was der Wind bringt:
   Steine und Federn,
     von der Wiese gesammelt.

Stille nimmt zu.
   Nur noch die toten Freunde brabbeln,
     wer was über wen gesagt hat,
       auch Endgültiges, damals,
         als alle zugleich sprachen.

Bald – ist zu ahnen –
   werde ich nur noch mit mir plaudern,
     redselig, wie ich bin.

Was im Laub raschelt

Wie üblich Mäuse?
  Oder beflissen der altgediente Verdacht
    auf der Suche nach etwas,
      das nicht, noch nicht
        ans Licht kam?

Oder rühren sich Pilze?
  tritt endlich, nach trockenem Juli,
    wenn auch sogleich von Schnecken befallen,
      einzeln und unverkennbar
        der Steinpilz auf?

Wohin fliehen

wenn alle Inseln verkauft sind,
   jede Höhle vom schlaflosen Auge bewacht wird,
     und an Großmutters Röcken,
        unter denen zeitweilig Zuflucht zu finden war,
           ein Zettelchen klebt,
               das mit Großbuchstaben BESETZT sagt?

Also bleiben,
  wechselnde Wetter aushalten
    und wie gelernt
      gegen den Wind spucken,
        denn noch
          ist nicht alles gesagt.

Wie im Radio angesagt

fiel endlich Regen.
  Plötzliche Schauer wuschen weg,
    was als Zeichen geritzt in Sand stand.

Als wollte sie mich in den Schlaf singen,
  sagte an meiner Seite die Frau
    der Freunde Namen auf, immer wieder,
      und ich sprach ihr nach.

Alles wird gut oder besser,
  hieß ihr Versprechen;
    doch nur das Wetter änderte sich.

AM PRANGER

Es geschah, nachdem mir die Zwiebel
  Haut nach Haut
    hilfreich geworden war.

Seht, nun steht er gehäutet da,
  rufen jetzt viele,
    die nicht die Zwiebel zur Hand nehmen wollen,
      weil sie befürchten, etwas, nein, schlimmer,
        nichts zu finden,
          das sie kenntlich werden ließe.

Dummer August

Wie während Kinderjahren der Clown
  im Zirkus Sarrasani,
    so gleichen Namens der Monat.

Faxen machen,
  Grimassen schneiden,
    wie einst mit vierzehn.

Schon komme ich mir komisch vor,
  gestellt vors Schnellgericht
    der Gerechten.

Und auch der spitze Hut, gedreht
  aus der Zeitung von gestern,
    kleidet, weil allzeit gültig.

Rote Beete

in Knochenbrühe gekocht,
  erkaltet für heiße Tage,
    mit Dill abgeschmeckt,
      zudem mit kleingehackten Gedanken
        an Suppen,
          einst gelöffelt in Polen,
        als alles knapp war.

Irdische Freude

Heines Zuckererbsen aus Schoten
  grün springen lassen:
    ein Kindervergnügen,
      von dem alte Männer erzählen,
        zum Beispiel ich mit zittriger Hand.

Nach kleinem Streit

kauen wir frischgeschnittenen Mais,
　der, kurz gekocht,
　　dann den Kolben lang
　　　sparsam gebuttert wird,
　　　　auf daß er uns,
　　　　　nicht nur die Kinder
　　　　　　stumm macht.

Kein Korn bleibt übrig.

DORSCH FRISCH VOM KUTTER

den uns Olaf, das Hinkebein,
   in den Plastikbeutel schmeißt.
      Die Köpfe auf kleiner Flamme
         zum Sud verkocht, bis obenauf
            die Augen weiß schwimmen. –
               Keine Fischsuppe ohne Vorgeschichte.

VORFREUDE

Essig und Öl verrührt.
Drein tunken wir Blatt nach Blatt,
bis sie zum Herzen hin zwischen den Zähnen
uns fleischiger werden;
Artischocken
oder ein Lehrmittel in Sachen Geduld.

Ich, deutscher Zunge

Leise, auf Socken
  huschen die Wörter übers Papier
    und bilden Sätze wie diese:
      Wir sind billig zu haben.
        Uns kann man tauschen.
          Wir sind verderblich.
            Uns sagt man Anfang und Ende nach.

Jetzt lösche ich Wörter,
  bis wieder weiß das Blatt
    und gefällig des Schreibers Hand;
      Zwang, der mich knechtet,
        mein lebenslanges Vergnügen.

Schwund und Gedränge.
  Gesprochen, geschrieben.
    Ich, deutscher Zunge:
      mit drei Buchstaben nur
        wird endlich Sprache versagt.

Hin und her endlos

Scham kriecht ins Loch,
   das bewohnt ist bereits.
Nun reibt sich Scham an Scham
   im Vergleich miteinander.
Nun, weil überzählig,
     muß Scham ans Licht und ist fortan
         von schamfreier Meute umringt.
Hingeworfen als Knochen will Scham
   nun wieder ins Loch kriechen,
      ist dort nicht willkommen.
Hin und her Scham, auf der Suche
   nach gleich kurzem Wort.

Nach fünf Jahrzehnten
oder
elf Runden

zeigt er jetzt Wirkung, wankt jetzt,
 ist angeschlagen, zeigt,
  daß er Wirkung zeigt deutlich,
   wirkt endlich – Wurde auch Zeit! –
    ablesbar angeschlagen und ist, was keinem
     der erprobten Punktrichter entgeht,
      verletzt, jadoch, verletzt,
       gibt sogar zu, was er nicht tun sollte –
        Soll endlich schweigen, das Großmaul! –,
         verletzlich zu sein,
          wird ausgezählt nun – Aus! Aus! –
           und begleitet von Buhrufen
            und nur vereinzeltem Beifall
             aus dem Ring getragen:

Erledigt,
 endgültig erledigt,
  sagen übereinstimmend
   unsere literaturkundigen Kommentatoren,
    die neuerdings das Geschehen im Ring
     wortmächtig und für jedermann
      zum Erlebnis machen;

doch soll – das ist in den warmen Stuben
 aller Schnellschreiber zu hören – der Verletzte,
  als man ihn wegtrug, die Namen
   etlicher Heilpflanzen gemurmelt haben,
    auch den der wahrheitsliebenden Binse.

Fragen

Was tun?
   Mit der Zeitung – doch mit welcher? –
     das Gesicht schützen?

Oder den Leser bitten, das Buch aufzuschlagen,
   damit er mich finde, verloren in einer Zeit,
     die nicht enden will?

Jetzt übe ich Schritte
   auf abschüssigen Wegen,
     weiß nicht die Richtung.

Fragend blickt mich der Hund an.

Guter Rat

Sobald ich einknicke
  oder ins Unterholz krauchen will,
    rufen pünktlich die Freunde:
Das mußt du aushalten!
  Das kannst du aushalten.
    Das ist Neid nur, das Sommerloch.
      Geht vorbei.
        Muß man aushalten.
Ja, sage ich, klar doch.
  Ist ja nur üblicher Neid.
    Das Sommerloch, wie gehabt.
     Wird ausgehalten,
        solange das dauert und dauert ...
Und krauche dann doch
  knickbeinig ins Unterholz.
    Ach, meine Freunde, wie gut, daß ihr Rat wißt.

BESCHÖNIGUNG

Der Morgen ist schön.
  Wolken bauschen sich schön.
    Schön sind Federn und Steine.
      Die Weite zum Horizont hin ist schön.
        Schönfarbiges Moos auf morschem Holz.
          Schön flammt dein Haar im Gegenlicht.
        Schön im August sind Spinnweben;
        und selbst sie,
          die lauernde Spinne,
            ist von erschreckender Schönheit.

Das alles und mehr
  sag ich mir auf immer wieder:
    Schön ist der Morgen...
      und würg so den Ekel ab,
        der mich faßt,
          sobald ich – wider jede Vernunft –
        die Zeitung aufschlage.

An jenem Montag

sickerte an altbekannt schadhafter Stelle
　Trauer durch: tropf tropf in den Eimer,
　　bereitgestellt für den Fall.

Dann zeichnete ich – und das half –
　einen Distelzweig, Spitze nach Spitze,
　　zudem die Nacktschnecke, mein Wappentier.

Dann rief mich das Telefon.
　Ja, sagte ich, es geht,
　　wenn auch langsam.

Nichts Neues

Am Abend die Kühe.
  Zwischen uns der Zaun.
    Stumm staunen wir einander an
      und wissen nicht viel zu sagen.

Dann – wie auf Weisung von nirgendwo –
  ziehen sie ab, feierlich langsam
    und – wie mir scheint –
      ein wenig enttäuscht, weil ich
        nur altbackenen Jammer zu bieten habe.

Der Fische Geständnis

Platterdings Flunderköpfe,
   sieben an der Zahl
      und Maul gegen Maul gelegt.

Endlich brechen sie,
   was ihnen nachgesagt wird,
      ihr Schweigen.

Jemand schreibt mit.

Stille von kurzer Dauer

Danach lief siebenbeinig ein Hund durchs Dorf.
  Sogleich liefen alle ihm nach und zählten
    mal mehr, mal weniger als sieben Beine.

Endlich fand ich Zeit,
  mir ein Eis zu kaufen: Stille,
    zwei Kugeln lang: Vanille Banane.

Danach war der Hund vierbeinig nur.

NOTFALLS KICHERERBSEN

Weil mir das Lachen vergangen ist,
  lerne ich jetzt,
    mich mit Hilfe gebrauchter Gegenstände,
      zum Beispiel angesichts eines Radiergummis
    zu erheitern.

Nach längerem Hinschauen werden mir
  die Gartenhandschuhe meiner Frau,
    die, gefaltet wie zum Gebet,
      auf dem Küchentisch liegen,
    ziemlich komisch.

Oder ich treffe im Wald
  einen Mann, Mitte vierzig,
    den an kurzen Leinen drei Rauhhaardackel
      in jeweils verschiedene Richtung zerren,
    worauf mir Gelächter gelingt.

So, tagtäglich bemüht, mache ich mich lustig.

ICH LESE

seit Tagen, auch nachts,
 sobald mich der Schlaf meidet,
  Schlingersätze, in deren Kurven und Kehren
   Last abgeworfen und sogleich,
    wie auf Zuruf von jedwelcher Seite,
     anfallendes Gepäck geladen wird,
      dem als Schwellkörper – denn sie blasen sich auf,
       blasen höchst eigenhändig sich auf –
        Zitate beigemengt sind,
         mit Vorzug aus Burtons »Anatomie der Melancholie«,
          die, um des Widerspruchs willen,
           zeilensatt von Zitaten gelöscht werden,
            die schon anderswo, etwa
             in Montaignes Essay über Kindererziehung, Zitat
                     sind.

Was alles schief ging: von der Zeugung des Helden an,
 in deren Verlauf sich erweist, daß der Vater,
  auf Fragen der Mutter,
   bevor er zeugte, vergaß, die Uhr aufzuziehen, jadoch!
    vergaß, wie gewohnt, die Uhr aufzuziehen,
     weshalb denn auch seit der Geburt,
      und nachdem allseits die Taufe beredet war,
       also gut dreihundert Seiten später – weil ja
        Dr. Slops Zange und der Küchenmagd Schußlichkeit –,
         die Nase plattgedrückt ist
          und der Vorname auf immer und ewig
           verhunzt bleibt.

Tristram Shandy, des Gentleman Leben und Ansichten
in neun Büchern, deren Handlung mal rückläufig,
mal querbeet verweilt, dann – und bei Laune –
nach Echternachs Schrittfolge
oder auch kurzweilig auf der Stelle tretend,
weil jeglicher Beschleunigung abhold,
dennoch voran, im Steckenpferdtrab vorankommt
und dabei des armen Yorick Predigt, weitere Schweifreden,
wie des Vaters Sermon über Vor- und Nachteile
der Beschneidung von Knaben, nicht ausläßt
sowie nie vergißt, auf Onkel Tobys Schamleiste
und deren keusche Umschreibungen hinzuweisen,
wie sie auf flandrischem Schlachtfeld lädiert wurde,
und weshalb sich die gute Seele
bei wechselnden Anlässen auf Kosten
der hungernden Iren und des Heiligen Patrick
ein lustig Liedchen pfeift: Lilliburlero ...

Ach, Onkel Toby, all deine Mühe um Fortifikationen,
Hornwerke, das Belagerungswesen zur Zeit Vaubans
und des Spanischen Erbfolgekrieges,
was fiele dir wohl ein – und welche Zitate wären dir Stütze –,
wenn es heutzutage dazu käme – wie dazumal,
laut Utrechter Beschluß, die Bastionen Dünkirchens –,
nunmehr, samt Schengener Abkommen,
die Festung Europa zu schleifen,
auf daß endlich und ungehemmt
der fleißigen Welt Überschuß
komme und komme,
damit wir zukünftig gut durchmischt
oder durchraßt, wie der Bayer sagt,
uns in neuer Sprache erfinden dürfen?

O du Schwarzrock von Gottes und Teufels Gnaden,
siebenhundertvierundvierzig Seiten lang – nicht gezählt
die oft versprochenen, doch allen Steckenpferdreitern
vorenthaltenen Kapitel über Knopflöcher
und deren tiefere Bedeutung – quasselst du,
sogar in anderen Sprachen gespiegelt,
was der mäandernde Wortfluß hergibt,
bist uns Schlafpulver, Weckruf zugleich,
stellst deinen Kritikern wortüberlaubte Fallgruben,
triffst Pfaffen jeder Schattierung mit einer Klappe,
verzögerst den Gang treppab,
zählst, dich bildend auf Reise durch Frankreich,
nur sehenswerte Blindstellen
und von Station zu Station
Postkutschenkosten als bleibenden Gewinn auf,
gönnst aber dem Auge der Mutter kapitellang
den Blick durchs zugige Schlüsselloch,
damit die der Witwe angetragene Liebe
bezeugt werden kann,
greifst nach Stichwörtern,
vom Zufall geworfen,
schweifst ab, schweifst ab
und läßt doch ab und an
ganze und halbe Seiten frei,
auf denen ich,
dein hinterrücks lachender Leser,
Platz finde für den Nachtrag
meiner dir folgsamen Feder:

Als man in London das Grab des Schriftstellers Laurence
Sterne öffnete,
wurde zwischen Gebein – angesägt –
sein Schädel gefunden;
zu Zeiten der Aufklärung wollte wohl jemand wissen,
wo genau des Autors Humor seinen Schleudersitz hat.

SCHLAFLOS

zählte ich meine Feinde
    und schlief ein überm Zählen.
Als ich erwachte,
    zählte ich Freunde auf,
        unter ihnen die toten,
            die doppelt zählten.

NACHLEBEN

Wie tröstlich: es sollen –
    so heißt es – die Zehen- und Fingernägel,
        womöglich die Haare auch
            über den Tod weg noch nachwachsen.
Legt mir eine Schere ins Grab.

Global gesehen

Nichts will sich reimen.
   Nachrichten fallen einander ins Wort.
     Und Skandale müssen, weil der Bedarf steigt,
       künstlich beatmet werden.
Keine Kosten scheuend,
   vertagen sich fieberhaft die Kongresse.
    Sogar bewegliche Objekte –
      gleich ob Hase oder Automobil –
        sind nirgendwo vor Einschlägen sicher.
Global gesehen ist alles möglich,
   seitdem die Erde ein Dorf
    und nicht rund, sondern flach wie gehabt ist;
       und wie die Börse spielt auch das Wetter verrückt.
Kein Chaos, das nicht gefilmt wäre,
   kein tatsächliches Gemetzel,
     das nicht die Kinder bereits
      in Videospielen geübt hätten.
Alles wackelt, ist fraglich
   nicht nur bei Beben mittlerer Stärke
    und plötzlichem Kursverfall;
      selbst der Papst – gewöhnlich unfehlbar –
        muß sich mit Hilfe von Fußnoten korrigieren.

Schuhwechsel

Weil die alten, die mich
  über Stock und Stein getragen hatten,
    mittlerweile rissig,
      und ich auf brüchiger Sohle,
        kam es zum Kauf: ein passendes Paar.

Nun knarrt das neue Leder selbstsicher
  bei jedem Schritt,
    als wollte es mich überleben.

Vergleichsweise

Dem einen, dem anderen Kaninchen
  das Fell über die Ohren gezogen;
    so sollte auch mir geschehen,
      auf daß ich nackt und bratfertig,
        dann mürbe und mundgerecht sei:
      die Leibspeise
        mißliebiger Gäste.

Waldgängers Klage

Wenn ich auf ausgetretenen Wegen
 oder abseits der Trampelpfade
  längere Sätze probiere,
und – auf Suche nach Pilzen –
 einem Gedanken hinterdrein bin,
  der mir entlief,
   nun ins Gestrüpp krieche,
    beidhändig Gezweig teile,
wenn mir der Hund bei Fuß
 und auf Rufweite folgsam ist,
  gefährdet den Waldgänger kleinstes Getier.

Jahr für Jahr sind es mehr Zecken,
 die uns befallen;
  und was sonst noch zunimmt: weltweit.

Schaden auf Dauer

Der Wasserhahn tropft.
  Wie früher nach Gott,
    nun den Klempner rufen, sofort.
      Aber er kommt und kommt nicht.
Und als er dann kam,
  hieß es: Da ist nichts zu machen.
    Das ist so.
      Das bleibt.
        Schon gewöhnen wir uns.

Helden von heute

Als alles in Scherben fiel,
   hat man uns Jungs, dem letzten Aufgebot,
      nicht mehr die Kennzahl der Blutgruppe
         in des Armes Innenhaut tätowiert.

Das soll nun nachgeholt werden;
   die Helden von heute
      bestehen darauf.

Aber ich halte nicht hin;
   bin schon gezeichnet für jeden,
      der lesen will.

Sie aber kennen die Scham nicht,
   nur des Scharfrichters Ehrgeiz juckt sie,
      verletzend zu sein.

Mein Makel

Spät, sagen sie, zu spät.
  Um Jahrzehnte verspätet.
    Ich nicke: Ja, es dauerte,
      bis ich Wörter fand
        für das vernutzte Wort Scham.

Neben allem, was mich kenntlich macht,
  hängt mir nun Makel an,
    deutlich genug
      für Leute
        mit makellos weisendem Finger.

Schmuck für restliche Jahre.
  Oder sollte Verkleidung,
    der Mantel des Schweigens probiert werden?
      Fortan umgäbe mich Stille
        inmitten quakender Frösche.

Aber schon sage ich ja, nein und trotzdem.
  Nicht zu bemänteln
    ist sanktioniertes Unrecht.
      Nie zu spät wird, was war und ist,
        beim Namen genannt.

Makel verpflichtet.

Im Gehen

auf schattigen Waldwegen,
  entlang dem Wellensaum der See
    oder quer durch die Heide
      begegne ich mir.

Schritt nach Schritt
  kommen wir einander näher,
    warten auf uns,
      ohne Treffpunkte zu markieren.

Wenn der eine, der andere
  über Steine, den Wurzelstrunk stolpert,
    lacht der andere, der eine:
      Paß auf, Alter, wo du hintrittst!

Vergeblich versuchen wir,
  uns aus dem Weg zu gehen,
    das Gespräch, den bejahrten Konflikt,
      die Rechthaberei zu meiden.

Ich und er reden endlos
  über lang- und kurzzeilige Gedichte,
    über uns – wer sich genauer erinnert –,
      über das Elend der Aufklärung und so weiter ...

So kam es zum Streit,
 dann – weil ermüdet – zur Versöhnung;
 es muß ja nicht Freundschaft sein,
  die uns bindet.

Neuerdings gehen wir, sparsam mit Worten,
 Seit an Seit: ich links, er rechts.
 Wir wollen zusammenhalten,
  wenn es knüppeldick kommt, demnächst.

ULVSHALE SKOV

In meiner Not
  zeichne ich im angrenzenden Wald
    altstämmige Buchen.

Jede anders glatthäutig, gerunzelt, verästelt
  und vielfüßig zu den Wurzeln hin
    vom Moos besiedelt.

Stille, weil selbst der Bleistift nahezu lautlos,
  während fernab Raketen einschlagen
    und beiderseits Tote gezählt werden,
      so daß ich mich wieder im Schußfeld erlebe
      oder umherirrend zwischen Bäumen.

Nicht enden will dieser Krieg.
  Und wie Flüchtlinge Zuflucht suchen,
    sind Wörter zielfern auf Suche nach Sinn.

VERSTIEGENER WUNSCH

Mit Bäumen reden: »Ich schnitt es gern
 in alle Rinden ein...«
Schmeichelhaftes rankt Stämme hoch,
 erstickt Äste, Gezweig.
Fallsüchtige Wörter, dem Laub gleich:
 mein Stammeln.
Was sich verkapselt hat,
 seit Zeiten verstummt ist.
Nur dieser Buche
 gestehe ich meine Pein.
Nun klettert wortwörtliche Rede
 bis in den Wipfel, verästelt sich.
Oder Wünsche, die sich versteigen:
 Baum will ich sein.

KURZGEFASSTE GEDICHTE

Ich habe nur euch.
  Ihr reimt euch auf nichts.
    Den Wald im Rücken, vor mir die See,
      schrieb ich Wörter in Zeichnungen,
        denen, was grad zur Hand war,
          Motiv wurde: Heines Zuckererbsen,
        ich unterm spitzen Hut,
          der Hund, die Kühe am Zaun,
          Bäume vereinzelt,
            der Distelzweig.

Jetzt laß ich euch laufen,
  auf daß ihr ausplaudert,
    wie mir geschah im August.

Gedichte, kurzgefaßt
  oder in Strophen gerottet,
    ihr werdet nicht müde
      auf schattenlos langem Weg;
        noch immer nicht mundtot,
          hab ich euch Beine gemacht.

Auf Suche

Im Laub stochern,
  Gebüsch teilen,
    unter Eichen, im Nadelholz,
      wo Birken anrainen,
        tief im Erlengebüsch,
          nahe morschem Geäst,
            zwischen Mooskissen, an Wegrändern,
              wo Wald sich lichtet,
                weglos im Traum noch
                  und immer den Rüssel erdwärts;
ruhelos ich, das alte Trüffelschwein ...

Letzte Runde

Noch einmal abtauchen im mannshohen Farn
  und nach wüstem Jahrhundert
    verjüngt wieder da sein.

Das Buchenpaar küssen
  und unter Eichen schnüffeln: da,
    aus vorjährigem Laub
      einzeln der Steinpilz, noch jung
        laß ich ihn wurzeln,
          den Schnecken zum Fraß.

Die Tasche gepackt.
  In der Mappe kichern fixiert
    benutzte Papiere: die Ausbeute meiner Not.

So mach ich mich stark
  gegen den Andrang kommender Tage.
    Mag doch das gleichgestimmte Pack
      mir seine Ekelpakete
        druckfrisch frei Haus liefern;
          ich verweigere die Annahme.

Was bleibt

Im Verlauf dreier Jahre,
  in denen das Übliche geschah,
    schrieb ich mit Lust, unter Schmerzen
      und anhand von Hilfsmitteln auf,
    was von der Wirrnis
      und aus dem Gefälle junger Jahre
    zu erinnern war,
      bis alles zum Buch wurde;
    dabei geriet ich –
      weil leicht zu verführen –
    ins Erzählen.

Dann aber schnitt ein Jemand,
  geschickt im Gewerbe der Niedertracht,
    einen Satz aus dem weitläufigen Gefüge
    und stellte ihn aufs Podest,
    gezimmert aus Lügen.

Immerhin blieben restliche Sätze.

Goethe: Wanderers Gemütsruhe

Über's Niederträchtige
Niemand sich beklage;
Denn es ist das Mächtige,
Was man dir auch sage.

In dem Schlechten waltet es
Sich zu Hochgewinne,
Und mit Rechtem schaltet es
Ganz nach seinem Sinne.

Wandrer! – Gegen solche Not
Wolltest du dich sträuben?
Wirbelwind und trocknen Kot
Laß sie drehn und stäuben.

ZEITVERGLEICH

Als er im Jahr nach Leipzig
 noch immer den Orden von Napoleons Hand
  auf breiter Brust zur Schau trug,
   erfuhr Goethe das Niederträchtige
    und reimte es auf das allzeit Mächtige.

Doch erst im Jahr neunzehn,
 als die versammelten Fürsten zu Karlsbad
  die Spitzen der vielbesungenen Freiheit kappten,
   nahm er das Gedicht »Wanderers Gemütsruhe«
    im »Buch des Unmuts« auf.

Weil beileibe kein Goethe und ohne ein Möbel,
 das mir als Divan bequem wäre,
  will ich nicht warten, bis sich der Wind legt,
   zumal die Karlsbader Beschlüsse
    auf medial neuesten Stand gebracht sind.

Deshalb sage ich jetzt schon, wo – in Frankfurt am Main –
 das Niederträchtige als das Mächtige
  Hochgewinn zieht und trocknen Kot wirbelt,
   verzichte sonst aber – bei aller Not –
    auf überlieferte Reime.

AUS EPISCHEN
UND
DRAMATISCHEN WERKEN
1955–1963

Pepita

Am Hafen liegen Kohlen,
die sind schwarz, nur schwarz.
Pepita, zieh dein weißes Kleid an.

Dein Fleisch ist neu.
Rufe die Fliegen nicht
und die Finger,
die nach den Zeitungen tasten.
Sinnlos ist deine Zunge.
Pepita, Pepita, was heißt Pepita.
Am Hafen liegen Kohlen,
am Himmel verlöschen die Fische
und ihre Gräten, Gitarren, Pepita.
Oder der Tod, ein Tourist,
setzt sich und nimmt die Sonnenbrille ab.
Pepita, ruft er, komm her,
bringe die Zeitung,
wir wollen Kreuzworträtsel lösen – Pepita.

Am Hafen liegt Salz,
weiß und verblendet.
Pepita, zieh dein schwarzes Kleid an.

Ich habe sieben Jahre auf eine Schnecke gewartet,
nun hab ich vergessen, wie eine Schnecke aussieht.
Als etwas kam, nackt und empfindlich,
suchte ich einen treffenden Namen.
Ich sagte Gefühl, Geduld, sagte Glück,
doch es glitt tonlos vorbei.

Befürchtung

Als wir über den großen Regenbogen
nach Hause wollten,
waren wir sehr müde.

Wir hielten uns an seinem Geländer
und fürchteten,
daß er verblassen könnte.

Als ich über den großen Regenbogen
nach Hause wollte,
war ich sehr müde.

Ich hielt mich an dir und an seinem Geländer
und fürchtete,
daß ihr beide, du und der Regenbogen,
blaß werden könntet.

Der Güterzug

Der Güterzug, der Güterzug.
Sie blasen sich die Lichter aus,
verkaufen ihrer Katz das Haus.
Sie tragen sich einander nach
und unterwandern sich beim Schach,
sie überbrücken ihre Lücken
mit wunderschönen Eselsbrücken;
darüber lärmt der Güterzug,
ist länger als Personenzug.

Sie schlagen sich einander vor,
bedienen das Gespräch.
Mit Rücksicht, Vorsicht, Übersicht
bläst einer aus des andern Licht,
fährt mitten durch ihr Kurzgesicht;
der Güterzug, der Güterzug.

Sie nehmen sich die Arbeit ab,
sie geben sich die Ehre.
Sie haben einen Panzerschrank,
der schützt die große Leere.
Der eine nennt den andern krank,
sie stehen stolz am Bahnsteigrand
und grüßen mit erhobner Hand;
den Güterzug, den Güterzug.

Ein Autobus, ein Autobus,
besetzt mit Langeweile.
Das Auto überholt den Fluß,
der Fluß hat keine Eile.
Sie sind sich immer weit voraus,
sie blasen sich die Lichter aus,
sie sitzen vor und hinterm Bier,
die Nacht durchschreit ein wütend Tier:
der Güterzug, der Güterzug
ist länger als Personenzug.

AM ATLANTIKWALL

Noch waffenstarrend, mit getarnten Zähnen,
Beton einstampfend, Rommelspargel,
schon unterwegs ins Land Pantoffel,
wo jeden Sonntag Salzkartoffel
und freitags Fisch, auch Spiegeleier:
wir nähern uns dem Biedermeier!

Noch schlafen wir in Drahtverhauen,
verbuddeln in Latrinen Minen
und träumen drauf von Gartenlauben,
von Kegelbrüdern, Turteltauben,
vom Kühlschrank, formschön Wasserspeier:
wir nähern uns dem Biedermeier!

Muß mancher auch ins Gras noch beißen,
muß manch ein Mutterherz noch reißen,
trägt auch der Tod noch Fallschirmseide,
knüpft er doch Rüschlein seinem Kleide,
zupft Federn sich vom Pfau und Reiher:
wir nähern uns dem Biedermeier!

Die schwarze Köchin

Schwarz war die Köchin hinter mir immer schon.
Daß sie mir nun auch entgegenkommt, schwarz.
Wort, Mantel wenden ließ, schwarz.
Mit schwarzer Währung zahlt, schwarz.
Während die Kinder, wenn singen, nicht mehr singen:
Ist die Schwarze Köchin da? Ja – Ja – Ja!

STEHAUFMÄNNCHEN

Begraben unten, und wir gingen
die Wette ein: begraben unten
kommt nicht mehr raus, ans Licht, Geflimmer,
rührt nicht mehr mit und löffelt weder;
denn auch der Löffel lag im Keller
verschmolzen mit, als aber draußen
Aurora mit der Trillerpfeife
die Finsternis zurückpfiff, stand:
Matern auf bleigegoßnen Sohlen,
mit Herz Milz Nieren, hatte Hunger
und löffelte, aß, schiß und schlief.

Der Schlag saß tief, ich fiel vom Türmchen.
Das kümmerte die Tauben nicht.
War nur noch Inschrift, flach aufs Pflaster,
und wer vorbeiging, las kursiv:
Hier liegt und liegt und liegt flach, liegt,
der fiel von oben, der da liegt;
kein Regen wäscht ihn, Hagel tippt
ihm weder weder: Briefchen, Wimpern
noch öffentliche Diskussionen;
doch kommt Aurora auf zwei Beinen
und knallt das Pflaster, drauf ich liege,
steht erst der Riemen, dann das Männchen
und spritzt und zeugt und lacht sich schief.

Erschossen war er durch und durch;
man plante grade einen Tunnel,
und durch ihn durch, der frisch erschossen,
fuhr bald darauf die Eisenbahn.
Die Sonderzüge, Könige,
die mußten durch mich durch, wenn sie
die Könige in meinem Rücken
besuchen wollten, und der Papst
sprach in neun Sprachen durch dies Loch.

So war er Trichter, Tunnel, Tüte,
und Zoll stand grün auf beiden Seiten;
erst als Aurora mit dem schweren
berühmten Auferstehungshammer
mich vorn und hinten stöpselte,
stand auf Matern, einst frisch erschossen,
und atmete sprach lebte schrie!

Aber auch Eddi Amsel...

Hier Nickelswalde – dort Schiewenhorst.
Perkunos Pikollos Potrimpos!
Zwölf Nonnen ohne Kopf und zwölf Ritter ohne Kopf.
Gregor Materna und Simon Materna.
Der Riese Miligedo und der Räuber Bobrowski.
Kujawischer Weizen und Urtobaweizen.
Mennoniten und Deichbrüche...
Und die Weichsel fließt,
und die Mühle mahlt,
und die Kleinbahn fährt,
und die Butter schmilzt,
und die Milch wird dick,
bißchen Zucker drauf,
und der Löffel steht,
und die Fähre kommt,
und die Sonne weg,
und die Sonne da,
und der Seesand geht,
und die See leckt Sand...
Barfuß barfuß laufen die Kinder
und finden Blaubeeren
und suchen Bernstein
und treten auf Disteln
und graben Mäuse aus
und klettern barfuß in hohle Weiden...
Doch wer Bernstein sucht,
auf die Distel tritt,
in die Weide springt
und die Maus ausgräbt,
wird im Deich ein totes, vertrocknetes Mädchen finden:
das ist des Herzog Svantopolk Töchterchen,
das immer im Sand nach Mäusen schaufelte,
mit zwei Schneidezähnen zubiß,
nie Strümpfe, nie Schuhe trug...
Barfuß barfuß laufen die Kinder,

und die Weiden schütteln sich,
und die Weichsel fließt immerzu,
und die Sonne mal weg mal da,
und die Fähre kommt oder geht
oder liegt fest und knirscht,
während die Milch dick wird, bis der Löffel steht, und langsam die Kleinbahn fährt, die schnell in der Kurve läutet. Auch knarrt die Mühle, wenn der Wind acht Meter in der Sekunde. Und der Müller hört, was der Mehlwurm spricht. Und die Zähne knirschen, wenn Walter Matern von links nach rechts mit den Zähnen. Desgleichen die Großmutter: Quer durch den Garten hetzt sie das arme Lorchen. Schwarz und trächtig bricht Senta durch ein Spalier Saubohnen. Denn sie naht schrecklich, hebt winklig den Arm: Und in der Hand am Arm steckt der hölzerne Kochlöffel, wirft seinen Schatten auf das krause Lorchen und wird größer, immer fetter, mehr und mehr... Aber auch Eddi Amsel...

Mein Onkel

Neun stiegen über den Gartenzaun,
mein Onkel war dabei.
Neun traten nieder den Januarschnee,
mein Onkel im Schnee dabei.
Ein schwarzer Lappen vor jedem Gesicht,
mein Onkel vermummt und dabei.
Neun Fäuste meinten ein zehntes Gesicht,
des Onkels Faust schlug entzwei.
Und als neun Fäuste müde waren,
schlug Onkels Faust noch zu Brei.
Und als alle Zähne gespien waren,
erstickte mein Onkel Geschrei.
Und Itzich Itzich Itzich hieß
des Onkels Litanei.
Neun Männer entwichen über den Zaun,
mein Onkel war dabei!

AUS DEM TAGEBUCH
EINER SCHNECKE

Später mal, Franz, wenn du enttäuscht bist,
wenn du den Kehrreim des Liedchens »Zwecklos«,
der die Zeile »Hatjadochkeinenzweck« wiederholt,
mühsam gelernt, in Gesellschaft gesungen,
aus Trotz vergessen
und auf Abendschulen neu gelernt hast,
später mal, Franz,
wenn du siehst,
daß es so und auch so und selbst so nicht geht,
wenn es dir schiefzugehen beginnt
und du die Mitgift Glauben verzehrt,
die Liebe im Handschuhfach liegengelassen hast,
wenn sich die Hoffnung, ein gutwilliger Pfadfinder,
dessen Kniestrümpfe immerfort rutschen,
ins Aschgraue verloren hat,
wenn dir das Wissen beim Kauen schaumig wird,
wenn du fertig bist,
wenn man dich fix und fertig gemacht hat:
flachgeklopft entsaftet zerfasert –
jemand kurz vorm Aufgeben –
wenn du am Ziel – zwar Erster –
den Beifall als Täuschung,
den Sieg als Strafe erkannt hast,
wenn dir die Schuhe mit Schwermut
besohlt worden sind
und Grauwacke deine Taschen beutelt,
wenn du aufgegeben, endlich aufgegeben,
für immer aufgegeben hast, dann – Fränzeken –
nach einer Pause, die lang genug ist,
um peinlich genannt zu werden,
dann stehe auf und beginne dich zu bewegen,
dich vorwärts zu bewegen...

Während unser Wettlauf stattfand,
alterte, vergreiste, starb das Publikum weg.
Kein Zeuge am Ziel, kein Beifall, nur Eigengeräusche. –
Geduld, ich hafte vorwärts, ich komme.
Viele überholen mich und liegen später am Weg:
Beispiele für Sprunghaftigkeit. –
Ich liege hinter mir.
Meine Spur trocknet weg.
Unterwegs vergaß ich mein Ziel.
Jetzt ziehe ich mich zurück,
bin nur noch zerbrechlich.
Draußen soll es windig sein,
aber auf Kurzstrecken erfolgversprechend.

Geronnenes Einverständnis.
Kein Daumensenken: Grinsen genügt.
Alles, das kaum beginnende Lächeln,
das Staunen, Betroffensein und Erschrecken,
der spröde zeichnende Schmerz,
alles – und auch die Scham gerinnt.
Es ist ein Nickel Schadenfreude,
der solchen Spaß auszahlt.
Oder die Angst, erkannt zu werden.
Oder die Scheu vor nacktem Gesicht: Grinsen kleidet.

Fassaden sagt man nach, daß sie es können.
Sieger – aber auch Unterlegene – rasten ein.
Das ersetzt im Fernsehen Kommentare.
Die Verlegenheit hat ihre Mimik gefunden.
Sobald wir vom Tod (von seinen vielstelligen Zahlen) hören,
sobald uns Niederlagen – die alten Bekannten – grüßen,
sobald wir allein sind
und einem Stück Spiegel in die Falle geraten,
geben wir unser Gesicht auf: Grinsen ist menschlich.

Also nochmal. Kurze Sätze zum Einprägen und Verlieren.
Ich rauche zuviel, aber regelmäßig.
Ich habe Meinungen, die sich ändern lassen.
Meistens überlege ich vorher.
Auf verquere Weise bin ich unkompliziert.
(Seit vier Jahren stelle ich Sätze und einzelne Wörter zwischen Klammern: etwas, das mit dem Älterwerden zu tun hat.)
Das mag ich: von weit weg hören, wie Laura am Klavier an immer derselben Stelle danebengreift.
Wenn Raoul mir eine Zigarette dreht, freue ich mich.
Wenn Franz mehr sagt, als er zugeben wollte, bin ich erstaunt.
Wenn Bruno Witze falsch erzählt, kann ich lachen wie früher.
Mit Vorliebe sehe ich Anna zu, wenn sie ein frisch gekauftes Kleid sogleich abzuändern beginnt.
Was ich nicht mag: Leute, die mit dem Wort »scharf« bewaffnet sind. (Wer nicht denkt, sondern scharf denkt, der greift auch scharf durch.)
Ich mag keine bigotten Katholiken und keine strenggläubigen Atheisten.
Ich mag keine Leute, die zum Nutzen der Menschheit die Banane gradebiegen wollen.
Widerlich ist mir jeder, der subjektives Unrecht in objektives Recht umzuschwindeln versteht.
Ich fürchte alle, die mich bekehren möchten.
Mein Mut beschränkt sich darauf, möglichst wenig Angst zu haben; Mutproben lege ich keine ab.
Allen rate ich, die Liebe nicht schnell wie das Katzenficken zu betreiben. (Das gilt auch später für euch, Kinder.)
Ich mag Buttermilch und Radieschen.
Ich reize gern auf den Skat.
Ich mag alte gebrochene Leute.
Auch ich mache Fehler mehrmals.
Ich bin ganz gut schlecht erzogen worden.
Treu bin ich nicht – aber anhänglich.
Immer muß ich was machen: Wörter hecken, Kräuter schneiden, in Löcher gucken, Zweifel besuchen, Chroniken lesen, Pilze und deren Verwandtschaft zeichnen, aufmerksam nichts tun, morgen nach Delmenhorst, übermorgen nach Aurich (Ostfries-

land) fahren, redenreden, die dicke Schwärze, dort, wo sie graustichig wird, vom Rand her anknabbern, Schnecke auf ihrem Vormarsch begleiten und – weil ich den Krieg kenne – vorsätzlich Frieden halten; den mag ich auch, Kinder.

Grauer, nasser Ton.
Der Ton schwitzt und riecht alt.
Ton atmet mich an: Mach was!
Im Raum ein Klumpen, ungeformt, aber möglich.

In meiner Hand die Hand meiner Tochter.
So suchen wir Ziegen
und finden verlassene Schneckengehäuse.
Siehst du schon welche?
Noch nicht.
Gibt es hier welche?
Manchmal.
Wir hören sie auf dem Hang scheppern: dort und dort.
Wir mögen Ziegen.
Schneckenhäuser sammeln wir nur.
Wir waren mal Ziegen.
Neugierig sind wir und schreckhaft.
Die Hand meiner Tochter in meiner Hand.
So sind wir uns sicher.
Wir haben Salz bei uns.

Nachruf auf Vladimir?
Was er tat versäumte wollte anfing verbarg?
Was er nicht fertigbrachte, uns hinterließ?
Wie wir uns auf Rufweite nah waren?
Wann genau sein Kopfschmerz begann?
Was dazwischentrat, uns von seinem Tod trennte?
Ich will es ihm nachrufen, später.

Es kommt nicht, kommt bei ihr nicht.
Denn sie verkauft schwarzes Mehl.
Landregen flimmert, der Film gerissen.
Komm schon! – Es kommt nicht.
Eine graue Schnulze, deren Wörter in Sack und Asche gehen: überall Einbahnstraßen. Nichts kommt entgegen, es kommt nichts.
Seht den vom Schicksal beschubsten Engel. Ist ohne Zwischen-Dazwischen. Die mythologische Möse. Zwar kam Saturn über Nacht, hat sie gestoßen gestoßen, aber es kam nichts, kam nicht: nun ist sie nur wund.
Und stummer als stumm.
In diesem Engel liegt ein Hund begraben.
Faltenwurf verhängt den unbewegten Gestank.
(Man möchte nicht unters Hemd, nicht gucken, greifen, nicht suchen: trocken und wund.)
Das versteinerte Karpfenmaul.
Sprechblasen von einst, Basaltbrocken liegen zuhauf.
Hieroglyphen, in Lava gehauen.
Wörter, im Steinbock gezeugt.
Mit klammen Fingern hält sie den Zirkel und kann den Kreis nicht schließen.
Kein Schrei will steigen, lang und bemessen sein.

Ein Schneckengehäuse gefunden.
Das weitgeschneiderte Ohr –
sinnlos zu schweigen – hört alles.

Sie haftet auf ihrem Rollschuh.
Terminen droht sie Versteinerung an.
Spät wird bekannt, daß die Richtung,
noch später, um wieviel Glaubenseinheiten verändert,
am Ende hieß es, berichtigt wurde.
Alles läuft unter Fortschritt,
sogar der Einfall, die Hutform
dem Schneckengehäuse zu nähern.

Weil nämlich.
Nämlich du.
Es ist nämlich.
Eine Delle aus dem Ball treiben.
Die Delle bleibt, wandert und äfft sich nach.
Aber wir wollen den neuen Ball nicht.
Wir fürchten, auch er.
Lieber den alten Ball.
Weil nämlich, du nämlich.
(Und weil die anderen und die anderen der anderen.)
Es ist nämlich
und zwar bewiesen: kein Ball ohne...

Guck dir mal zu.
Ein Pfund Abstand gewinnen.
Ich möchte im Saal stehen, nicht hinter hochkant gestellter Kiste, will mir ins Wort fallen.
Möchte mich sehen (beklopfen), wenn ich steingehauen zu sicher werde.
Möchte schon dasein, bevor ich ankomme.
Mir nachwinken.
Möchte schlafen, Sand sieben, Totermann üben und mir gut zureden, solange ich Meinungen aufsage (und Fragen zu Antworten knete).
Möchte beim Händeschütteln beide Taschen beziehen.
Möchte mal kurz zwischendurch, auf einen Sprung nur, solange das dauert und weiter nicht auffällt, mal hinter mich treten und seitlich (vom Buchsbaum verdeckt) davon.
Ich möchte mich widerlegen und aufheben.
(Möchte ins Kino.)
Möchte mich jetzt – gestern in Säckingen, heute doppelt in Reutlingen – durch einfaches Beinstellen ins Stolpern bringen und liegenlassen, damit ich mich endlich hinter der hochkant gestellten Kiste freisprechen, ohne Zwischenruf freisprechen kann:
Über Zeitabläufe und verschobene Phasen,
über Augst, nachdem er und als ich,
über die Zwischenzeit, Anna und mich,
über den eingekellerten Zweifel und seinen leisen Besuch,
(auch über die Flugangst der Schnecken)
und über Entfernungen, den gewonnenen Abstand.

Ich laß dich jetzt liegen.
Dein Gehäuse erinnert mich.
Bewegt warst du verständlich.
Vieles habe ich mitgeschrieben.
Ohne Zögern beim Überschreiten gedachter Linien.
Kein Schwalbenflug: Schneckenspur.
Gefühl für Lücken und ähnliche Tugenden.
Unfallfrei, bis auf den einen...

DIE RÄTTIN

Meine See, die sich nach Osten
und nördlich verläuft, wo Haparanda liegt.
Die baltische Pfütze.
Was von der windigen Insel Gotland außerdem ausging.
Wie die Algen dem Hering die Luft nahmen
und der Makrele, dem Hornfisch auch.

Es könnte, was ich erzählen will,
weil ich durch Wörter das Ende aufschieben möchte,
mit Quallen beginnen, die mehr, immer mehr,
unabsehbar mehr werden,
bis die See, meine See
eine einzige Qualle.

Oder ich lasse die Bilderbuchhelden,
den russischen Admiral, den Schweden, Dönitz, wen noch
aufkreuzen, bis Strandgut
genug bleibt – Planken und Bordbücher,
aufgelistet Proviant –
und alle Untergänge abgefeiert sind.

Als am Palmsonntag aber Feuer vom Himmel
auf die Stadt Lübeck und ihre Kirchen fiel,
brannte vom Backsteingemäuer die innere Tünche;
hoch ins Gerüst soll nun Malskat, der Maler,
abermals steigen, damit uns die Gotik
nicht ausgeht.

Oder es spricht, weil ich nicht lassen kann
von der Schönheit, die Organistin aus Greifswald
mit ihrem R, das zum Uferkiesel gerollt wurde.
Sie hat, genau gezählt,
elf Pfaffen überlebt und immer
den Cantus firmus gehalten.

Jetzt heißt sie, wie Witzlavs Tochter hieß.
Jetzt sagt Damroka nicht,
was der Butt ihr gesagt.

Jetzt lacht sie von der Orgelbank
ihren elf Pfaffen nach: der erste, son Mucker,
der kam aus Sachsen...

Ich lade euch ein: Denn hundertundsieben Jahre
wird Anna Koljaiczek aus Bissau bei Viereck,
das liegt bei Matarnia.
Ihren Geburtstag zu feiern mit Sülze, Pilzen und Kuchen
kommen alle gereist, denn weit
zweigt das kaschubische Kraut.

Die aus Übersee: Von Chicago her reisen sie an.
Die Australier nehmen den längsten Weg.
Wem es im Westen bessergeht, der kommt,
es jenen zu zeigen,
die in Ramkau, Kartuzy, Kokoschken geblieben,
um wieviel besser in deutscher Mark.

Fünf von der Leninwerft sind eine Delegation.
Schwarzröcke bringen den Segen der Kirche.
Nicht nur die staatliche Post,
Polen als Staat ist vertreten.
Mit Chauffeur und Geschenken
kommt unser Herr Matzerath auch.

Aber das Ende! Wann kommt das Ende?
Vineta! Wo liegt Vineta?
Seetüchtig kreuzen sie auf; denn zwischendurch
werden Frauen tätig.
Allenfalls Flaschenpost,
die ihren Kurs ahnen läßt.

Da ist keine Hoffnung mehr.
Denn mit den Wäldern,
soll hier geschrieben stehen,
sterben die Märchen aus.
Abgeschnitten Krawatten kurz unterm Knoten.
Endlich, das Nichts hinter sich, treten die Männer zurück.

Doch als die See den Frauen Vineta zeigte,
war es zu spät. Damroka verging,
und Anna Koljaiczek sagte: Nu isses aus.
Ach, was soll werden, wenn nichts mehr wird!
Da träumte die Rättin mir, und ich schrieb:
Die Neue Ilsebill geht als Ratte an Land.

Ertappte mich beim Vernichten von Knabbergebäck:
Salzstangen, in Gläser gestellt,
aufgefächert zum Zugreifen.

Anfangs biß ich einzelne Stangen
immer schneller und kürzer auf den Wert Null,
dann rottete ich in Bündeln aus.

Dieser salzige Brei!
Mit vollem Mund schrie ich nach mehr.
Die Gastgeber hatten vorrätig.

Später, im Traum, suchte ich Rat,
weil, hinter Salzstangen her, ich immer noch
bissig auf Vernichtung aus war.

Das ist deine Wut, die Ersatz,
bei Tage und nachts Ersatz sucht,
sagte die Rättin, von der mir träumt.

Aber wen, sagte ich, will ich wirklich
einzeln oder gebündelt
bis zum Wert Null vernichten?

Zuallererst dich, sagte die Rättin.
Es fand die Selbstvernichtung
anfangs privat nur statt.

Weil der Wald
an den Menschen stirbt,
fliehen die Märchen,
weiß die Spindel nicht,
wen sie stechen soll,
wissen des Mädchens Hände,
die der Vater ihm abgehackt,
keinen einzigen Baum zu fassen,
bleibt der dritte Wunsch ungesagt.

Nichts gehört mehr dem König Drosselbart.
Es können die Kinder sich nicht mehr verlaufen.
Keine Zahl Sieben bedeutet mehr als sieben genau.

Weil an den Menschen der Wald starb,
gehen die Märchen zu Fuß in die Städte
und böse aus.

Sag ich ja: nichts.
In ihr Loch stolpern die Wörter.
Nachträge nur noch.

Ein langes Gespräch über Erziehung,
das abbrach, ohne zum Schluß
zu kommen.

Nach letzten Meldungen.
Wie gegen Ende verlautbart wurde
und gleich darauf dementiert.

Zu guter Letzt versuchten einige Exemplare
der Gattung Mensch
von vorn zu beginnen.

Irgendwo soll gegen Saisonende
preisgünstig Anlaß für Hoffnung
gewesen sein.

Abschließend war von Gut und Böse,
und daß es so was nicht gebe,
die Rede.

Als aber,
oder auch Gott
mit seinen ewigen Ausreden.

Überliefert ist der Beschluß,
sich auf demnächst
zu vertagen.

Wir dachten, das sei ein Witz,
als uns plötzlich
das Lachen verging.

Immerhin war danach
niemand mehr hungrig
global.

Doch hätten zum Schluß viele Menschen
gerne noch einmal
Mozart gehört.

Mir träumte, ich hätte mich zur Ruhe gesetzt
und meine Malven stünden hoch vor den Fenstern.

Freunde kamen vorbei und sagten über den Zaun:
Wie gut, daß du dich endlich zur Ruhe gesetzt hast.

Und auch ich sagte in meiner Kürbislaube zu mir:
Endlich habe ich mich zur Ruhe gesetzt.

So, geruhsam betrachtet,
ist mir die Welt mein Grundstück groß.

Was mich juckt, darf nicht jucken,
weil ich zur Ruhe gesetzt mich habe.

Alles hat seinen Platz, wird Erinnerung,
staubt ein, ruht in sich.

Zöge ich Bilanz,
hieße mein Ruhestand wohlverdient.

Ach, träumte mir, spräche nichts drein,
säße ich glücklich ohne Bedarf.

Könnte doch sie – Rättin, ich bitte dich! –
auch zur Ruhe sich setzen.

Mit ihr kommt Heißhunger auf,
der läufig macht zwischen Tisch und Bett.

Da sprang ich, auf daß sie Ruhe gäbe,
mutwillig über den Zaun.

Beide sind wir nun auf dem Strich
und die Freunde in Sorge.

Es war einmal ein Land, das hieß Deutsch.
Schön war es, gehügelt und flach
und wußte nicht, wohin mit sich.
Da machte es einen Krieg, weil es überall
auf der Welt sein wollte, und wurde klein davon.
Nun gab es sich eine Idee, die Stiefel trug,
gestiefelt als Krieg ausging, um die Welt zu sehen,
als Krieg heimkam, harmlos tat und schwieg,
als habe sie Filzpantoffeln getragen,
als habe es auswärts nichts Böses zu sehen gegeben.
Doch rückläufig gelesen, konnte die gestiefelte Idee
als Verbrechen erkannt werden: so viele Tote.
Da wurde das Land, das Deutsch hieß, geteilt.
Nun hieß es zweimal und wußte,
so schön gehügelt und flach es war,
immer noch nicht, wohin mit sich.
Nach kurzem Bedenken bot es für einen dritten Krieg
sich beiderseits an.
Seitdem kein Sterbenswort mehr, Friede auf Erden.

Mir träumte, ich müßte Abschied nehmen
von allen Dingen, die mich umstellt haben
und ihren Schatten werfen: die vielen besitzanzeigenden
Fürwörter. Abschied vom Inventar, dieser Liste
diverser Fundsachen. Abschied
von den ermüdenden Düften,
den Gerüchen, mich wachzuhalten, von der Süße,
der Bitternis, vom Sauren an sich
und von der hitzigen Schärfe des Pfefferkorns.
Abschied vom Ticktack der Zeit, vom Ärger am Montag,
dem schäbigen Mittwochsgewinn, vom Sonntag
und dessen Tücke, sobald Langeweile Platz nimmt.
Abschied von allen Terminen: was zukünftig
fällig sein soll.

Mir träumte, ich müßte von jeder Idee, ob tot
oder lebend geboren, vom Sinn, der den Sinn
hinterm Sinn sucht,
und von der Dauerläuferin Hoffnung auch
mich verabschieden. Abschied vom Zinseszins
der gesparten Wut, vom Erlös gespeicherter Träume,
von allem, was auf Papier steht, erinnert zum Gleichnis,
als Roß und Reiter Denkmal wurden. Abschied
von allen Bildern, die sich der Mensch gemacht hat.
Abschied vom Lied, dem gereimten Jammer, Abschied
von den geflochtenen Stimmen, vom Jubel sechschörig,
dem Eifer der Instrumente,
von Gott und Bach.

Mir träumte, ich müßte Abschied nehmen
vom kahlen Geäst,
von den Wörtern Knospe, Blüte und Frucht,
von den Zeiten des Jahres, die ihre Stimmungen
satt haben und auf Abschied bestehen.
Frühnebel. Spätsommer. Wintermantel. April April! rufen,
noch einmal Herbstzeitlose und Märzbecher sagen,
Dürre Frost Schmelze.
Den Spuren im Schnee davonlaufen. Vielleicht

sind zum Abschied die Kirschen reif. Vielleicht
spielt der Kuckuck verrückt und ruft. Noch einmal
Erbsen aus Schoten grün springen lassen. Oder
die Pusteblume: Jetzt erst begreife ich, was sie will.

Ich träumte, ich müßte von Tisch, Tür und Bett
Abschied nehmen und den Tisch, die Tür und das Bett
belasten, weit öffnen, zum Abschied erproben.
Mein letzter Schultag: Ich buchstabiere die Namen
der Freunde und sage ihre Telefonnummern auf: Schulden
sind zu begleichen; ich schreibe zum Schluß meinen Feinden
ein Wort: Schwamm drüber – oder:
Es lohnte den Streit nicht.
Auf einmal habe ich Zeit.
Es sucht mein Auge, als sei es geschult worden,
Abschied zu nehmen, rundum Horizonte, die Hügel
hinter den Hügeln, die Stadt
auf beiden Seiten des Flusses ab,
als müßte erinnert verschont gerettet werden, was
auf der Hand liegt: zwar aufgegeben, doch immer noch
dinglich, hellwach.

Mir träumte, ich müßte Abschied nehmen
von dir, dir und dir, von meinem Ungenügen,
dem restlichen Ich: was hinterm Komma blieb
und kümmert seit Jahren.
Abschied von sattsam vertrauter Fremde,
von den Gewohnheiten, die sich recht geben höflich,
von unserem eingeschrieben verbrieften Haß. Nichts
war mir näher als deine Kälte. So viel Liebe genau
falsch erinnert. Am Ende
war alles versorgt: Sicherheitsnadeln zuhauf.
Bleibt noch der Abschied von deinen Geschichten,
die immer das Bollwerk, den Dampfer suchen,
der von Stralsund, aus der brennenden Stadt
beladen mit Flüchtlingen kommt;
und Abschied von meinen Gläsern, die Scherben, allzeit
nur Scherben, sich selbst als Scherben

im Sinn hatten. Nein,
keine Kopfstände mehr.

Und nie wieder Schmerz. Nichts,
dem Erwartung entgegenliefe. Dieses Ende
ist Schulstoff, bekannt. Dieser Abschied
wurde in Kursen geübt. Seht nur, wie billig
Geheimnisse nackt sind! Kein Geld zahlt Verrat mehr aus.
Zu Schleuderpreisen des Feindes entschlüsselte Träume.
Endlich hebt sich der Vorteil auf, macht uns
die Schlußrechnung gleich,
siegt zum letzten Mal die Vernunft,
ist ohne Unterschied alles,
was einen Odem führt, alles, was kreucht
und fleucht, alles, was noch
ungedacht und was werden sollte vielleicht,
am Ende und scheidet aus.

Doch als mir träumte, ich müßte
von jeglicher Kreatur, damit von keinem Getier,
dem einst Noah die Arche gezimmert,
Nachgeschmack bliebe, Abschied nehmen sofort,
träumte ich nach dem Fisch, dem Schaf und dem Huhn,
die mit dem Menschengeschlecht alle vergingen,
eine einzelne Ratte mir, die warf neun Junge
und hatte Zukunft für sich.

Mein Zorn, ein Straftäter mit Vorsatz,
darf nicht ausbrechen.
Einsicht hindert ihn, dieser dem Weitblick nur
durchlässige Zaun.

So, aus Distanz und gesättigt von abgelagertem Zorn,
der eingedickt reifte, wie Käse reift, sehe ich,
wie sie durchaus vernünftig
das Ende bereiten: sorgfältig im Detail.

Unbeirrbare Erzengel haben sich qualifiziert.
An ihnen scheitert unsere kleine Angst, die leben,
um jeden Preis leben möchte, als sei Leben
ein Wert an sich.

Wohin mit dem Zorn, der nicht ausbrechen kann?
Ihn in Briefen verzetteln, die Briefe,
nur Briefe zur Folge haben, in denen,
wie sie nun einmal ist, die Lage zutiefst bedauert wird?

Oder ihn häuslich machen,
auf zerbrechliche Gegenstände dressieren?
Oder ihn Stein werden lassen,
der nach Schluß bliebe?

Von keiner Einsicht umzäunt
läge er endlich frei
und gäbe versteinert Zeugnis, mein Zorn,
der nicht ausbrechen durfte.

Es sollen die grauen und schwarzen,
aus der Kreide gefallenen Steine,
die vor Møns Küste zuhauf liegen,
älter sein, als zu denken ist.

Wir sind Sommer für Sommer Touristen,
legen den Kopf in den Nacken
und sehen hoch zu den Kuppen der Kreidefelsen,
die Klinten heißen und dänische Namen tragen.
Dann sehen wir, was den Klinten und uns zu Füßen
gehäuft liegt: zu Körpern gerundete Feuersteine,
manche mit scharfem Bruch.

Nur selten und immer seltener,
wenn Glück uns wie Möwenflug streift,
finden wir Getier, das zu Stein wurde,
einen Seeigel etwa.

Abschied von Møn und dem Blick nach drüben.
Abschied von der Sommer- und Kinderinsel,
mit der wir älter und dänischer hätten werden können.
Abschied von Radaranlagen, die über Buchenwäldern
uns abschirmen sollen.

Könnten wir doch in Kreide uns betten und überdauern,
bis in fünfundsiebzig Millionen Jahren genau
Touristen der neuen Art kommen, die, vom Glück berührt,
Teilchen von uns versteinert finden: mein Ohr,
deinen deutenden Finger.

Kinder, wir spielen Verlaufen
und finden uns viel zu schnell.

Was hinter den Sieben Bergen liegt,
wissen wir nun: das Hotel »Hinter den Sieben Bergen«,
in dessen Kiosk niedliche Andenken
aus Zeiten der Unwissenheit käuflich sind,
als uns das Rumpelstilzchensyndrom
noch böhmisch war.

Jedes Märchen gedeutet. Im Seminar
stricken gute und böse Feen.
Das Genossenschaftswesen der Zwerge.
Die Hexe und ihr soziales Umfeld.
Hänsel und Gretel im Spätkapitalismus oder
was alles zum Drosselbartkonzern gehört.
In einer Fallstudie
wird Dornröschens Tiefschlaf behandelt.

Nach Meinung der Brüder Grimm jedoch,
wären die Kinder,
könnten sie sich verlaufen, gerettet.

Unser Vorhaben hieß: Nicht nur, wie man mit Messer
und Gabel, sondern mit seinesgleichen auch,
ferner mit der Vernunft, dem allmächtigen Büchsenöffner
umzugehen habe, solle gelernt werden
nach und nach.

Erzogen möge das Menschengeschlecht sich frei,
jawohl, frei selbstbestimmen, damit es,
seiner Unmündigkeit ledig, lerne, der Natur behutsam,
möglichst behutsam das Chaos
abzugewöhnen.

Im Verlauf seiner Erziehung habe das Menschengeschlecht
die Tugend mit Löffeln zu essen, fleißig den Konjunktiv
und die Toleranz zu üben,
auch wenn das schwerfalle
unter Brüdern.

Eine besondere Lektion trug uns auf,
den Schlaf der Vernunft zu bewachen,
auf daß jegliches Traumgetier
gezähmt werde und fortan der Aufklärung brav
aus der Hand fresse.

Halbwegs erleuchtet mußte das Menschengeschlecht
nun nicht mehr planlos im Urschlamm verrückt spielen,
vielmehr begann es, sich mit System zu säubern.
Klar sprach erlernte Hygiene sich aus: Wehe
den Schmutzigen!

Sobald wir unsere Erziehung fortgeschritten nannten,
wurde das Wissen zur Macht erklärt
und nicht nur auf Papier angewendet. Es riefen
die Aufgeklärten: Wehe
den Unwissenden!

Als schließlich die Gewalt, trotz aller Vernunft,
nicht aus der Welt zu schaffen war, erzog sich

das Menschengeschlecht zur gegenseitigen Abschreckung.
So lernte es Friedenhalten, bis irgendein Zufall
unaufgeklärt dazwischenkam.

Da endlich war die Erziehung des Menschengeschlechts
so gut wie abgeschlossen. Große Helligkeit
leuchtete jeden Winkel aus. Schade, daß es danach
so duster wurde und niemand mehr
seine Schule fand.

Im Schlaf noch, erstarrt in Erwartung,
weiß ich, was kommt: Mundgeruch, den ich kenne.
Schon stehen Antworten stramm.

Alle Geschenke dürfen verpackt bleiben
und jedes Geheimnis gehütet.
Diese Rolle seit Jahren geprobt.
Gesättigt vom Vorgeschmack, ist mir das Ende
aller Geschichte geläufig.

Was erwarte ich dennoch?
Stottern und aus dem Text fallen.
Liebste, daß wir uns fremd sind,
zuvor nie gewittert,
daß du mich durchlässig machst
für Wörter, die winseln und quengeln.
Nicht Hofferei mehr, Häppchen für Häppchen,
keine Pillen und gleichrunde Glücklichmacher,
Ängste aber vorm leeren Papier.

Noch flimmert die matte Scheibe
und sucht nach ihrem Programm.
Das Schiff will nicht kommen,
dem Wald lief die Handlung davon,
aus Polen nichts Neues, doch füllt
sich das Bild, und ich weiß: Du bist es, Rättin,
von der mir träumt.

Erstarrt in Erwartung, ahne ich,
was nun kommt: in Fortsetzungen
unser Ende.

Da stimmt doch was nicht.
Weiß nicht, was, die Richtung womöglich.
Irgendwas, aber was, falsch gemacht,
doch wann und wo falsch,
zumal alles läuft wie am Schnürchen,
wenn auch in eine Richtung,
die mit Schildern als falsch ausgewiesen ist.

Jetzt suchen wir die Fehlerquelle.
Wir suchen sie außer uns wie verrückt,
bis plötzlich jemand wir sagt,
wir alle könnten, mal angenommen zum Spaß,
die Fehlerquelle oder du oder du
könntest sie sein.
Wir meinen das nicht persönlich.

Jeder gibt jedem den Vortritt.
Während wie geschmiert alles
in falsche Richtung läuft,
von der gesagt wird,
es gebe, auch wenn sie falsch sei,
die eine nur, begrüßen die Menschen sich
mit dem Ruf: Ich bin die Fehlerquelle, du auch?

Selten sind wir so einig gewesen.
Niemand sucht mehr, wo was und wann
falsch gemacht worden ist.
Auch wird nicht nach Schuld
gefragt oder Schuldigen.

Wissen wir doch, daß jeder von uns.
Zufrieden wie nie zuvor laufen alle
in falsche Richtung den Schildern nach
und hoffen, daß sie falsch sind
und wir gerettet nochmal.

Die schönen Wörter.
Nie mehr soll Labsal gesagt werden.
Keine Zunge rührt sich, mit Schwermut zu sprechen.
Nie wieder Stimmen, die uns Glückseligkeit künden.
So viel Kümmernis sprachlos.
Abschied von Wörtern, die vom Mann im Land Uz sagen,
er sei nacket von seiner Mutter Leibe kommen.

Könnten wir fernerhin Biermolke
oder Mehlschütte, Honigseim, Krug sagen.
So barmen wir der Amme nach.
Wer weiß, daß der Specht einst Bienenwolf hieß?
Wer hieße gerne Nepomuk, Balthasar, Hinz oder Kunz?
Abschied nehmen Wörter, die um die Morgengabe,
ums Vesperbrot, Abendmahl baten.

Wer wird uns Lebewohl nachrufen,
wer flüstern, das Bett ist gemacht?
Nichts wird uns beiliegen, beschatten, beiwohnen
und uns erkennen, wie der Engel der Jungfrau
verheißen hat.

Zum Abschied mit Taubheit geschlagen,
gehen die Wörter uns aus.

Die Zwiemacht aus Zwietracht.
Zwiefach die eine Lüge getischt.
Hier und da auf alte Zeitung
neue Tapeten geleimt.
Was gemeinsam lastet, hebt sich
als Zahlenspiel auf, ist von statistischem Wert;
die Endsummen abgerundet.

Hausputz im Doppelhaus.
Ein wenig Scham für besonderen Anlaß
und schnell die Straßenschilder vertauscht.
Was ins Gedächtnis ragt, wird planiert.
Haltbar verpackt die Schuld
und als Erbe den Kindern vermacht.
Nur was ist, soll sein und nicht mehr, was war.

So trägt sich ins Handelsregister
doppelte Unschuld ein, denn selbst der Gegensatz
taugt zum Geschäft. Über die Grenze
spiegelt die Fälschung sich: täuschend vertuscht,
echter als echt und Überschüsse zuhauf.
Für uns, sagt die Rättin, von der mir träumt,
war Deutschland nie zwiegeteilt,
sondern als Ganzes gefundenes Fressen.

Immer noch liest die Großmutter aus dem Märchen
dem Bösen Wolf aus dem Märchen
aus dem Wörterbuch vor.

Sein Wolfsbauch, den ein Reißverschluß
öffnet und schließt, ist voller Wörter
aus alter Zeit: Wehmutter, Wehmut, Wehleid...

Jetzt findet die Großmutter in Grimms Wörterbuch,
von dem mittlerweile alle Bände aufliegen, den Namen
der Stadt Vineta, in der die Vineter wohnten,

bis die See über die Stadt kam. Da heult der Wolf
und will aus dem Mund der Großmutter mehr hören,
als über Vineta geschrieben steht.

Läuten, Geläut, Glockengeläut, sagt die Großmutter
zum Wolf aus dem Märchen, hört man
bei Windstille über der glatten See.

Ultemosch!
Die vielen Rechnungen nicht beglichen
und Aktenzeichen ungelöst.
Heiraten hätten geschlossen, Scheidungen
sollten vollzogen werden, Gütertrennungen auch.
Um den restlichen Urlaub gebracht.
Bevor nach dem Braten, weil es am Sonntag geschah,
Pudding dottergelb auf den Tisch kam.
Mitten im Satz, Schwur, Fluch und Gebet,
gleich nach dem Doppelpunkt,
Witze, vor der Pointe gekappt.
Was ich noch hätte sagen wollen...

So viel verdorbener Spaß.
Wo überall des Fleisches Lust kurz vorm Jetztjetzt
auf immer verging.
Der Grand ohne Vier geschmissen
oder ein Sonntagnachmittagsschläfchen,
das sozusagen kein Ende fand.
Was sonst noch ausblieb: mehrmals verschobene
Klassentreffen, die nächste Sitzung, Geburtstage,
der Lohnsteuerausgleich, die ersten Zähnchen,
das Wetter von morgen,
Gegenbesuche und Rückspiele,
Erbschaften, der bänglich erwartete Laborbefund,
Fälligkeiten, die Post.
Ach, und der lange versprochene Einkaufsbummel.

Wir hätten gerne demnächst die Tapete gewechselt.
Gerne wären wir, wie früher häufiger, zu zweit
ins Theater, danach beim Italiener gut essen gegangen.
Unter gewissen Bedingungen hätten wir gerne
noch einmal von vorne
und uns dies und das noch gegönnt.
Ferien auf dem Ponyhof hatten wir den Kindern,
uns aber wechselseitig mehr Rücksicht versprochen.
Auf Zweitwagen, Grimms Wörterbuch
und eine komplette Campingausrüstung wurde gespart.

Unser Plan hieß: endlich mal ausspannen
und Schluß mit dem Immerhöherundhöherhinaus.
Wir hätten noch gerne...

Natürlich hörten die vielen Kleinkriege und der Hunger
und mit dem Kapitalismus der Sozialismus,
mit Gut auch Böse und mit der Liebe der Haß auf.
Ganz neue Ideen nicht zu Ende gedacht.
Einfach abgebrochen die Schulreform.
Ohne Antwort die Frage nach Gott und so weiter.
Mag sein, daß einige Leute mit sich zufrieden waren,
dennoch blieben Wünsche, große und kleine offen.
Und auch der Goldpreis fiel, um nie wieder...
Weil.
An einem Sonntag.
Ultemosch.

Kennt man schon, dieses Ende.
Wurde laufendes Bild, wie wir verdampfen,
schrumpfend zur letzten Ekstase fähig.

Das kann uns, die wir Staubstürme und Dauerfröste
vorwegwissen, nicht überraschen. Gut informiert
werden wir aufhören, gut informiert zu sein.

Wir lächeln, wenn wir von Gruppen in Kanada,
Neuseeland und in der Innerschweiz hören,
die das Überleben trainieren.

Hart gegen sich und andere.
Danach auf Fortsetzung bedacht.
Stehaufmännchen und -weibchen natürlich.

Es soll, nach Übereinkunft, in Europa beginnen,
vernünftigerweise; das meiste begann ja hier
und griff dann über global.

So geht aller Fortschritt von uns aus.
Ein wenig müde der historischen Last datieren wir
aller Geschichte Ende.

Hexe, hexen, verhext.
Nicht drei Haare gerieben,
kein Bilsenkraut mischt sich drein.
Weder treibendes Korn noch überzählige Tropfen,
nicht das bannende, nicht das lösende Wort
sind vonnöten.

Wir wissen und haben gelernt,
den Kürbis mit der Zwiebel, die Maus
mit der Katze zu paaren.
Zwei Gene hier-, vier Gene dorthin: wir manipulieren.
Was heißt schon Natur! Zu allem geschickt,
verbessern wir Gott.

In alten Wörterbüchern finden sich nur
Chimären der niederen Art.
Bald wird der höhere Mensch gelingen;
unser Programm sieht ihn vor.
Gespeichert in Genbanken bereichert er täglich sich:
nicht nur begabt mit Vernunft.

Vor allen Tieren – noch vor dem Schwein –
teilt sich besonders gefällig
die Ratte dem Menschen mit,
auf daß er sich überwinde.

Sie kommen billig aus Hongkong und haben
an der einen, der anderen Hand
vier Finger nur,
mit denen sie Werkzeug, aber auch Tennisschläger
oder ein Blumensträußchen manierlich halten.

Aus eingefärbter Plastikmasse gepreßt,
sind sie dauerhaft
und werden – soviel steht fest –
das hinfällige Menschengeschlecht in Gruppen und als
einzelne überleben.

Das tröstet. Wurden doch sie uns, deren Leben
Mühe und Arbeit ist, schöpferisch nachempfunden;
es sind aber die Schlümpfe von heiterer Natur
und mit dem Hammer, der Sense,
dem Telefon allzeit spielerisch tätig.

Nichts kann ihnen die Laune verderben.
Was auch geschieht, fröhlich beginnt ihr Tag.
Nur ihre Sprache, die hierzulande Schlumpfdeutsch
genannt wird, könnte ihnen
am Ende vergehen.

Bleiben wird stumm ihr Grinsen
und rund um die Uhr
ihr Fleiß.

Und dann, und dann?
Dann kam die Währungsreform.
Und danach, was kam danach?
Was vorher fehlte, kam wunderbar Stück für Stück,
das meiste auf Raten.
Und wie ging es weiter, als alles da war?
Wir schafften uns Kinder und Zubehör an.
Und die Kinder, was machten die Kinder dann?
Fragen stellten sie dumm, was davor gewesen
und dann und danach war.
Und? Habt ihr ausgepackt alles?
Wir erinnerten uns
an das Badewetter im Sommer neununddreißig.
An was noch?
Schlimme Zeiten danach.
Und dann und danach?
Dann kam die Währungsreform.

Nicht dran rühren.
Wehe, es beugt sich wer,
wirft Schatten, wird tätig.

Nie wieder soll irgendein dummer Prinz
seine Rolle zu Ende spielen,
auf daß der Koch dem Küchenjungen
schallend die Ohrfeige austeilt
und weitere Folgen zwangsläufig.

Ein einziger Kuß hebt auf.
Danach geht alles, was schlief,
schrecklicher als zuvor
weiter, als sei nichts geschehn.

Aber Dornröschenschlaf hält
immer noch alle gefangen,
die freigelassen zum Fürchten wären.

Mehr und mehr ängstigen sich die Kinder.
Sie färben ihr Haar grell,
sie schminken sich schimmelgrün
oder kreideweiß,
um die Angst zu verschrecken.
Uns abhanden gekommen, schreien sie stumm.

Mein Freund, mit mir älter geworden
– wir sehen uns selten, grüßen einander von fern –,
der mit der Flöte, dem die Kadenzen
immer anders gelingen, hat seinen Sohn,
der zwanzig zählte, mehrmals beinahe,
nun ganz verloren.

Söhne, biblisch oder sonstwie versorgte,
entlaufen früh.
Niemand will mehr den sterbenden Vater erleben,
den Segen abwarten, Schuld auf sich nehmen.
Unser Angebot – immer billiger – rührt nur noch uns.
So leben lohnt nicht.
Für diese Strecke – nach unserem Maß –
haben sie keine Zeit.
Was wir aushielten, uns witzig ermunternd,
soll nicht mehr auszuhalten sein.
Nicht mal ein zorniges Nein wollen sie
gegen unser fleißiges Ja setzen;
knipsen sich einfach aus.

Ach, lieber Freund, was hat uns
so langlebig zweifeln gelehrt?
Von wann an irrten wir folgerichtig auf Ziele zu?
Warum sind wir möglich ganz ohne Sinn?

Wie ich um meine Söhne bange, um mich;
denn auch die Mütter, geübt im Allesverstehen,
wissen nicht ein noch aus.

Unsere Träume heben sich auf.
Beide sind wir hellwach
uns gegenüber gestellt
bis zum Ermüden.

Mir träumte ein Mensch,
sagte die Ratte, von der mir träumt.
Ich sprach auf ihn ein, bis er glaubte,
er träume mich, und im Traum sagte: Die Ratte,
von der ich träume, glaubt mich zu träumen;
so lesen wir uns in Spiegeln
und fragen einander aus.

Könnte es sein, daß beide,
die Ratte und ich,
geträumt werden und Traum
dritter Gattung sind?

Am Ende, sobald sich die Wörter erschöpft haben,
werden wir sehen, was wirklich
und nicht nur menschenmöglich ist.

Das haben wir nicht gewollt,
sagen die tief Betroffenen zu anderen,
die gleichfalls zutiefst betroffen sind:
so viel Betroffenheit von statistischem Wert.
Nie war die Einschaltquote so hoch.

Wir sind bestürzt! rufen Chöre
anderen Chören zu, die zutiefst erschüttert sind.
Mehrheitlich, wie sich auszählen läßt,
sind wir bestürzt und erschüttert zutiefst.
Danach ist von frisch gewonnener Festigkeit
und von Verlusten die Rede,
mit denen man leben müsse, so traurig das sei.

Die neue Mehrheit hat wieder Mut gefaßt
und läßt sich nicht unterkriegen so leicht.
Dennoch sollte der Mensch, heißt es in Kommentaren,
Betroffenheit zeigen können; wenigstens
nach der Abendschau ab und zu.

Nicht meine Ratte, ein schwarzes Klavier
träumte mir, das, von Kakteen überwuchert,
nach Europa, wo es verboten war, Klaviere zu halten,
überführt werden wollte.

Und in Europa, träumte mir,
fand sich eine letzte Pianistin,
die ihre Finger nicht von den Kakteen
und so weiter lassen konnte.

War kein Klavier, ein Bechsteinflügel war es,
der schwarz, doch nun grün überwuchert
nach einer Pianistin
herkömmlich europäischer Schule schrie.

Den Deckel über den Tasten
legte sie mit der Schere frei
und unten im Dickicht
beide Pedale.

Sie spielte in meinem Traum nur kurz
von Bartók was: schnell langsam schnell.
Dann wucherten neu die Kakteen; und alles
war grün wie in Brasilien zuvor.

Als mir wieder die Rättin träumte,
erzählte ich ihr. Deine Kakteen, sagte sie,
sind Einbildung nur, der Bechsteinflügel hingegen
ist eine Orgel, die überlebt hat.

Da hörte ich in Sankt Marien Bach: laut leise gewaltig.
Das Kirchenschiff mit Ratten gefüllt.
Die Organistin jedoch
war schöngelockt über die Schultern lang.

Wie in der Kirche das Amen,
alles ist vorbestimmt, weshalb auf vielen Papieren
und in Filmen, die spannend sind, unser Ende
bereits geklappt hat und nun Legende ist,
wie diese Geschichte aus Hameln, die gleichfalls
vorbestimmt war.

Als nämlich die Kinder mit ihren Ratten
verschüttet im Kalvarienberg saßen und die Zeit
nicht vergehen wollte, flüsterten sie
einander zu: Das ist nicht das Ende.
Man wird uns suchen und
finden bestimmt.

Die hamelnschen Bürger, die ihre Kinder samt Ratten
im Berg vermauert und dann
verschüttet hatten, beschlossen, ihre Kinder
zu suchen, taten, als suchten sie wirklich,
begaben sich auf Suche und riefen: Wir werden
sie finden bestimmt.

Nur eines der Kinder im Berg sagte zu seiner Ratte:
Man wird uns nicht finden, weil niemand uns sucht.
Das war schon, das weiß ich, vorherbestimmt.

Auf der Suche nach Unterschied zum Getier
wird gern als menschliches Sondervermögen
die Liebe genannt.
Nicht Nächstenliebe, die Tieren geläufiger
als dem Menschen ist, soll hier gemeint sein,
vielmehr geht es um Tristan und Isolde
und andere exemplarische Paare,
die selbst unter Schwänen
nicht auszudenken sind.
So wenig wir vom Wal und seiner Kuh wissen,
Szenen wie zwischen Faust und Gretchen
wären diesen Großsäugern fremd,
wenn nicht unnatürlich.
Höher als des Hirsches Brunst steht das Hohelied Salomonis.
Nichts Äffisches reicht an die Liebenden von Verona heran.
Keine Nachtigall, nicht die Lerche, nur der Mensch
liebt um jeden Preis, außerhalb der Saison, bis zum Wahn
und über den Tod hinaus.
Wie man weiß, möchten die Liebenden
einander auffressen sogar.
Das stimmt, Liebste: mit Haut und Haaren sogleich.
Vorher jedoch – und bei Lautenmusik –
braten wir uns ein Doppelstück
saftig vom Schwein.

Mir träumte, ich dürfte Hoffnung fassen,
den Krümel nur oder was sonst geblieben
auf Tellern leergefressen, und hoffen, daß etwas,
keine Idee, eher ein Zufall,
freundlich genannt, unterwegs sei,
ohne an Grenzen zu stoßen,
und sich verbreite ansteckend,
eine heilsame Pest.

Mir träumte, ich dürfte hoffen wieder
auf Winteräpfel, die Martinsgans,
auf Erdbeeren Jahr für Jahr
und auf der Söhne beginnende Glatze,
der Töchter Ergrauen, der Enkel Postkartengrüße,
hoffen auf Vorschüsse, Zinseszins, als hätte der Mensch
wieder unbegrenzten Kredit.

Ich träumte, ich dürfte mir Hoffnung machen,
und suchte nach Wörtern, geeignet, sie zu begründen,
begründet mir träumend Hoffnung zu machen.
Also probierte ich aus und sagte gute,
neue und kleine Hoffnung. Nach der vorsichtigen
sollte es plötzliche sein. Ich nannte sie
trügerisch, bat sie, uns gnädig zu werden.
Als letzte Hoffnung träumte sie mir,
schwach auf der Brust.

Mir träumte, ich dürfte hoffen zuletzt: Überall
legt jeder den Zündschlüssel ab, und bei offener Tür
sind die Menschen einander sicher fortan.
Es trog meine Hoffnung nicht: Sein Brot
kaut niemand mehr ungeteilt; doch jene Heiterkeit,
die ich erhoffte, ist nicht von unserer Art:
Lauthals lachen die Ratten uns aus,
seitdem wir mit letzter Hoffnung
alles vertan haben.

ZUNGE ZEIGEN

ZUNGE ZEIGEN

I

Schwarz ist die Göttin, Fledermäuse
lösen sich schwarz aus Bäumen,
die schwarz vorm Mond stehn.

Nicht mehr ach, weh und oh und: Jeder
Engel ist schrecklich. Kein Gedanke
steht an, Poren zu schließen.
Überfluß muß es sein, den anderes Klima
auf Eis gelegt hat.
Hier, hieß es zu Haus, wo niemand sich einläßt
auf was, extrem nichts sein darf
und einzig Ausgleich
als Terror erlaubt ist,
hier wird nicht geschwitzt!

Alle Schleusen gesprengt. Fließt,
tropft aufs Blatt,
macht sich mit Tinte gemein: Ich bin,
feuchte durch, lauf über
und setze lachend
schweißgetriebene Wörter, die eng stehn,
verschachtelt wie wir in den Pendelzügen
nach Ballygunge.

Der die das. Im allgemeinen Geschiebe wird
jeder Artikel gestrichen. Eigener
leckt fremden Schweiß. Was griffig,
entzogen (nun auch der Teppich, das Erbstück
unter den Füßen weg). Einander
abhanden gekommen, greifen wir über uns
und ins Leere; es sei denn,
einer der praktischen Griffe – notfalls
für jedermann – gäbe Halt.

Stille, nur schmatzende Geckos,
bis von der Straße der Bus nach Calcutta,
die Dauerhupe, der Gegenverkehr...
Und aus des Nachbarn Radio plärrt Liebe
wie überall.

Das jede Nacht.
Doch heute der Mond
als Zugabe voll.

2

Sie fielen einst – man vergaß zu datieren –
aus wessen, vergessen, aus wessen Hand
und liegen nun quer,
säumen das Pflaster gereiht,
von Schatten begraben oder ragen
ins Bild: Pavementdweller genannt.

Im Vorbeigehen ist es vorbei: Niemand
läßt eine Lücke.
Sieh nur die Schläfer! Totschläfer
sollen es sein, bäuchlings die meisten,
wie auf Fotos, so echt.

Durch Erlasse aufheben diesen Schlaf.
Aufräumen! Wer ruft aufräumen
und: Schafft das Blickfeld frei!
Weil zusehends niemand sterben darf,
wird der Tod (als Angestellter der Stadt)
von allen Parteien geschmiert.

Schon lächelt uns die Statistik: Alles
lebt nachweislich, macht sein Geschäft, quirlt.
Menschen aus jeder Richtung
sich hinterdrein. Ein jeder den anderen
mal tausend multipliziert.

So viel Wille von Tag zu Tag; nur überm Verkehr,
der stockt, sich verkeilt und löst,
um abermals zu versteinern,
jammern Hupen und jaulen Sirenen,
als müsse ein jeglicher Augenblick auf ewig
verklagt werden.

Fäulnis schwärzt und Grün sprengt Mauern
bis hoch zur säulengestützten Pracht
wildwüchsiger Kapitelle.
Unter haltlosem Stuck – Zahnlücken
in den Gesimsen – dauern die kolonialen Träume;
denn zur Teestunde – immer noch –
werden Geschichten getuschelt,
in denen auf Strümpfen
Lord Wellesley umgeht.

Werbung haushoch.
Die Weltbank bürgt.
Pläne, die Stadt zu retten, liegen zuhauf.
Und selbst die Müllberge
nahe der Straße, die nach Dum Dum führt,
sind, täglich erhöht, Kapital.
(Dazu sagt Lichtenberg in Heft 9,
das er in revolutionärer Zeit kurzgefaßt
mit Bedenken füllte: »In den Kehrigthaufen
vor der Stadt lesen und suchen,
was den Städten fehlt,
wie der Arzt aus dem Stuhlgang
und Urin.«)

Was fehlt denn?
Zum Sterben nichts, zum Leben,
das sprichwörtlich nackt ist, wenig mehr
als nur Wille.

3

Ein Sturz Aaskrähen. Blanke Schwärze
auf allem, was stinkt.
Geschnäbelte Unruhe
vor einem Pulk Hocker in verwaschenem Weiß,
die auf Fersen Zeit aussitzen.
Nichts bewegt sie. Die Mauer dahinter
gehört Parteien. Krähen und Hocker
kurz vor der Wahl.

Wer will klagen, wo jeder geständig,
wer rufen, wo jedem Geschrei
ein Echo voraus, wer hoffen noch,
wo Hammer und Sichel auf allen Wänden
verwittern?

Zu Bündeln verschnürt: Dicht bei dicht
lagert Zukunft auf geborstenem Pflaster ab.
Steig drüber weg, spring
über Pfützen, die von der letzten
Ausschüttung des Monsuns geblieben.
Was suchst du?
Dich hier – woanders verloren – zu finden,
hieße dich aufzurufen, als Bündel
dazwischengelegt: Dir hat es
die Sprache verschlagen.

Und brabbelst dennoch: Vom Nutzen
der Landreform, wenn sie nur käme.
Läßt dir (wie Sündennachlaß) mehr Wasserhähne
und Rikschalizenzen, Wörter aufschwatzen
wie Slumsanierung und Trockenmilch.

Erwiesen soll sein, daß neuerdings
ein bißchen mehr Menschlichkeit,
die woanders zu Dumpingpreisen
als Nächstenliebe im Handel,

zugenommen, selbst unter Brahmanen immerhin
zugenommen, um nullkommasechs Prozent
zugenommen hat, so daß wir hochgerechnet
im Jahr zweitausend...

Geduld, der Armut Mehrwert
und Überfluß.
In Reisfeldern Rücken
auf ewig gebeugt.
Nicht nur die Ochsen gehn
unterm Joch. Erstaunlich,
welche Lasten der Mensch.
Und lächelt im Elend noch;
das ist das Geheimnis,
sagen die Indologen.

4

Brüllende Tiger, die hier einst zahlreich
umgingen, nun auf Ladeklappen
gemalt; oder die Göttin schwarz,
wie sie die Zunge zeigt rot.
Blow Horn! bittet in Buntschrift (und nicht vergeblich)
ein Lastwagen den nächsten.

Kaum war das Rad erfunden,
wurde die Straße geplant,
erst dann ein Gott
dem Verkehrswesen überstellt.
Schlaglöcher seitdem und Achsenbrüche;
aber der Glaube auch, daß wir voran,
von Ampel zu Ampel
vorankommen.

Die hier zu Haus, rotzen Betelsaft drauf.
Hat die Krätze, das Pflaster,
treibt Pusteln, wirft Blasen, platzt,

kratzt sich wund, verschorft an den Rändern,
speit nachgeschütteten Schotter, Teerplacken aus,
was amtlichen Flickwerkern (zwischen Stromsperren)
einfällt.

Risse laufen sich selbst davon,
wollen als Spalt unterspült werden.
Nicht Löcher: Krater! Park Street,
Gandhi Nehru Tagore Road, keine der Straßen
hält dicht. Ihren Mischmasch plaudern sie aus,
erbrechen, was heilen sollte,
lachen sich schier kaputt
über laufende Kosten.

Unter der Sonne,
mitten im Gegenverkehr der Blinde.
Des Materials Geschrei, dem Tauben gewidmet.
Es kreuzt bei Rot ein Gedanke die Straße,
der heil, wenn auch platt
grad noch davonkommt.

Was hier zum Himmel stinkt
und niederschlägt abgewiesen,
war als Opfer gemeint
und findet nicht Gnade.

5

Dreimal geimpft und in Gedanken
immun gemacht. Kaum angekommen,
retten wir uns in Vergleiche.
Wir sind nicht hier.
Das trifft nicht zu.
Das schlägt auf den Magen nur. Das
sahen wir unterm Portal, wie eine Kanone,
die übriggeblieben, von Kindern
gestreichelt wurde.

Bis hoch in die Kuppel
füllt ihr Museum die Queen.
Auf einem der Bilder sieht man sie
lesend im Sattel,
während ihr Stallknecht – ein Schotte –
die Zügel hält: Victoria Memorial, des Empire
muffige Rumpelkammer einer Matrone errichtet,
die in Bronze vor steinernem Zuckerguß
gluckt.

Ein Zeitalter wurde nach ihr benannt.
Sie liebte die Inder, besonders die armen,
berichtet Lord Curzon.

Was aber wäre geschehen, wenn Hastings
nicht seinem Nebenbuhler,
vielmehr Francis beim Duell ihm
in die Schulter geschossen hätte?
Nach Gottes (seit Cromwell) parteiischem Urteil
traf aber Hastings und preßte Indien zum Kronjuwel
und ließ Calcutta pfennigfuchsend erblühen,
auf daß noch heute die Stadt
des Weltreiches Spottgeburt ist: lebenswütig
in ihren Müll vernarrt.

Von Pocken befallen des Hochmuts Glätte.
Vierspännig einst fuhr Dünkel
herrisch die Chowringhee längs.
Blieben davon stockfleckige Stiche
handkoloriert.

Wasserränder und Fliegenschiß! Es war das Klima
schon immer teuflisch; und auf den Friedhöfen
lagerten Jahrgänge sommersprossiger Burschen,
bevor sie Pulver gerochen.

Auch Kipling in Öl gemalt hier,
wie er fernsichtig über den Brillenrand weg
Provinzen erobert, um sie

in eine Idee zu kleiden: khakifarben
bis übers Knie.

(Und was, fragen wir uns beim Tee,
wäre geschehen, wenn Subhas Chandra Bose,
den wir auf Fotos zivil neben Hitler
und uniformiert grad noch in Singapur
auf einer Tribüne gesehen haben,
als Japans Puppe den Subkontinent befreit
und die Geschichte östlich von Suez
verkehrt hätte?)

Als wir an Betelverkäufern vorbei
treppab stiegen, saßen den Schafen im Maidan,
der Stadtpark heute und Schußfeld einst,
Krähen schwarz in der Wolle. Jemand mit Trommel
hatte am Strick seinen Affen dabei; der könne
uns tanzen: Indisch und Rock 'n' Roll.
Wolkenbrüche hatten die Straßen geflutet.
Dunst lag über der Stadt. Wie auf den Bildern
der Maler Daniell, die siebzehnachtsechs
mit Pinseln, Farbe und Staffelei
an Land gingen, glaubten wir
Venedig zu sehen.

6

Müll unser. Täglich, wenn nicht ein Streik
allen Rädern und auch der Zeit
in die Speichen fällt, karren Kipplader,
was die Stadt erbricht, nahe der Straße
zum Flughafen (VIP-Road genannt)
immer höher zuhauf, daß Landschaft entsteht,
die ihren Horizont täglich ändert
und vielen Kinderhänden, die wie die Kinder
müllfarben sind, Nährmutter,
Fundgrube ist.

Denn alles, ob Knopf oder Tube,
fällt auf, wird gesichtet, bleibt habhaft,
damit nichts, kein Coca-Deckel, kein Nagel,
die Ampulle, die Dose aus Dosen,
auch nicht die Scherbe von Scherben
verlorengeht.

Wer nennt Gerüche Gestank!
Was riecht, das sind wir.
Unser täglicher Nachlaß; nicht nur vom Reichen
fällt ab, selbst Mangel wirft hinter sich.
Das alles vermengt und gesiebt
gärt unterm nächsten Monsun und riecht:
Müll unser.

Doch gegraben in tausend
und etwas mehr Jahren,
wo unterm Schwemmland
nach letzter Sintflut das sagenhafte
Calcutta zu liegen verspräche,
fände sich nichts, nicht Tube, nicht Knopf,
kein Nagel, kein Coca-Deckel,
die Dose aus Dosen und die Ampulle,
die Scherben der Scherbe nicht.
Nichts wäre gesprächig:
stummer Müll nur.

Gegenwärtig jedoch
fanden wir mitten im Müll, wo er geebnet
schon Humus zu werden
und Gemüse zu treiben verspricht,
eine Schule in einem Schuppen versteckt.
Still hockten Müllkinder über Schiefertafeln
und übten bengalische Schrift.
Das Leben ist schön, hieß (für uns) übersetzt,
was sie zur Übung wieder und wieder
schrieben.

Vögel darüber. Gesichtet aus Vogelschau
ist alles möglich, sich nah.
Die Geier hier wissen zuviel
und plaudern aus, was morgen erst
in der Zeitung steht: Demnächst soll jener Computer,
den der Sohn eines Sweepers,
sagen die Geier,
in seiner Freizeit entwickelt hat,
steht in der Zeitung,
die Müllabfuhr steuern; nur der Gestank
lasse sich nicht...

7

Als es aus war, überlebten einzig
an einzigem Ort jene, die täglich
das Überleben gelernt und ihre Stadt,
der man das Sterben beispielhaft nachgesagt,
quicklebendig gehalten hatten; als
»betriebsame Hölle« und »charmantes Chaos«
lobten Werbeprospekte die westbengalische
Metropole aus.

So rührte sich, als überall nichts war,
eine Weile Calcutta noch und feierte
seine Feste und wählte, weil auch die Politik dort
kein Ende fand, mit großer Mehrheit ein Zeichen,
schon vormals als Hammer und Sichel
bekannt.

(Man hätte noch lange, trotz Streik
und Stromsperren, seinen Spaß haben können,
wäre – weil an den Polen das Eis schmolz –
den Hooghly flußauf die Flut
nicht gekommen.)

Wir bedauerten sehr, sagte die Rättin,
von der mir träumt, diesen Verlust.

War es doch unsere Stadt auch,
die verging. Uns stand dort Reis
auf dem Halm. Den Krähen und uns: Abfall genug.
Wie nirgendwo sonst waren wir dort
den Göttern lieb und den Menschen gleich.
Ihnen und uns war der Tod ein Handumdrehen
und Übergang nur.

Das schreib ich nicht weiter und weiter.
Nein, Rättin, nein! Jute soll wieder
den Markt erobern. Birla hat neu
einen Tempel gebaut. Es wird die Volksfront
die nächsten Wahlen. Und längs
dem Stückwerk der Straßen haben die Menschen
Bäume, umhegt von Bastkörben, Bäume,
Setzling nach Setzling
Bäume gepflanzt.

Schleppt sich auf Stummelknien, lebt.
Wimmelt, von Howrah Station verschluckt
und ausgespien sogleich, über die einzige,
unter der Last zitternde Brücke, will diesen Tag,
dem ein nächster gewiß ist, feiern;
und auch die Feste, Durga, Lakshmi, dann Kali Pujah,
die alles billiger machen, bleiben den Göttern
versprochen.

Hoffnung! Es sollen Millionenkredite über die Stadt
und Staatsbesuch (hinter Panzerglas) kommen.
Und selbst im Dunkeln – und ohne Zuspruch
der Ventilatoren – singen unbeirrt Dichter
zehntausend: Tagore Tagore...
Da ist, Rättin, kein Ende in Sicht;
es sei denn, das Ende fand schon
vor Anbeginn statt.

8

In gilbes Weiß, milchiges Braun
gekleidet, in kurzgeriebenem Fell,
vor Bahnhöfen, Tempeln, auf gärendem Abfall
oder dem kurvenden Rikschaverkehr
quergelagert und keinem Bus – staatlich
oder privat – gefällig; feierlich schreitend,
als befehle Sog diesen Umzug,
dessen Ordnung erlaubt, im Vorbeigehen
Pappe, Bast, Müll, letzten Auswurf zu weiden;
oder vor Lasten gespannt: Bambus,
zur Fuhre gebunden,
die schwingend hinter sich weist;
vor leerem Karren auch: des Treibers
Leichtgewicht nur.

Kühe und Ochsen, gehörnte Geduld
und das Joch noch geheiligt. Godan,
des bitteren Premchand (der sich in Urdu und Hindi
wundgeschrieben) unerschwingliche Kuh,
die billig im Kilo nur Moslems
auf Fleischbänken fasert und lappt;
hier liegt sie, käut wieder,
der beschleunigten Zeit im Weg, ist selber
Zeit, die sich austrägt und kalbt und kalbt.
Zärtlich in diesem Land,
dem Furcht vor Berührung Gesetz ist,
zärtlich allein sind der Kühe
und Kälber Zungen.

Lasten, nicht Zinsen und Zinseszins
oder angeborene Last: nieder als niedrig,
ausgewiesen zu sein, Wasser aus faulem Brunnen
nur ziehen zu dürfen; andere, faßliche Bürde,
Lasten getragen, als schwebten sie, Kopflasten
sind es, die kein Gedanke aufhebt oder
gewichtiger macht: Bananenblätter

um Packen geschnürt, unterm Jutesack,
den – niemand weiß, wer – zum Alptraum
blähte, geht, steht und geht
deutlich ein Mensch: für immer gezeichnet
durch aufrechten Gang.

Hängen und Würgen. Gegen Lohn, überall
wird geschleppt; in Calcutta jedoch
sahen wir Träger mit ihrer Last
durchs Nadelöhr schreiten.

Zuviel, das ist zuviel! Erleichterung
schlage ich vor, den Flaschenzug der Vernunft;
und gebe den Koffer ab, sehe, wie er erhöht,
mir voran, den Weg durchs Gedränge weiß,
während mein Wissen Begriffe ordnet;
Arbeitsteilung ist das, fällt mir
beim Zahlen ein.

Woanders nicht oder weniger: Geld
stinkt hier. Besonders die Lappen niedriger
Werte. Säuerlich haftet Geruch. Kaum sind sie
hingeblättert – Rupien über Tarif –, will ich sofort
die Hände, die Hände sofort mit Seife waschen.
Oder es käme mit rauher Zunge
heilig eine der Kühe.

Wenn sie sich legen, vor blassem Himmel
zum sanften Gebirge werden, dessen runde
und höchste Kuppe schroff zum Gehörn
und den Rücken lang mählich abfällt,
sind sie als Herde Landschaft,
beliebtes Motiv, bis jene vordergründig
gelagerte Kuh frißt, was ein Windstoß
austrug: wiedergekäut die Zeitung von gestern,
in der versteckt (zwischen Verschiedenem) steht,
daß in Bombay vieltausend
und mehr Liter Milch täglich

der Arabischen See beigemengt werden,
weil die Preise zu hoch, die Kaufkraft gering,
obgleich Bedarf überall und auf Plakaten
großäugig Kinder dürsten...

Jetzt stehen die Kühe. Jetzt wandert
die Herde. Die Landschaft
verläuft sich.

9

Geplant war Flucht. Wir entfernen uns,
sehen den Ozean branden, meiden
die kotigen Strände. Der große Tempel,
auf dessen Nebendächern – dort ist die Küche
für die Zehntausend! – Affen, die heilig sind,
turnen. Darüber, von Jaganaths Turm
geschlitzt, bringen Wolken Regen
auf Regen.

Es sitzt uns aber die ferne Stadt
im Nacken, geflutet seit Tagen,
weil überm Golf von Bengalen ein Tief
und alle Pumpen – sieben von elf in Betrieb –
vergeblich rund um die Uhr
und weil vor vierzig Jahren genau,
als in Calcutta Blut um Blut floß,
Leichen zerhackt in die Gullys gestopft
und seitdem quer im Kanalsystem,
auch flüssig kein Geld und immer nur Pläne,
so daß hochkommt seit gestern,
was abfließen soll.

Ausgespien illustre Monstren einer Geschichte,
vom Brechreiz datiert: Job Charnock samt
Schwiegersohn, bengalische Nawabs, jener,
der Siray ud Dulah hieß und an zwei Tagen

des Juni siebzehnfünfsechs das Schwarze Loch
aufmachte, eng genug, alle Briten zu schlucken,
die nicht übern Fluß davon, bis Clive von Madras
mit seinen gedrillten Sepoys
per Schiff kam, um eigenhändig: Rache,
Sumpffieber, Silber gemünzt;
später die Schlacht bei Plassey,
wie sie gemalt wurde; später (auf keinem Bild
museal) landweiter Hunger, der jeden dritten
auszählte... Alles kommt hoch: Divani,
der East Indian Company doppelte Buchführung,
gottgefällige Steuereintreiber; und wieder
Hunger, verdarben Millionen und mehr,
als die Japaner in Burma von Dorf zu Dorf
sprangen (Netaji Bose, das Führerlein im Gepäck);
endlich der Schnitt: hier Ost, dort West,
das Morden davor und danach,
Flüchtlinge blähten die Stadt,
bis sie (in Zeitlupe) platzte
und auslief.

Das alles, aus Gullys gurgelnd,
kommt hoch: Köpfe, wie Kokosnüsse so rund,
Schwänze, gebündelt, sortiert, dem einen Gott
gläubig, den vielen Göttern,
durchlöchert Klassenfeinde und Naxaliten,
Kali endlich, die unsere Zeit mißt:
Jetztzeit Letztzeit...

Da bietet sich doch noch (wie in Legenden)
Hilfe von oben an: Heut kam geflogen
der Sohn der mordend gemordeten Witwe, brachte
mit sich zentrale Gewalt, sie allen zu zeigen,
seht: im Niedrigflug über gefluteten Dörfern,
Reisfeldern, Vorstädten, Slums
und den Lagern der Sechshunderttausend,
die ohne Hütten und Buden im Schlamm
immer noch Wähler sind.

Stand aber, als der Himmelssohn landen mußte,
in weißer Baumwolle der strenge Basu
zum Abschied bereit. Den haben Säuberungen
(seit Stalin) gewaschen. Der hat Indiras
schlagende Goondas, man sagt,
sich selbst überlebt. Und lächelte nicht
und forderte Kerosin.

Da flog der Sohn der Witwe davon. Basu aber
schlug in Gedanken, weil schriftkundig
wie alle Brahmanen, bei Marx nach
vergeblich; denn keine Stelle im Kapital,
die sich auf Hochwasser kurz vor den Festen
der Götter bezöge.

Als wir den brandenden Ozean hinter uns
hatten und von Howrah Station über die Brücke
kamen, räumte die Stadt mit sich auf: Ziegelsplitt
in alle Löcher gekippt, Kolonnen Harijans
gegen den Schlamm, Ausrufer, kniehoch umspült;
doch haben die Zeitungen alle
heavy rains angesagt.

10

Starke Niederschläge unter weitab
verhallendem Donner. Nähergerückt
wäre es Poltern, als müßten bei Gegenverkehr
mit Stückgut beladene Laster
von Schlagloch zu Schlagloch.

Kommentierte Natur: Regen,
dem nicht der Faden reißt. Zeilenbrüche
und Doppelpunkte, drauf wörtliche Rede: Aller
versammelten Götter krause Geschichten, ihr
verbürgtes Gezänk. Krishnas kichernde Gopis,
gerüsselt Ganesh, nach dem auf Flaschen

ein Senföl benannt ist, Durga, die,
sich zur Feier, die Preise drückt.
Mantrisches Quasseln auf Wiederholung gestimmt.
Sanskrit, der Priestersprache Göttergeschwätz.
Und nur dem Trommeln fällt Wechsel ein
zum Erguß.

Doch als wir vom Vorortzug (zehn Uhr dreißig)
ab Baruipur über Mallikpur, Sonapur, Garia,
Baghajatin, Jodabpur, Dhakuria Richtung
Ballygunge Station, links rechts Felder
geflutet, aus Lehm, Stroh die Hütten
verinselt sahen (nur der Bahndamm,
die Bahnsteige alle – Zuflucht der Kühe – erhöht),
hörten wir, verkeilt im Waggon, den Blinden singen,
wie es Blinden zusteht, mit seitlich offener Hand
zu singen, damit fordernde Klage
sie kenntlich mache, ihnen Platz schaffe
und Nägel in Köpfe treibe; traf doch, damit
es schmerzte, des Blinden Lied immer wieder
die Stelle.

Diesmal war es ein Knabe,
dessen milchiger Blick ohne Ziel.
Seine spröde, gehärtete Stimme
drängte beiseite, schlug durch gepferchtes Fleisch
eine Schneise und schuf sich
in Schreien Raum, so daß gesungene Not
den Vorortzug (zehn Uhr dreißig) verließ
und niederschlug (nahe Sonapur war es)
auf sinkende Hütten,
die Flut.

Blieb aber leer die seitlich offene Kinderhand.
Es war der Blinde unter Taube geraten.
Wir gaben schnell und verschämt,
beflissen, nichts Falsches
zu tun.

(Später beim Tee trieb die Sprache
Verrat, mißriet mir der Knabe
zum schrecklichen Engel.)

II

Dahin bringt das Leben sich
über kurz oder lang: in krummes Geäst
gebettet, mit Knüppeln bedeckt,
die auf Schalen gewogen,
wie sie beim Jüngsten Gericht (aus kaufmännisch
frommer Sicht) in Gebrauch sein werden.
Hat seinen Preis, rötliches Brennholz,
gefällt in den fiebrigen Sundarbans,
darf nicht geringer ausschlagen
als der Kadaver.

Auf diversen Brandstätten – alle
an den mündenden Arm des Ganges,
ans Hooghlyufer gerückt – qualmen Stöße
über lustlosen Feuern, immer noch feucht
vom Wasser, das niederkam, wiederholter
Sturzgeburt gleich (und die Stadt
als Meldung in aller Welt Zeitung brachte).
Noch zögern die teuren Hölzer
und müssen belebt, mit Reisstroh
belebt, durch Gutzureden
belebt werden.

Geschmolzene Butter fettet die Leichen.
Drauf Blumen, wie sie, gleich süß von Atem,
zu lustigem Anlaß gebräuchlich.
Rot eingestrichen die Sohlen verdrehter Füße.
Blätter decken den Sterbeblick. (Jene Wörter jedoch,
die uns als Nachruf zur Hand – dahingegangen,
entschlafen, abgerufen in eine bessere Welt –,
sind nicht im Handel.) Die Toten hier
sind besonders tot.

Leergelebt nimmt Holz sie gefangen.
Mit stumpfen Zähnen frißt Feuer sich durch.
Mag die Seele woanders aufs neue,
Asche und Reste verkohlt kriegt der Fluß,
dem alles beigemengt wird: Scheiße,
Blüten, Chemie, der Badenden
nackte Gebrechlichkeit, der Schweiß
verwaschener Tücher.

Doch heute werden Durga und Lakshmi, wer noch,
mit Trara und Getrommel zum Hooghly gekarrt.
Das Fest ist aus. Auf sieben Tage
kam Götterbesuch: Strohpuppen, denen Tonerde
(getrocknet bemalt) fleischiges Aussehen gibt.
Zur Schau gestellt mit Getier: Löwe und Eule,
Ratte, Schwan, Pfau. Und an zehn Armen
glitzert in Händen Gewalt, damit das Gute
über das Böse und andere
dumme Geschichten.

In jedem Slum: Selbst die ärmsten
der Armen türmen ihren Altar.
Seht, wie altgediente Marxisten
sechstausend Bettler raus aus der Stadt
ins Abseits treiben, solange die Gottheit
ihr Fest gibt.

Gebete und Priester haben wie anderswo
ihren Preis; Schrecken verteilt sich
umsonst. Käme doch Zorn auf
und hielte an.

12

Sah drei Besen, nein, vier
tanzen im leeren Raum. Oder tanzte,
gebunden aus hartem Stroh, ein einziger Besen

die Räume leer und zeigte
in Abläufen Bild nach Bild,
wie unabänderlich er gedrillt;
während lachend der Unberührbare
draußen – macht euren Dreck weg allein! –
lachend davonlief.

Umgestülpt der Magen der Stadt. Sah
Denkmäler kopfunten. Was kriecht,
auf Beine gestellt. Sah die Reinen und
der Reinlichkeit höhere Töchter dem Müll
zugeschlagen in Lumpen (und nicht mehr
kichern). Sah Kolonnen Brahmanen – kenntlich
durch reinliche Schnur – Kloaken räumen. Sah
die Helden liebreicher Hindifilme weg
von der Leinwand ins Leben vertrieben,
das ihnen aufstieß, sie lehrte,
dünnflüssig unter der Sonne zu scheißen.
Sah großes Geld betteln nach
blecherner Münze.

Geduld am Ende, außer sich Wut, Kokosnüsse
zuhauf, vermengt mit Köpfen vom Rumpf, wie Hindus
und Moslems einst (unterm blondbewimperten Blick
letzter britischer Wohltat) sich messerscharf trennten
und der Göttin Geschäft besorgten, die schwarz
auf Shivas rosiger Wampe hockt; ihr Blick,
der nie blinzelt, liegt
überm Land.

Kali Pujah war angesagt. Ich sah
Calcutta über uns kommen. Dreitausend Slums,
sonst in sich gekehrt, hinter Mauern geduckt
oder ans Faulwasser der Kanäle gedrängt,
liefen aus, griffen um sich, hatten bei Neumond
die Nacht und die Göttin
auf ihrer Seite.

In Mundhöhlen ungezählt sah ich
der schwarzen Kali lackierte Zunge
rot flattern. Hörte sie schmatzen: Ich,
ungezählt ich, aus allen Gullys
und abgesoffenen Kellern, über
die Gleise: freigesetzt, sichelscharf ich.
Zunge zeigen: ich bin.
Ich trete über die Ufer.
Ich hebe die Grenze auf.
Ich mache
ein Ende.

Da vergingen wir (du und ich), wenngleich
noch immer die Zeitung kam und von mangelndem
Kerosin, von Hockeysiegen und Ghurkaland,
vom Sohn der Witwe hinter dem Panzerglas
und von Wassern erzählte, die sich allmählich
in Midnapur und im Hooghlydistrikt allmählich
verlaufen hätten.

(Auch habe das Fest, der schwarzen Gottheit zu Ehren,
friedlich seinen Verlauf genommen, sagte
der Telegraph.)

VIER JAHRZEHNTE

Tanz der Kakteen.
Weiß hält der Mörtel
Bräunlichen Tuff.
Mittags sind alle Bettler
Aus Stein.

Im Brunnen kühlen
Glühende Mütter
Die dunklen Hände.
Sie schreiten mächtig,
Von Krügen gekrönt.

Da, der König ohne Schatten
Legt sich aufs Dach,
Atmet durchs Fenster,
Steht schon im Garten,
Nun verstummt auch die Grille.

Daß mich das Licht
Nicht nur halbwegs beschieße,
Stand ich so auf,
Bot ein fröhliches Ziel,
Wenn mich des Morgens
Wimmelnde Pfeile
Schmückend versuchten.
Derber lacht es kein Hahn.
Mein Hut ist ein Sieb.
Mein Knie wessen Kugel.
Hoch auf der Säule
Wechsle ich lautlos die Beine.

FRÜHLING

Ach, nur ein pockiger Bengel
Schlug auf den Rand seiner Trommel.
Ein Baum und noch einer
Tönt wider: gelbe Gebrechen.
Seht meine Liebste.
Ihr Leib schwitzt Zucker und Salz.
Ihre Brüste: heillose Zwiebeln.
So kam's, daß ich weinte.
Draußen, im gläsernen Kasten,
Brüllende Hochzeit der Affen.
Unermüdlich vorm Zelt
Pendelt ein grämlicher Schlager
Und lockt mit der Hand in der Tasche.
Mürrisch putzt der Tyrann seine Zähne.
Nichts mehr zu beißen.
Friedlicher Pudding.
Hinter Butzenscheiben
Sitzen er und sein Zahnweh.
Hunger fängt sich drei Fliegen.
Sie schmecken
Wie Pfeffer und Salz.
Frühling?
Ach, nur ein pockiger Bengel
Spuckte vielfarbig ins Gras.

Im Hofgarten

Frühmorgens.
Pausenlos klingeln die Schläfen.
Sucht er im raschelnden Park?
Zählt er noch duftende Bänke?
Es dreht sich die Zeitung.
Leicht ist ein Tag.
Dann, mit dem einen Finger
Rührt er im Bier.
Leise knistern
Die Risse
Böser Vergleiche.
Schwarz-weiß pendeln die Kellner.

KIRMES

Mit den Knöpfen magerer Mädchen
sind die Gewehre geladen.

Eines Walzers endlose Laune
füttert hölzerne Pferde.
Muskeln laufen auf Schienen,
des müden Athleten geeichte Gewichte,
Herkules hebt sie in freundlichen Himmel
hoch, bis zum Beifall.
Der Schatten der Schaukel
trägt einen Berg ab.
Sankt Anna paßt auf,
daß niemand vom Seil fällt.

Zuspruch für Anna

Hab keine Angst.
Solange es regnet,
wird niemand bemerken,
daß deine Puppen weinen.

Fürchte dich nicht.
Ich habe den Revolver entmündigt,
alles Blei gehört uns,
wir könnten die Uhr damit füllen.

Hab keine Angst.
Ich werde die Geräusche fangen,
in kleine Schachteln sperren
und zur Post bringen.

Fürchte dich nicht.
Unsere Namen hab ich verkleidet.
Niemand soll wissen, wie wir uns nennen,
wenn wir uns rufen.

Unter der Treppe

Nüchterne Stufen schnitten die Engel.
Unter der Treppe blieb Platz,
sprechend niederzukommen.

Reste im Schmalz,
deutlich getönt
von verschiedenem Gericht.

Ein flüchtiges Glas,
im März behaucht.
So blieb es stehen, bestand, halbvoll.

Unter der Treppe verschränkt
den kleinen Nagel bewachen,
daran die Zettel trocknen.

KONTROLLE

Aussteigen mußten wir alle,
die Koffer mit Schlüsseln öffnen
und zeigen, was innen geschieht:

Den Knoten im Handtuch lösen,
die Schuhe als Schuhe beweisen,
drei linke Strümpfe, zwei rechts.

Ein Buch, ohne Widmung verdächtig.
Warum sind die Taschentücher
so unregelmäßig bestickt?

Den Kamm ließ man schnurren: aufs Tonband.
Die Zahnbürste sollte versprechen,
was unsere Zunge verschweigt.

Und dennoch hatten wir Glück: das Herz
lag zwischen den Hemden
und duftete harmlos nach Seife.
(Auch hatte niemand bemerkt, daß wir
den Tabak rollen im dünnen Papier,
daß Tabak, zur Zigarette gedreht,
gleich drüben – als Rauch – ihre Festung verrät.)

NARZISS

Wohin noch den Schoßhund
und ohne Leine
spazieren führen?

Er kratzt an der Tür,
pißt auf die Dielen,
bis ich mich spiegle.

Schön bin ich.
Das sagt mein Hund, der mir treu ist.
Dumm sind wir beide – aber unsterblich.

OHNE SCHIRM

Als es stärker regnete,
begann eine alte Frau zu weinen.
Die vorbeifahrende Polizeistreife
rief ihr zu: Nehmen Sie sich zusammen.
Es regnet nicht Ihretwegen.

GEGENAKTIONEN

Ich wiederhole mich ungern,
sagte der Papagei: Ich
wiederhole mich ungern.

Gott ist beweisbar,
sagte der Priester, stieg auf sein Fahrrad
und trat den Beweis an.

Die Tinte trägt Schuld,
sagte der Richter
und unterschrieb.

Mein Kopf schmerzt,
sagte ich
und zog die Schuhe aus.

KINDERREIME

Das kommt vom Lachen. Kommt davon,
wenn man die Treppen aufwärts fegt,
wenn man Gefühle überlegt
und lacht, wenn uns das Eis nicht trägt.

Vom Lügen kommt es. Kommt davon,
wenn man bei Gegenwind den Ofen schilt,
wenn man den Spiegel küßt, sein Spiegelbild
belügt und Schonzeit fordert, wie fürs Wild.

Das kommt davon. Es kommt vom Weinen,
wenn Hemden doppelt und die Gabel quer,
wenn wir vom Lachen, Lügen leer
und leergeweint sind: folgenschwer.

IRRTUM

Da liegt ein Gedicht in der Luft
oder ein Glied aus der Kette,
die vorletzte Zigarette.

Ich denke an eine Scholle,
lege mich flach auf den Grund
und scheuer mich unterhalb wund.

Am Ende sitz ich am Tisch.
Neben mir will meine Schere
Papier abschneiden und Ehre.

Papier und Tabak sind billig.
Der Aufwand ist schnell verpufft.
Es lag kein Gedicht in der Luft.

UNRUHE

Verschossen alles, Zunge, Katapult.
Wo sind noch Ziele wortgerecht?
Kein Stuhl hält stand, vierbeinig geht er durch.
Wohin? Ich war schon. Komm daher.
Und Ekel, nun ins Futter eingenäht,
reist mit, zahlt nach: zuviel Gewicht.
Wegwerfen wollt ich, was ich warf,
wuchs nach. Zu viele Buckel abgetragen.
Und ihr Gerüche, igelgleich schon da.
Auf jedem Bahnhof Zwinkern und Bekannte.
Das Echo landet, eh das Wort
sich von der Piste hebt und fliegt.
Erbrochen unter Zellophan
hält sich der Karpfen blau bis nächstes Jahr.
Ich war schon. Komm daher. Wohin?

Der Tabak fusselt, Tabak ist gewiß.
Schnee, wenn er fällt, ist ziemlich neu.
Nur manchmal eine Stimme,
falsch verbunden,
die haftet hohl, trifft, saugt sich fest.

Gelächter angekündigt

Nicht alle Uhren blieben stehen.
Zwischendurch ticke ich.

Der Zuseher, Platzanweiser.
Die kleine Sicherheit
lag vor der Schwelle,
verbellte Störungen,
ließ euch schön sein.

Später, schon auf der Flucht,
aß ich faule Austern.
Das machte mich kotzen,
bis das Zäpfchen geschwollen.

Jetzt hat die Mode gewechselt.
Auf einmal Tragik mit Fransen.
Schon suche ich Hallräume,
weil ich lachen werde, demnächst.

Komisch im Doppelbett

Alleine benimmt sich auffällig,
will nicht allein sein.

Alleine macht Sprünge,
will Beifall für Sprünge.

Alleine verträgt sich nicht,
hört sich, sich kratzen.

Alleine kauft ein: Glocken, Hupen,
Geräte, die Lärm machen.

Alleine geht aus, trifft sich,
bestellt für sich doppelt.

Alleine schläft allein
und nichts stört.

FREMDSPRACHE

Leer zurück.
Klopf mal dran.
Hat einen Sprung.

Der Ruf nach Hilfe kommt jetzt oft.
Nur noch nachgießen, Feuer geben
kann rundum abhelfen.

Wohin bin ich weggestellt:
allenfalls teilweise, falls gesucht,
aufzufinden und frei zur Benutzung.

Sag mal was. Los. Sag mal.
Aber da kommt nichts.
Nur fehlerlos Fremdsprache.

Prag nachdem

Ich vergaß Dir zu sagen.
Du hättest mir sagen sollen.
Du wolltest mir sagen.
Hätte ich Dir doch gesagt.

Verschleppte Worte,
die an der Bahnsteigkante zurückbleiben.
Die euch abgehört haben,
haben das Band gelöscht.
War nichts drauf: nur Kopfschmerz
und zerredete Liebe.

WIR

Klauben die Reste,
staunen, wieviel noch,
zählen gutwillig doppelt,
was sich in Winkeln totgestellt hat.

Schau mal, da liegt noch,
blieb unbenutzt übrig,
weil schwer zu bedienen,
vierhändig allenfalls.

Komm. Mal probieren.
Jeder zahlt drauf.
Was rauskommt, ist richtig.
Oder wir reiben uns auf:
das gibt Wärme.

Vladimir nachgerufen

Als der Vorhang zuschnurrte,
die Nummer gewechselt wurde,
Musik nachschepperte
und die nächste Abdankung
auf dem Prager Zentralfriedhof
vor der Tür drängte,
glaubte ich, neben Anna zu stehen.

Aber ich stand nicht richtig.
Seitdem versuche ich, mich richtig,
nicht daneben, nicht dazwischen,
– wenn es ginge – auf etwas zu stellen.

Es muß komisch aussehen,
wie ich rutsche und keinen Stand finde.
Wir könnten alle darüber lachen,
auch du.

Zurück zu den Schnecken

Die knisternd trocknende Gleitspur.
Der pfuschenden Zeit zur Kur überlassen.
Aussparen, weghören, übertünchen
und vom Ersatz erstaunlich gut leben.

Aufsagen und glauben:
Ich bin zu befriedigen.
Ich finde für Stunden Gehör.
Ich wohne auch leihweise.

Indem wir die Fühler sichern lassen
und bereit sind, den Rest zu verwerten,
setzen wir uns vorsichtig fort.

Als Kupfer wieder zu steigen begann

Schönfärber September.
Bei Rotwein und Käse sehe ich auf der Mattscheibe
Allende sein letztes Interview sprechen.
Das Stichwort tragisch ist aufgerufen.

Bürgerkrieg oder Bildbände,
in denen ihr blättern werdet.
Als Kinder spielten wir Alkazar auf dem Pausenhof;
niemand wollte als Republikaner sterben.

Schlußworte vorgestellt.
Auch wenn die Arbeiter siegen,
sagt Salvador Allende,
verlieren werden auch sie.

Empörung und Resolutionen
sind jetzt billig zu haben;
nur der Kupferpreis steigt.

Als in Chile

Das war, als der Kupferpreis stieg.
(Wo sich die Ohnmacht, dank Klimaanlage,
frischhält.)
Ich saß den Vertretern der Vereinten Nationen
im Rücken.
Neuerdings zwischen ihnen die Vertreter
der zu gründlichen Nation.
Brandt sprach seinen verkürzten Text.
Wie aus der knappen Anklage mit Hilfe der Schere
eine längliche Klage wurde.
Der ausgesparte Name, das nichtgenannte Land.
Grübelndes Deutsch voller Bedeutung und ungenau.

Es wird Vernunft beschworen,
als müsse die unbefleckte Empfängnis,
etwas, das nicht mehr bestritten wird,
immer wieder beteuert werden.
Seine Warnungen haben – er weiß es –
wie Tempotücher nur kurzen Nutzen.
Auch Hunger ist Krieg! – Ein Ausruf, so richtig,
daß ihn kurzerhand Beifall erschlägt.

Es war wie Federnblasen. (Und er hält
viele gleichzeitig
und erstaunlich in Schwebe...)

Zum Schluß platzen die Nähte
seiner geschriebenen Rede.
Siebenmal: Laßt uns mutig und miteinander...
(Stoppuhren messen Applaus.)
Auch die anderen Deutschen
– ich saß in ihrem Rücken –
klatschten kurz mit.

Draußen war anderes wirklich.
Die Glasfront am East River

spiegelte September: Watergatezeit.
Da steht ein Denkmal, sowjetische Spende:
In Bronze gegossen
schmiedet ein nackter Mann sein Schwert zum Pflug.

Später (jenseits vom Protokoll)
gingen wir abgeschirmt auf und ab.
Der Friedenspreisträger. Ich wollte ihn zum
Fischessen – Butt oder Brasse – einladen;
aber er durfte privat nicht.

Bei hundert Grad

Jedesmal staunen,
wenn das Wasser im Kessel
zu singen beginnt.

Frühes Ungenügen

Kein Traum, die wache Einsicht,
daß jener Aal,
der meinen Schlaf teilt,
jetzt, da es graut und erste Motoren
das Dorf vierteilen,
neue Laichgründe sucht;
unsere Decke ist ihm zu kurz.

KEIN APFEL

Es wäre wohl alles anders,
auch zwischen dir und mir,
wenn sie, die Birne, nicht er
uns Erkenntnis und Sünde
länglich und rund erlaubt hätte.

GEWITTERNEIGUNG

Genau gezählt sterben immer mehr Schweine
am Herzschlag.
Die Mast macht empfindsam.
Zucht ohne Auslauf, doch pünktliche Injektionen.

Der Bauer als Arzt. Wetterfühlig
steht er am Zaun und sagt Neurosen,
gewittrige Schwüle voraus.
Schon schreibt er eine der tragenden Sauen ab.

Später liegt sie (seitlich normal)
in ihrem Koben: straff
und mit bläulichen Zitzen.

Eine andere warf (Frühprägungen) bei Gewitter.

Zeitvertreib

Pilze stehn, hüte dich.
Angst, die sich selber glich,
sammelt und ängstigt sich
vor dem Wort sicherlich.

Sicher ist nur der Tod,
reimt sich wie Brot und Kot
notfalls auf Abendrot,
sicher auf Tod.

Angst, deshalb sitzen wir
vierhändig am Klavier
und rufen doppelt: hier,
wir heißen wir.

Es ist wie Dauerlauf:
Pilze Tod Angst zuhauf.
Liebe, die hört nicht auf,
nimmt sich in Kauf.

Gleichnis vom alten Schuh.
Stille, denn ab und zu
gibt auch der Dichter Ruh:
nichts trägt sich zu.

ANZEIGE

Jetzt suche ich was,
ohne finden zu wollen.

Etwas, bei dem ich alt werden
und verfallen darf.

Etwas mit Gütezeichen
und ohne Nebengeschmack.

Wüßte ich das benennende Wort, gäbe ich
eine Anzeige auf:

Suche für mich, nur für mich,
auch an Regentagen für mich,
selbst wenn mich Schorf befällt,
noch für mich...

Vielleicht meldest du dich, gesucht.

Jemand aus Radomsko

Auf Erbsen läuft Tadeusz.
Er kann nicht antworten.
Die Zunge liegt quer.

Aber ich höre.
Polen hat einen Mund.
Eigentlich leise, doch ungeölt.

Stellt ihm die Suppe warm.
Er könnte.
Und einen Platz für die Schuhe.

Noch engere Stiche.
Nähen macht heiter.
Sein Riß will nicht.

Alle Helden

Den russischen Admiral,
den Schweden, Dönitz, wen noch...
Ich lade euch ein,
noch einmal die See zu befahren
und eure Untergänge zu feiern,
daß Strandgut genug bleibt.
Sammeln will ich: Planken,
Bordbücher, aufgelistet Proviant
und Leichen angetrieben.
Auch soll des Paddlers gedacht werden,
der von Vitte aus, weil es ihn zog,
seinen Staat hinter sich ließ,
doch Møn nie anlief.
Keine Freiheit und dänische Butter.

Die neue Ilsebill

wird tätig. Seetüchtig
kreuzt sie auf und hat
alle Segel gesetzt.
Ich will versuchen, ihren Kurs,
der kein Wetter kennt, zu erraten.
Meldungen über torkelnde Herzschrittmacher.
Krawatten abgeschnitten, kurz unterm Knoten.
Keine Parkplätze mehr.
Nur das Nichts hinter sich
treten heroisch die Männer zurück.
In ihrem Kielwasser wollte ich schwimmen,
doch Ilsebill geht an Land.

Hundertundsieben Jahre alt

wird Anna Koljaiczek.
Ihren Geburtstag zu feiern
kommen alle, auch ich.
Weit zweigt das kaschubische Kraut.
Von Chicago her reisen sie an.
Die Australier haben den längsten Weg.
Wem es im Westen bessergeht,
kommt, um zu zeigen,
denen, die dageblieben
in Ramkau, Kokoschken, Kartuzy,
um wieviel besser in deutscher Mark.
Die von der Leninwerft
kommen als Delegation.
Gewiß ist der Segen der Kirche.
Selbst Polen als Staat
will sich vertreten lassen.
Alle wollen mit ihr sich feiern.
Auf liniertem Papier schreibt Anna Koljaiczek,
was gewesen ist all die Jahre lang...

In einem Märchen, dessen Anfang
nicht überliefert wurde,
ging beinahe alles gut aus.

Dann gaben die Hirsche (pfeifeschmauchend)
den letzten röhrenden Förster
zum Abschuß frei.

Worauf Mutter mit Gift im Birchermüsli
Vater vergiftete, weil er immer Orange sagte,
wenn Apfelsine gemeint war.

Und Vater erschlug Mutter
mit einem Briefbeschwerer aus Onyx,
weil sie sich immer ähnlicher wurde.

Die Kinder jedoch begruben
ihre Eltern hinterm Haus,
wo Platz genug war.

Das kommt davon.
Nur wenn die Familie gesund bleibt,
geht unsere Rechnung mit Gott auf.

Das alles geschah an einem Sonntag im Juni,
an dem, wie es hieß,
ein Bombenwetter herrschte.

So wurden die Mörder zu Opfern
und gingen straffrei aus.
Nur ein Rest blieb; doch der lohnt nicht.

Immer aufrecht, gut erzogen.
Sachlage nun, wegräumen!

So licht geträumt, lyrischer nie
gelingen uns Wälder:
durchsichtig, demnächst gläsern
wie die Taschen der Volksvertreter.

Schlanker noch als gedacht,
spröde, dem Wind übers Knie,
schön bis zuletzt und frei endlich
vom Nutzen.

Wanderer, du hast sie liegen sehen,
wie das Gesetz es befahl.

FÜNF JAHRZEHNTE

H. M. NACHGERUFEN

Dein Räuspern zwischen Halbsätzen gefiel.
Oder schüchternes Lächeln,
sobald dir ein Witz
besonders heillos gelang.

KARASEK

Ich meine den Bruder,
der sich aufrieb
und nie käuflich war,
während der andere
sich verplapperte,
billig zu haben.

Janssen in Hamburg

Welche Verschwendung.
Und die Stadt zu ärmlich
für das unmäßige Geschenk.
Zum Glück starb er schweigend
und ersparte den Bürgern Unflat.

Der Freund

Rühmkorf war hier.
Wir redeten drauflos.
Sein Tagebuch profitierte.
Und auch sonst pflegten wir
das Spargelbeet unserer Freundschaft.

Was Freud nicht wusste

Mit Feuersteinen,
zum Kreis gelegt,
einen Traum bannen.

Verhütet Zahnschmerz

Von rechts- wie linksgewickeltem Stacheldraht
den Rost bürsten, diesen im Wasserglas
mit hochprozentigem Alkohol verrühren,
damit vor jedem Schluck die Mundhöhle spülen.

Gut gegen Schnupfen

Eine luftgetrocknete Kröte
zur Winterzeit im Mörser zu Pulver stoßen,
das, in einen Beutel gefüllt,
unters Kopfkissen gelegt wird.

Haussegen

Den Hammer, der es noch tut,
die Sichel, die nichts mehr taugt,
über die Tür gehängt: schützt vor Besuch
und schreckt sogar Asseln ab.

Steif und fest behauptet

ist es nicht die Chemie, sondern Natur,
die den besonderen Pilz treibt,
der uns – mit Vorsicht genossen – erlaubt,
dem Alter aufrecht zu widerstehen.

Vorsorge

Mit heißer Milch
Gummistiefel ausspülen,
diese hinter sich schütten,
so Spuren verwischen.

In Reimen angeraten

Ein Vogelnest bis zum Rest
langsam zerkaut, gründlich verdaut,
beflügelt Peterlein ungemein.

Walter Höllerer nachgerufen

Ein schief in der Gegend stehender Vogel,
der sich aus Bayern
nach Preußen verflogen hatte, lachte,
daß den Bäumen im März schon
die Knospen sprangen, lachte mit Echo,
und notfalls die Linden frühzeitig gelb.

Fuhr meist auf Nebengleisen,
hielt an verkrauteten Bahnhöfen,
die Grabbe, Kleist, Niebergall und Jean Paul hießen.
Ich stieg mit ihm aus, verweilte,
während er schon woanders.

War mal hier, mal da,
spuckte reimlos gereimt Kirschkerne,
aber auch Vierzeiler, Langzeiler,
raffte Gedichte aus aller Welt,
die praktisch nicht Sinn machten,
aber – schrecklich und schön –
transit ihren Weg suchen.
Hatten später gedruckt ihren Preis.

Als Berlin vermauert am Tropf hing,
hüpfte er quicklebendig
in die Schwangere Auster
und verkündete lauthals
des Überlebenskünstlers Poesie
saalsprengenden Auftritt.
Er lehrte uns hochstapeln
und tanzen auf einem Seil,
aus Wörtern gezwirnt.

Geld gab er aus, zwölfhändig.
War aus Prinzip Verschwender.
Und alle zehrten von ihm:

heillose Dichter, fromme Buchhändlerinnen,
die Stadt, die nicht wußte,
wie ihr geschah.

Ach, wie sie ihm zu Füßen saßen,
wenn er die Götter – frisch- und altbacken –
vereinzelt oder in Gruppen auftreten ließ;
denn alle kamen, gelockt
von Schrägvogels Ruf.

War zugleich Projektemacher, Akzentesetzer,
    Silbenstecher,
Stifter, Gründer und Freund.
Viele Kostüme trug unser Vogel, der Walter hieß,
dem im Ticktack der Elefantenuhr
die Zeit und schließlich die Laune verging,
doch dessen Lachen uns glauben machte,
es gäbe – mit violetter Tinte geschrieben –
das Paradies und in ihm ungezählt viele Vögel,
darunter seltsam schräge.

EINZELVERÖFFENTLICHUNGEN

Der Säulenheilige

Hier ging der Unhold durch, grob mit breitem Gepäck,
Wo sperrig er anstieß, stehn lustig verrückt die Häuser.
Wohin er pißte, morsen die Pfützen dem Himmel Signale.
Ich aber, ein blauer Wald mit grünen Vögeln,
Ein säuerlich Brot voller witziger Steine,
Ich, zwar die Lüge, doch hoch auf der Säule,
Daß jeder es merkt,
Ich bin drei große Männer zusammen
Und spucke den Mädchen zwischen den Unsinn der Brüste,
Ich bin der Zwerg, der die Röcke der alten Weiber zählt,
Ich verkaufe Teppiche mit Motteneiern gespickt,
Auch zeige ich Amulette gegen den Schnupfen
Und schlage euch Nägel in die Köpfe,
Damit euch die Hüte nicht wegfliegen.
Ich habe einen Buckel aus Zucker,
Aller Unsinn leckte daran.
Ich bin die Feuerwehr, die jeden Durst löscht.

Ein Vogel prahlt
Im Gebälk seines Baumes.
Langsam schlendert
Das Wasser nach Hause.
Viele gehn mit
Und drehn sich oft um.
Die kleinen Feste der Mücken
Entzündet der Abend.
Wirr singt sein Gold
In der Tasche.
Sanft ist sein Tuch,
Feucht wie der Liebenden Haare.

LILIEN AUS SCHLAF

Zwischen den Lilien aus Schlaf
Müht sich des Wachenden Schritt.
Wüßt er die Zahl nur,
Das findige Wort,
Könnt er der Wolke
Den Regen befehlen.
Trockenes Horn.
Lachenden Tieres trockenes Horn
Spießt du der Liebenden
Traurige Zettel.
O ihrer Tage schnelle Verträge.
Es ist ein Kommen und Gehen
Zwischen den Lilien aus Schlaf.

Es ist ein Lachen tief unterm Schnee.
Denn auf der Lichtung
Zwischen der Schlafenden
Wechselnder Lücke
Hastet der Sand.
O du der Erde alter Verdruß
Wenn sich der Tote bewegt.
Es war ein Tier und ein Stern,
Die trauernd so sprachen.
Es war ein Schlitten überm Kristall,
Schön und mit Schwermut bespannt.
Es ist ein Lachen tief unterm Schnee.

Der Venus Blut käuflich in grauen Tabletten.
Magernde Sterne
Jagen die Dichter.
O diese Rufe im Schnee,
Ringe aus Gold und Geschrei,
Punkt
In der Landschaft aus Horn.
Es ist ein Kind darüber erwacht.

Es sah durch die Nähte der Nacht
Atemlos eilig
Die Zeit.
Der Venus Blut käuflich in grauen Tabletten.

SATURN

Wären es Hälse, nicht Weizen.
Träfe es Säulen, könnten da bärtige Kapitäle
Körnern gleich springen,
Ruth, mein lispelndes Heimweh,
mit ihren großen nackten Füßen
über die Stoppeln locken,
bis ihr zuteil wird und Nacht.

Dann, diese halbautomatischen Winde
mit ihrem Griff unterm Handschuh.
Nicht nur anklopfen,
würden sie eintreten, umhergehen,
die alten Bilder von den Wänden nehmen,
knapp hinter die Tapete greifen,
die dünnen blauen Scheine finden
und den Käfer, der nur seinen Anblick zurückließ.

Einmal nicht das Bett aufschlagen
und das Fleisch, nachdem es gesalzen.
Das Buch, die Stelle finden,
welche die Galle nennt
und die Absicht, die da beschreibt
des Geistes eigentliches Behagen,
die Unlust des Goldes um die Mittagsstunde,
wenn die Tinte zögert und ihre Quelle bedenkt.

Eine Notiz, welche den Namen halbdeutlich aussagt,
dann widerruft, am Ende zugibt:
Er hieß Saturn, schien mißmutig,
obgleich seine Geschäfte sich regelten,
sein Essig begehrt war,
seine Kinder kaum lachten,
sich schlafend stellten, wenn er,
zwischen ihren Betten,
seiner Absicht gedachte.

Brot und Romane

Blumen, Girlanden,
Disteln nun Städte, Berge jetzt offen
Mit goldnem Geweide.
Wind einst, nun Türen,
Drüber noch immer hinkt ohne Beifall
Des Garten Eden mürbe Girlande.

Rose Benzin.
Im Park der Gewehre stottert der Flieder.
Der Ramsch und die Reste,
Im Fenster die Asche, im Schutt beide Augen.
Geliebte aus Tee,
Rose Benzin.

Vögel nun Kräne,
Arm, ohne Süden.
Spechte verkleidet, morsende Maurer
Am Ohr der Fassade.
In den Gerüsten welken die Tage,
Rascheln im Laub Vögel nun Kräne.

Mit Brot und Romanen.
Einsame füttern Katzen und Ratten,
Summen von Söhnen, entzünden die Aster.
Herbst, o wie peinlich hört man die Lunten
Knistern und ahnt schon
Den Schluß der Romane.

FEIERTAGE

Immer wenn jemand Christkindchen sagt,
muß ich mir eine Zigarette anzünden.
Der Heiland dieser Welt
ruiniert meine Gesundheit.

ABSCHIED

Auseinandergehn
und das Licht ausdrehn
denn die Zeit ist knapp
und schon fast zu spät
fährt der D-Zug ab
bleibt der Bahnsteig stehn
wenn das Licht ausgeht
kannst du nichts mehr sehn
oder umgekehrt
bleibst du gleichviel wert
bleibt der Bahnsteig stehn
wenn der Zug abfährt
erst das Licht ausdrehn
dann nach Hause gehn
es ist fast zu spät
oder umgedreht

Würfel

Häuser,
denen kein Fundament gelang.
Unschlüssig nun, jeder Lage verfallen,
zeigen sie jeweils die andere Seite,
stehen oft auf der Kippe.

Jetzt sollen Mieter kommen,
seßhaft verständige Leute,
die keinen Keller verlangen,
Türen nicht, denen es immer am Schlüssel gebricht,
nur Fenster nach allen Seiten.

Ich meine nicht Würfelzucker,
in jedem Kaffee vergeßlich.
Wurftauben nicht,
die niemanden meinen
oder dem Falschen ins Fenster fliegen.

Neger mit schadhaften Stellen,
mit rollendem Weiß im Auge,
Artisten, die immer von selbst
zu Stand und Ansehen kommen,
und niemand kennt ihren Trick.

Jeder höhlt anders die Hand:
Zwei, das ist wenig genug,
weniger noch als eins.
Sechs, welch ein glücklicher Wurf,
sagte die Katze und fraß
drei ihrer Andenken auf.

Mein Radiergummi

Mein Radiergummi

Mit den Augen meines Radiergummis gesehen
ist Berlin eine schöne Stadt.

An einem Sonntag,
ganz erfüllt von Zahnschmerz und Überdruß,
sagte ich zu meinem Radiergummi:
Wir sollten verreisen, uns,
wie du es nennst, verkrümeln
und unseren Zahnschmerz verteilen.

Immer dem Aschenbecher gegenüber
haben wir uns aufgerieben:
Meine Taschen sind voller Eintrittskarten –
ich kann den Schlüssel nicht mehr finden.

Verlust

Gestern verlor ich meinen Radiergummi;
ohne ihn bin ich hilflos.
Meine Frau frägt: Was ist?
Ich antworte: Was soll sein?
Ich habe meinen Radiergummi verloren.

Gefunden

Man fand meinen Radiergummi.
In der Ruine des Lehrter Bahnhofes
half er den Abbrucharbeitern:
Klein ist er geworden
und nicht mehr zu gebrauchen.

Teamwork

Heute kaufte ich einen neuen Radiergummi,
legte ihn auf ein verbrauchtes Papier
und sah ihm zu.
Ich und mein Radiergummi, wir sind sehr fleißig,
arbeiten Hand in Hand.

Am Nachmittag

Wenn mein Radiergummi schläft,
schaffe ich mit beiden Händen.
Die Zeit will genutzt sein:
Mein Radiergummi schläft nur selten.

Ungläubig

Manche sagen, man könne die falschen Striche stehen lassen;
doch mein Radiergummi
läuft selbst den richtigen hinterdrein.
Kürzlich wollt er das Übel zu Hause treffen
und hat meinem Bleistift das Mark ausgesogen,
daß er jetzt daliegt: hohl und nicht mehr anzuspitzen.

Nachts

Bald ist es nicht mehr so hell
über den Dächern und Kaminen.
Mein Radiergummi und der Mond,
beide nehmen ab.

Abschied

Heute kaufte ich mir für Geld einen neuen Radiergummi.
Noch trage ich ihn in der Tasche, trage ihn hin und her.
Noch fühlen meine Spuren sich sicher, laufen mir nach –
wie einst ein Kellner mir nachlief, dem ich zu zahlen vergaß.

Heute kaufte ich mir für Geld
einen neuen Radiergummi.
Spurlos verkrümelte ich,
mein Bier bezahlte der Kellner.

Siebenundzwanzig Männer

Saturn, der saure Himmelsathlet,
kam zu uns, seinem Frühstück, zu spät.
Nun wimmelt der Mehrzahl, der vielfachen Stirn,
das Einhorn, ein Rest im Gehirn.

Wir siebenundzwanzig Männer;
doch Paschke bekam bald genug.
Er schoß nach dem Spiegel zweimal und traf
und weckte den Spiegel aus halbblindem Schlaf.

Als Fröbe nach der Butter schlug,
bis Wasser spritzte, schrie er: Betrug!
griff Kreide und schmierte der Katze ans Haus:
Nieder, nieder die Maus!

Der Schenker hat alle Fliegen gehenkt,
die Spinnen hingen schon,
hat einen stillen Mann gekränkt
und auch des Mannes Sohn.

Franz Loth stach einen Ofen tot,
erwürgte sein Handtuch im Zorn;
denn sah er Ofen, sah er rot,
ein Handtuch war ihm ein Dorn.

In Frankfurt, wo die Börse kracht,
der allgemeine Friedrich wacht;
saß einst wie wir im Staatsarchiv,
doch mit dem Staate ging es schief.

Und jener stürzte die Taube vom Turm,
und Hermann begrub mit Erde den Wurm.
So drückt man Kartoffeln die Augen ein,
erstickt man ganz langsam den atmenden Stein.

Wir hackten mit unserm gemeinsamen Beil
die Spitze ab einem einsamen Pfeil;
ein Schiff hat weder Bug noch Heck,
doch niemand glaubt an das Leck.

Dann spielten wir Schwermut und Einsamkeit,
dann schnitzten wir Sattel und Glück
und saßen – wir hatten uns selbst verziehn –
bald oben, und dann zerritten wir ihn,
den Hengst aus Chrom und Benzin.

Wir salzten den Honig, versüßten das Salz.
Wir schnitten der Ziege das Meckern vom Hals. –
Saturn, der saure Himmelsathlet,
kam zu uns, seinem Frühstück, zu spät.

Die Lüge

Ihre rechte Schulter hängt,
sagte mein Schneider.
Weil ich rechts die Schultasche trug,
sagte ich und errötete.

Frommes Wahllied für Katholiken, Schildbürger und Unentschiedene

Der Herr Jesus Christ
war einst Kommunist,
doch Sozi ist er heut',
hat von Herzen bereut,
hat SPD gewählt,
mit dem Himmel sich vermählt.

Bischöfe stehn links,
auch der Kardinal Frings
verkündet im Dom
einen Hirtenbrief aus Rom:
Vermehrt die SPD
mit katholischem Dreh.

Ursulinen, Klarissen,
die fromme Äbtissin
hat fleißige Nonnen
für Willy Brandt gewonnen,
hat SPD gewählt,
mit dem Himmel sich vermählt.

O heiliger Franz,
erlöse uns ganz
von Strauß und Konsorten,
soldatischen Worten;
erst im himmlischen Saal
gewinnen wir die Wahl.

Und selbst die Jesuiten
woll'n die Bundeswehr verbieten.
Maria zu Ehren,
woll'n Mönche vermehren
die fromme SPD
mit katholischem Dreh.

Der Dichter Heinrich Böll
schickt Nazis in die Höll.
Die Hölle macht zu,
wählt wie immer CDU.
Wählt schnell SPD,
denn die Hölle tut sehr weh.

Es stürzen Erzengel
Hans Globke vom Stengel.
Von Engeln begleitet
zur Wahlurne schreitet.
Sozialistischer Brauch:
Die Engel wählen auch.

Als Schildbürger seht
die Jünger in »konkret«.
Ich, Du, Müllers Kuh
wählen die DFU,
wählen nicht SPD,
solang Schilda in der Näh'.

FOTOGEN

Ich ging in den Wald
Fotografierte Eichhörnchen
Ließ den Film entwickeln
Und sah, daß ich zweiunddreißigmal meine
Großmutter geknipst hatte.

VERGLEICHSWEISE

Eine Katze liegt in der Wiese.
Die Wiese ist hundertzehn
mal neunzig Meter groß;
die Katze dagegen ist noch sehr jung.

Der Mann mit der Fahne
spricht einen atemlosen Bericht

Ich bin ein Held, ein regennasser Held!
Ihr alle habt von unten, wie ich oben.
Nein, weiß nicht wie, auf einmal rauf:
das mußte fix, damit der Rückzug nicht,
weil auf dem Dach vom Adlon vopoblau.
Ich also rauf. Wenn ich mal, dann.
Mit Hotten, weil der schwindelfrei, doch ich.
Zuerst mal Treppen, später Leitern,
die, als das Tor im Krieg, denn oben soll.
Als wir, nur Regen, Wind, kein Feuerschutz,
und auf dem Dach vom Adlon hatten vopoblau,
daß Hotten sich zuerst, doch ich,
weil unten ganz Berlin mit Linsen,
ich oben rangerobbt, da Hotten sich,
na Meter wieviel, grobgeschätzt,
bis an die Stange: oben schlaff.
Na, dacht ich schnell, doch Hotten kniff.
Und auch die Kurbel, denn der Draht.
Egal, weil unten ganz Berlin
das Maul nicht zu, wenn Vopo auch,
ich einen Satz gemacht und wär beinah,
weil es so glitschig auf die Fresse, klatsch.
Und zog, ich hing, die Füße frei,
ich sag Euch, Luft und obendrein,
nur langsam, überhaupt nicht, weil.
Das dauerte, ich zählte, hing;
von wegen nur Minuten, Jahre.
Und wollt nicht runter. Runter! schrie Berlin.
Da hab ich nochmal hundertdreißig Pfund,
und mußt mich dann, weil mir die Puste
und auf dem Adlon ein Mg.
Doch hätt ich nicht nochmal, dann wär sie nie.
Denn Hotten niemals, ich sie mit dem Messer.
Als nun der Mast alleine, kam von unten,

ich sag Euch, wie am Spieß, mir wurde schwach
und konnte nicht mehr, Hotten sollte,
weil schwindelfrei sie von dem Westgesims,
das von der Vopo auf dem Adlondach
schlecht eingesehen, denn sonst hätten die.
Na Mahlzeit: Birrr! – und wir zwei beide
platt auf die Schnauze, Hacken flach.
Nein, dacht ich, nein, und rollt mich weg,
doch hielt sie wie und ließ sie dann
von oben auf das Pflaster: klatsch!
Komm runter! rief Berlin. Mach runter.
Wobei ich mir mein Schienbein, als wir runter.
Auf Schultern hat man mich, auch Hotten.
Und jemand hat mir einfach seine Uhr.
Den Füller hat er Hotten, mir die Uhr.
Und andre mit dem Feuerzeug im Regen.
Doch da sie und nicht brannte, sondern,
hab ich sie, weil sie mir, nur mir,
mir dreieinhalbmal um den Leib,
und bin im Kreis, es haben Linsen,
wie ich gerannt, gerannt, ein Held,
mich hundertmal belichtet, weil ich bin.

Transatlantische Elegie

Zum Lächeln aufgelegt, und Erfolg, das Hündchen,
                                               immer bei Fuß.
So unterwegs im Lande Walt Whitmans, mit leichtem Gepäck.
Frei schwimmend zwischen den Konferenzen, getragen vom
Redefluß.
Doch während Pausen, solang sich gewürfeltes Eis
klirrend mit Gläsern ausspricht,
rührt es dich an und nennt seinen Namen.
In New Haven und Cincinnati von Emigranten befragt,
die damals, als uns der Geist emigrierte,
nichts mitnehmen durften als Sprache
und immer noch schwäbisch, sächsisch und hessisch
die gutgelaunte und jedes Wort streichelnde
Vielfalt der Zunge belegen,
in Washington und New York fragten sie mich,
mit Händen den Whisky erwärmend:
Wie sieht es aus drüben?
Sagt man noch immer?
Und eure Jugend?
Weiß sie? Will sie? Man hört so wenig.
       Es dehnte Schüchternheit diese Fragen,
       und sie erinnerten sich mit Vorsicht,
       als wollten sie jemanden schonen:
Sollte man wieder zurück?
Ist da noch Platz für unsereins?
Und wird mein Deutsch – es ist altmodisch, ich weiß –
nicht jedermann verraten, daß ich solange...?
       Und ich antwortete, den Whisky erwärmend:
Es ist besser geworden.
Wir haben eine gute Verfassung.
Jetzt, endlich, rührt sich auch meine Generation.
Bald, im September, sind Wahlen.
       Und als ich Mangel an Worten litt,
       halfen sie mir

> mit ihrer emigrierten und schöngebliebenen
> Sprache.
> Hört die Legende von drüben:
>> Es war ein tausendfältiger Bibliothekar,
>> der die Nachlässe jener verwahrte,
>> deren Bücher gebrannt hatten, damals.
>
> Er lächelte konservativ und wünschte mir Glück für den September.

Adornos Zunge

Er saß in dem geheizten Zimmer
Adorno mit der schönen Zunge
und spielte mit der schönen Zunge.

Da kamen Metzger über Treppen,
die stiegen regelmäßig Treppen,
und immer näher kamen Metzger.

Es nahm Adorno seinen runden
geputzten runden Taschenspiegel
und spiegelte die schöne Zunge.

Die Metzger aber klopften nicht.
Sie öffneten mit ihren Messern
Adornos Tür und klopften nicht.

Grad war Adorno ganz alleine,
mit seiner Zunge ganz alleine;
es lauerte aufs Wort, Papier.

Als Metzger über Treppenstufen
das Haus verließen, trugen sie
die schöne Zunge in ihr Haus.

Viel später, als Adornos Zunge
verschnitten, kam belegte Zunge,
verlangte nach der schönen Zunge –

zu spät.

Duell mit dem Geier

Nein, Geier, nein.
Mein Fleisch ist zu rein.
Glaub mir, daß ich nicht rieche.

Nein, Geier, nein.
Wie könnte ich dir bekömmlich sein,
da ein Engel mich ausspie.

Nein, Geier, nein.
Laß mein Gedärm und den Nierenstein,
sonst muß ich dich besingen.

Und ich besang einen Geier,
bis er mich ausspeien mußte.
Nein, Geier, nein.

Und wer will jetzt mich vertilgen?

Tränentüchlein

Ach, die Kinder wollen nicht schlafengehen,
immer was Neues fällt ihnen ein,
Sandmännchen sehen, Sandmännchen sehen.
Als unser Sandmännchen auf Wunsch der Zahnärzte etwas
gegen das Daumenlutschen unternahm,
kamen viele Protestschreiben, die vor Frühhemmungen,
oraler Lustbefriedigung warnten und unser
Sandmännchen baten, das Tränentüchlein zu schonen.
Ach, wie schwer ist es, gute Nacht zu sagen.
Sandmännchen West und Sandmännchen Ost
wollen einander nicht anerkennen,
beide müssen in einer Sekunde 25 Bewegungs-
phasen durchlaufen, nur Staatsverdrossene
ziehen das politische Sandmännchen
aus Adlershof unserem freiheitlichen Sandmännchen,
das nur beglücken will, vor.
Sandmännchen hat ein Eigenleben,
Sandmännchen ist eine kleine bescheidene Lebenshilfe,
Sandmännchen will die Frage nach dem Tränentüchlein
innerhalb einer gesamteuropäischen Friedensordnung
beantwortet wissen.
Bildstörung, Sandmännchen Ost hat Sandmännchen West
einen Brief geschrieben.
Jetzt haben wir ein Sandmännchen-Problem.

DANACH

Vom Fisch blieb die Gräte.
Luftige Zwischenräume,
in denen die Veteranen der Revolution
mit ihrem Anhang siedeln
und Wünsche
den Grünkohl von gestern züchten.

Tauschhändler.
Wer Bauchläden voller Lösungen bot,
singt jetzt die Leere an,
bis sie Mode wird.
Viele tragen jetzt sparsam geschnittene Mäntelchen,
denen Ärmel, Knöpfe und Taschen fehlen.
Keiner will es gewesen sein.
Was spielen wir jetzt?

Eine Eingabe machen.
Sich versetzen lassen.
In welches Jahrhundert?
Einen Zopf tragen und vor Publikum abschneiden dürfen.
Oder bei Völkerwanderungen zurückbleiben,
fußkrank und bald danach ortsansässig.

Als wir anfingen, dachten wir: erst mal anfangen.
Es war ja nicht so gemeint.
Eigentlich wollten wir das und nicht das.
Aber das kam nicht.
Das kam.
Das konnten wir nicht wissen.
Das gibt es nicht.
Das liegt hinter uns.

Was in Blubberblasen steht.
Einwürfe vom Spielfeldrand.

Warum das und nicht das?
Danach wechselte die Mode.

Ein Lernprozeß in reiner Anschauung
hat begonnen.
Wir leben anspruchslos.

In Putz geritzt bleibt.
Solange der Kot dampft,
ist die Inschrift neu.
Später gehen Sammler umher.
Kleine und längere Schreie werden aufgelesen.
Zum Beispiel dieser: Nein niemals nie!

Danach wurden die Möbel verrückt.

Diese Idee, so steil
und immer noch unbestiegen,
lockte die Bergsteiger aus aller Welt.
Sommer für Sommer verstiegen sie sich.
Schuld trugen die Zuschauer
mit ihrem: Zu hoch. Zu steil.

Die Abstände der Kastanien.
Oder mein Finger über dem engmaschigen Maschendraht.
Hier bin ich schon paarmal gelaufen.
Da hol ich mich ein.
Was reden die immer von Glück.
Froh bin ich, wenn ein Baum fehlt.
Aber regelmäßig stehen die leeren Kastanien.

Schon im Davor begann das Danach.
Es sah sich gut vorbereitet
und nährte sich umsichtig im Gedränge.
Schwierig, den Schnitt
zwischen davor und danach zu ermitteln.
Denn als man jetzt sagte, lagen schon Anträge
auf Verlegung des Jetzt vor.

(Später soll es an einem dritten Ort
teilweise stattgefunden haben.)
Danach wurden andere Dinge und Tatsachen fotografiert.

Die Flurschäden werden danach berechnet.
Danach sind wir verlegen
und suchen Witze von früher.
Danach kommen Rechnungen ins Haus.
Unsere Schulden vergessen uns nicht.

Meissner Tedeum

HERR GOTT, DICH LOBEN WIR.	Wen soll ich loben?
HERR GOTT, WIR DANKEN DIR.	Danken wem?
DICH, VATER IN EWIGKEIT,	Soll ich das Chaos loben?
EHRT DIE WELT WEIT UND BREIT.	Wen?
	Den parzellierten Unsinn?
	Wen?
ALL ENGEL UND HIMMELSHEER	
UND WAS DIENET DEINER EHR,	
AUCH CHERUBIM UND SERAPHIM	
SINGEN IMMER MIT HOHER	
STIMM:	Soll ich den Fortschritt,
	Recht aufs Einzelgrab,
	den Ledernacken loben,
	wen?
	Die Macht?
	Dich blindlings immerrecht
	hat die
	Partei?
	Wen soll ich loben? Danken wem?
HEILIG IST UNSER GOTT,	Soll ich dem Gott, einsilbig
DER HERRE ZEBAOTH.	Wort,
	einst auf dem Koppelschloß,
	dem Kreuzzugsgott,
	dem Gott auf Münzen, dem in Gips,
	wem soll ich danken, loben wen?
DEIN GÖTTLICH MACHT UND	
HERRLICHKEIT	
GEHT ÜBER HIMMEL UND ERDE	
WEIT.	
	Wer hüpft vom Turm,
	Gott Vater zu beweisen?

DER HEILIGEN ZWÖLF BOTEN
ZAHL

                      Wer redet atemlos,
                      bis die Bilanz verdächtig?

UND DIE LIEBEN PROPHETEN ALL,

                      Wer frißt in sich hinein die
                      Schuld,
                      damit kein Mörtel mehr und
                      kein Verputz?

DIE TEUREN MÄRTYRER ALLZUMAL

                      Wer schult das Recht um,
                      wer bucht Sünden ab?

LOBEN DICH, HERR,   Wer schafft dem Glauben
MIT GROSSEM SCHALL.   Büchsenlicht
                      und scheucht Gott Vater aus
                      dem Busch?

DIE GANZE WERTE CHRISTENHEIT
RÜHMT DICH AUF ERDEN ALLEZEIT.

                      Der Jäger hielt sein Pulver
                      trocken;
                      die Treiber sind, wie sagt
                      man, tot.

DICH, GOTT VATER IM HÖCHSTEN
THRON,
DEINEN RECHTEN UND EINIGEN
SOHN.
DEN HEILIGEN GEIST UND
TRÖSTER WERT
MIT RECHTEM DIENST SIE LOBT
UND EHRT.

DU KÖNIG DER EHREN,
JESU CHRIST,
GOTT VATERS EWIGER SOHN
DU BIST.

                      Du, meine Falle,
                      Du, mein Stolperdraht,
                      gebenedeite Pfütze,

meine brache und frischge-
pflügte Zungenweide.

DER JUNGFRAU LEIB NICHT HAST
VERSCHMÄHT
ZU ERLÖSEN DAS MENSCHLICH
GESCHLECHT.

Du, meiner Ziege leerge-
molkner Spott,
Schlag unterm Gürtel,
Hohn aufs Brot.

DU HAST DEM TOD ZERSTÖRT
SEIN MACHT
UND ALL CHRISTEN ZUM HIMMEL
BRACHT.

Du, meine Kirsche maden-
reich,
Du mehlig Apfel,
holzig Birnenfleisch,
Du wachsende Schlecht-
wetterfront.

DU SITZT ZUR RECHTEN GOTTES
GLEICH
MIT ALLER EHR IN'S VATERS REICH.

Du, mein gelobter Stein am
Hals,
gelobter Kübel bis zum
Rand,
Du stiller Pfahl im dankbar
Fleisch.

EIN RICHTER DU ZUKÜNFTIG BIST
ALLES, DAS TOT UND LEBEND IST.

Wir loben und danken,
wir nähen uns heiß.
Wir trennen die Naht auf
und fädeln die Zeit,
wir säumen den Nachmittag
ein.

                                Wir feuchten den Daumen an,
                                finden durchs Nadelöhr
                                Einlaß ins himmlische
                                Reich.
NUN HILF UNS, HERR,
DEN DIENERN DEIN,
                                Hilfe und Stundenlohn.
                                Schwestern der Schere gleich,
                                heften aufs Kreuz:
DIE MIT DEIM TEURN BLUT   rotgestickt Perlenblut.
                                Stigma wird Mode,
                                und Tüll wird zum Stein –
                                das Kleid muß bis Ostern
ERLÖSET SEIN;   doch fertig sein.

LASS UNS
IM HIMMEL
HABEN TEIL
MIT DEN HEILIGEN
IN EWIGEM HEIL.
                                Das kommt vom Loben,
                                Danken,
                                kommt vom Glauben, Hoffen,
                                kommt vom Lieben,
                                das kommt vom Lachen,
                                kommt davon,

HILF DEINEM VOLK,
HERR JESU CHRIST,
                                wenn wir des Nächsten Hei-
                                terkeit begehren,
                                am Eisen nur den Rost ver-
                                ehren,
UND SEGNE,
DAS DEIN ERBTEIL IST.
                                wenn sich die Reime, Hexen
                                auf der Heide,
                                ins Unkraut legen; Samt
                                küßt Seide,

WART UND PFLEG IHR'R
ZU ALLER ZEIT

    wenn Kunst sich auf des
    Messers Schneide
    verbeugt und um ein Lä-
    cheln wirbt,

UND HEB SIE HOCH
IN EWIGKEIT.

    wenn man mit Erbsen den
    Applaus verdirbt,
    bei Gegenwind den Ofen
    schilt,
    den Spiegel leckt, das Spie-
    gelbild verlacht,
    Gefühle überlegt,

WART UND PFLEG IHR'R
ZU ALLER ZEIT

    wenn man die Treppen auf-
    wärtsfegt
    und lacht, wenn uns das Eis
    nicht trägt.

UND SEGNE,
WAS DEIN ERBTEIL IST.

HILF DEINEM VOLK!   Das kommt davon. Das
    kommt davon,

    wenn uns die Sünde endlich
    leer
    gekehrt hat, sind wir folgen-
    schwer
    und loben Gott im Ungefähr
    mit Bitteschön und Dankesehr

TÄGLICH,   Eintopf aus   Lob und Dank.
HERR GOTT,   Bittgesuch   Rundgesang
WIR LOBEN DICH   Bohnentopf, noch nicht gar,

	Deckel drauf, Koch und Narr
	rührt schon das siebte Jahr –
	leis in der Suppe schwimmt
UND	Ekel. dein Haar.
EHRN	Blechmusik, Vorhang auf,
DEIN	kleiner Krieg, Schlußverkauf,
NAMEN	Traurigkeit, leicht verdaut.
STETIGLICH.	
BEHÜT UNS HEUT,	Wer hat dem lieben Gott
O TREUER GOTT,	einst das Konzept versaut?
VOR ALLER SÜND	
UND MISSETAT.	
SEI UNS GNÄDIG, O HERRE GOTT,	
SEI UNS GNÄDIG IN ALLER NOT.	
ZEIG UNS	Kein Dank. Kein Lob.
DEINE BARMHERZIGKEIT,	Alleine mit den Taten,
WIE UNSRE HOFFNUNG	klein und beschränkt im Vakuum,
ZU DIR	nicht zu verstoßen, zu erlö-
sen,	
STEHT.	nur irdisch mündig will ich sein.
AUF DICH	DICH, Zweifel, will ich ketten-
HOFFEN WIR,	rauchend rühmen,
LIEBER HERR,	DICH, eingekellert und ver-
lacht,	
IN SCHANDEN	DICH, ohne Paß, des Thomas
LASS UNS NIMMERMEHR.	standhaft Finger,
	und DICH, Vernunft, in deiner Ecke,
	die Eckensteherin Vernunft
	will ich laut rühmen –
AMEN	– NEMA! – gegen Wind,
	will – NEMA! – ich laut
	rühmen gegen Wind,
	will ich laut rühmen gegen Wind. –
	Nema!

Todesarten

Du hast sie gesammelt:
Schränke voll,
deine Aussteuer.

In leichteren Zeiten, als das noch anging
und die Metapher auf ihren Freipaß pochte,
wäre dir (rettend) ein Hörspiel gelungen,
in dem jener typisch doppelbödige Trödler,
durch dich vergöttert, alte Todesarten verliehen,
neue aufgekauft hätte.

Bedrängt von.
Keine kam dir zu nah.
So scheu warst du nicht.
Wichsende Knaben hatten den Vorhang gelöchert:
jeder sah alles, Seide und chemische Faser,
die jüngste Kollektion, bezügliche Zitate.

Todesarten: außer den windigen Kleidchen
diese probieren und diese;
die letzte paßte.

          (Als Ingeborg Bachmann starb)

V.

Männliches Handwerk.
Die Wüste hat einen Zweck.
Letzte Zigaretten werden gefilmt.
Bärtige Jugend lacht sich kaputt.
Später in Büchern: erbeutete Briefe.

Durch den offenen siegreichen Mund.
Khaki schrumpft mit der Haut.
Wieder zeugen die leeren Schuhe.
In Kommentaren relativiert.
Zuwenig Angst.

Die jeweils gerechte Sache.
Zwei Riesen rechnen ihr Spielzeug auf.
Gestern war es noch neu.
Alle machen das Zeichen V.
Im Jahre achtundzwanzig nach Auschwitz.

Vier Striche senkrecht einen quer.
So viel Tod.
Ich will nicht mehr zählen.

AUF DER DURCHREISE BIERMANN

Sitz nochmal sicher,
sag nochmal ich:
nicht zu stopfender Schreihals.

War bei seiner Oma in Hamburg gewesen.
Hatte befristet ausreisen dürfen.
Kam, bevor die Frist ablief, in die westliche Niedstraße
auf ein Stündchen, ohne Guitarre mit Koffer.

Er sprach von sich, vom Sozialismus und sich.
Sang auch belehrend paar Strophen und fluchte leise
zwischen den Zeilenbrüchen.

Wie verletzbar zierlich er ist,
wenn ihn das Fernsehen nicht vergröbert
oder der Haß seiner namhaften Gegner ins Abseits treibt.

Ging dann – die Schuhe standen schon auswärts –
und ließ uns sitzen,
damit wir über ihn nachdenken mußten:
satt vom Verständnis für seine Unarten,
überlegen freundlich besorgt, er könne ausgewiesen
                                         zurückkommen
und unnütz sein hier.

(Ich schenkte ihm den grafischen Hai,
der meine Kippen aufs flache Land kotzt.)

Neben den Zwiebeln

Ein Griff Rüben.
Möhrenfinger.
Karotte.

Köchin (Agnes)
deren eine, rührende Hand,
wo sie faßt, Wurzeln treibt.

Nicht Knöchlein – Opitz! – und Allegorie.
Auch nicht die hellgehungerten Chöre
des frommen Schütz,
wenn sie das teure sündige Fleisch beklagen,
während die Pest Fleisch billig macht.

Im Jammertal,
gleich neben den Zwiebeln,
aus fetter Erde Mohrrüben klauben.

Den Rest für die Suppe und Lauras Pferd.

Altes Eisen

Als nebenan über Nacht
das alte, seit zweihundert Jahren
um sein Gebälk schiefstehende
Haus des Nachbarn abbrannte,
so daß die Zeitung Totalschaden melden konnte,
blieben nur Schmiedenägel, krumme und gerade,
während mein Haus,
weil der Wind günstig stand,
um sein Gebälk schief stehenblieb
und alle Nägel behielt;
da lachte ich zwischen den Zähnen
und stiftete Bier für die Feuerwehr.
(Den Nachbar zahlte Gotha aus.)
Seitdem die Lücke.
Und altes Eisen:
meine gesammelten Zeugen.

Sargnägel

Woran ich mich halte,
wovon ich nicht lasse,
was an der Lippe mir hängt,
weshalb ich mit Rauchzeichen
mich beweise: Seht!

Noch lebt es, kringelt sich,
speichert Rückstände,
hält seinen Traum wach
und will sich verbrauchen,
wie da geschrieben steht
und aus Asche zu lesen ist:
Worte am Kreuz.

Seine Sargnägel (sieben)
aus anderer Zeitweil,
handgeschmiedet und kürzlich wiedergefunden,
als der Friedhof nahbei, weil außer Betrieb
(und neuzugewinnender Parkplätze wegen),
gründlich planiert wurde.

Deshalb rauche ich
gegen jede Vernunft.

Am elften November

Was von der Martinsgans blieb:
ihr mit dem Kleinzeug
abgesonderter Kopf.
Wir im Gespräch Aug in Aug
über den Heiligen
unter sozialem Aspekt.

Nicht die Füllung – Apfel und Beifuß –,
die Nadel nahm sie mir übel.

Lange nach Martin,
noch immer
kommen die Gänse aus Polen
und machen uns fett.

Müll unser

Suchte Steine und fand
den überlebenden Handschuh
aus synthetischer Masse.

Jeder Fingerling sprach.
Nein, nicht die dummen Seglergeschichten,
sondern was bleiben wird:

Müll unser
Strände lang.
Während abhanden wir
niemand Verlust sein werden.

TREUHAND

In diesem Sommer ohne Erbarmen,
Sommer, der zuschlägt, fallen sie von den Wänden,
der Decke, vom Fensterglas fallen sie,
liegen rücklings und flügelstarr,
bedeuten alles und nichts.

Treuhand sammelt die toten Fliegen ein.
Im zweiten Jahr der Einheit
liegt die Ausbeute anschaulich,
damit beim Zählen
kein Beinchen vergessen wird.

Hier warnt das Radio vor hohen Werten,
woanders ist Krieg,
anderswo werden Rekorde gebrochen.
Gleichmäßig und gerecht sät übers Land
Treuhand die toten Fliegen.

KÜCHENZETTEL

Hinterm Kaktus versteckt
sich etwas ausdenken, spitzfindig,
das verletzte Gefühl.
Risse, vergeblich, vernäht
oder stichhaltig ein Rezept: Man nehme
die Asche von zwölf verbrannten Gedichten,
verrühre sie mit fünf Eigelb,
gebe einen Teelöffel Zucker dazu,
geize mit Muskat
und nehme dieses Gericht
bereits am Montag zu sich,
bevor am Mittwoch
die Krise kommt.

SPÄTE NEUGIERDE

Die Felder kahlgeschoren,
der Himmel leergefegt.
Dieses Gedicht will als Drache steigen
und Ausschau halten:
mal sehen,
ob etwas Neues über den Horizont kriecht.

DEN KAMIN BESCHWEIGEN

Nur noch aufs Holz hören,
wie es immer wieder erschrickt,
und keine Gedanken verschwenden.

LUXUS

Warum erhebt der dänische Staat
keine Steuern
auf diese schamlosen Sonnenuntergänge,
die nur mit einem Glas Aquavit in der Hand
und mittels abwegiger Gedanken
zu bestehen sind?

Tour de Jemen

Als die Königin von Saba
ein Handy geschenkt bekam,
rief sie sogleich ihren König an,
»Flieg schnell her, Salomon«, rief sie,
»und bring dein Fahrrad mit.
Wir starten zur Tour de Jemen.
Die Fernsehrechte sind schon vergeben!«

Der Ball ist rund

Meiner hat eine Delle.
Von Jugend an drücke
und drücke ich; aber
er will nur einerseits rund sein.

Sommergedichte, geschrieben auf Møn

Brombeerzeit

Welche? – Als ich
mit dem Milchkännchen
in die Dornen ging?
Oder als trocken und hart
der Sommer zuschlug?
Nichts in der Kanne –
nur Yoghurt gefärbt mit Geschmack.

Beim Schwimmen

Weg, weg vom Feuer und seinen Schwüren.
Erde, klumpige, kann mir gestohlen bleiben.
Luft, in kleinen Rationen nur,
solange das Wasser trägt.

Am Fuß steiler Küste

Von Møns Klinten brach ein Stück
zu lange gelagerte Kreide ab
und beendete eine Ehe, weil die Frau
zurückgeblieben, der Mann um 50 rettende Schritte
davongeeilt war.

Mein Wald

Sag nicht, wo er dunkelt.
Sie könnten kommen, ihn zu erhellen,
bis er nur Lichtung ist
und nichts mehr geheim.

Das Eigene

Rauschen im Ohr.
Von fernher die Brandung?
Naher Verkehr?
Oder bin ich das?

Augusthimmel

Kein Staunen mehr oder Erschrecken,
weil viele so fern.
Nur Genickstarre vom Sternegucken
und ein Rest erklärbarer Schwindel.

Fünf Jahrzehnte

Nachwort von Werner Frizen

Heute, nach Jahrzehnten fast immer heißer Debatten um Günter Grass, ist es kaum vorstellbar: Der erste Gedichtband des späteren Medienkünstlers, *Die Vorzüge der Windhühner*, wurde seinerzeit von Presse und Rundfunk schmählich vernachlässigt. Ein paar freundliche, ein paar verständnislose Rezensionen und Kommentare, obendrein noch der eine oder andere ideologieverbrämte Verriß, selbst bei den Tagungen der Gruppe 47 nicht einmal mehr als lauwarme Resonanz und nach drei Jahren gut siebenhundert verkaufte Exemplare – das war das ganze Medienereignis, mit dem Günter Grass in die deutsche Literatur eintrat. Seinen Ruhm begründete er erst mit der Roman-Großform der *Blechtrommel*. Deshalb Grass zum reinen Epiker zu erklären, wäre voreilig und verfehlt. Er selbst hat des öfteren und mit guten Gründen den Gebildeten unter den Verächtern seiner Gedichte entgegengehalten, daß er ein Lyriker reinsten Wassers sei: »Am meisten liegt mir Lyrik ... Ich komme ja von der Lyrik her«, betonte er einmal in einem Interview. Alles, was er geschrieben habe, so spitzte er es im Paradox zu, sei »aus lyrischen Momenten entstanden, gelegentlich ... mit Ausweitungen bis zu 700 Seiten«. Tatsächlich führt der produktive Prozeß des Großschriftstellers immer wieder über Kleinformen, experimentelle Vorstufen, mit denen er die neuen Stoffe vermißt, zur Großform. Selbst sein exponiertester Antipode, Marcel Reich-Ranicki, der Grass' fünfzigjähriges Schaffen mit wahrlich nicht nur schmeichelhaften Kommentaren begleitete, hält den Lyriker in der öffentlichen Wahrnehmung nach wie vor für unterschätzt. Er, der so manches Volumen aus der Feder des Großepikers mit Wollust verriß, hat der deutschen Kritik »als Institution« ein regelrechtes Versagen vor dem ersten Gedichtband des Jungtalents vorgeworfen.

Was mag ihn dazu bewogen haben? Einerseits vielleicht die Vielfalt der Ausdrucksformen, mit denen der Debütant aufwarten kann. Da steht neben dem Idyllischen das Schauerliche, auf Feinfühliges folgt Freches, auf Besinnliches Blasphemisches. Die Lust am Augenblick löst die zu Tode betrübte Melancholie ab, der Ernst der Vergänglichkeit korrespondiert spielerischem Übermut, auf die Trauerklage des verwüsteten Polen folgt das obszöne Spiel mit dem »elften Finger«. Es könnte das quasibarocke Lebensgefühl gewesen sein, in die diese Antithesen eingebettet sind und das gerade die Überlebenden des Tausendjährigen Reiches verband. Das Erlebnis einer vom Großen Krieg und von überdimensionalem Grauen erschütterten Zeit, das Bewußtsein, in eine Fortuna-Welt geworfen zu sein, verbindet sie über die Jahrhunderte hinweg mit den Poeten des Pestelends und des Dreißigjährigen Krieges, wobei diese zentrale Erfahrung der Zeitlichkeit und Vergänglichkeit wie dort balanciert wird von einem Lebensgefühl der sinnlichen Daseinfreude, der leidenschaftlichen Affekte und des frohen Genusses.

Spannend auch zu sehen, mit welchem Selbstbewußtsein der Neuling schon mit dem ersten Gedicht in die Szene tritt. Dort stellt er sein lyrisches Ich in ein umhegtes Gärtlein zwischen Federvieh, lehnt »glücklich« am Zaun und bestaunt die Ausgeburten seiner Phantasie, zarte Gebilde offenbar, die er auf den ätherischen Namen der »Windhühner« getauft hat. Die Zeit mit ihren Zeitungen, Politik und Geschichte, läßt der phantasiereiche Poet draußen vor der Tür. Das ist nicht einmal ein Verlust für ihn, denn Windhühner, prall gefüllt mit Windeiern – Einfällen, Imaginationen, Erfindungen –, sitzen genug auf der Stange, genug, daß er mit seiner lyrischen Produktivkraft aus dem vollen schöpfen kann. Ein No-Name – der junge Mann hatte gerade einmal einen dritten Preis in einem Lyrikwettbewerb gewonnen – trumpft hier im Prolog seiner literarischen Laufbahn mit seiner schöpferischen Lust auf. Er tut dies an eben der Stelle, wo andere Große vor ihm die Musen – zumindest zum schönen Schein – um Beistand anflehten oder mit einer Bescheidenheitsgeste beim Leser punkten wollten. »Musenkuß« heißt eine bisher unveröffentlichte Zeichnung des jungen Günter Grass; sie stellt einen wiehernden Pferdekopf mit weit aufgerissenem Maul und ekelhaft gebleckten langen Zähnen dar. Von solch einer Bestie wollten auch die mehr oder weniger zornigen jungen Männer der neuen Literatengeneration nicht geküßt werden, doch sollte sie die raunenden Beschwörer des Dichter-Tiefsinns in die Flucht schlagen, die ihnen im Weg standen: die in den fünfziger Jahren florierenden Naturlyriker, die die Jungen als »Bewisperer von

Nüssen und Gräsern« verspotteten, die Überväter Benn und Brecht, deren langer Schatten über der Frontstadt Berlin lag, und die Autoren des Blut-und-Boden-Kitschs sowieso.

Der Debütant hat sich nicht umsonst die Windhühner zum Wappentier gewählt: Diese sind agile Geschöpfe, nicht leicht zu fangen und zu fassen, schon gar nicht festzulegen; denn sie sprechen ihre eigene Sprache. Nicht festzulegen: denn die Windeier können ihr spezifisches Gewicht leicht ändern und an Wirklichkeitsgehalt erheblich zunehmen. So daß es dann vorbei ist mit der Idylle, wie schon im vierten Gedicht des Sammelbandes, »An alle Gärtner«: »Warum wollt ihr mir verbieten Fleisch zu essen? ... Laßt mich vom Fleisch essen. / Laßt mich mit dem Knochen alleine, / damit er die Scham verliert und sich nackt zeigt. / Erst wenn ich vom Teller rücke / und den Ochsen laut ehre, / dann erst öffnet die Gärten, / damit ich Blumen kaufen kann – / weil ich sie gerne welken sehe.«(S. 12) Die Naturlyriker vom Schlage eines Wilhelm Lehmann oder Georg Britting haben in ihrer Geschichtsvergessenheit die deutsche Sprache vernutzt, die Bilder verbraucht. Das gesamte motivische Arsenal der naturlyrischen Ausdruckwelt, all die Rosen, Lilien, Maiglöckchen, Tulpen, Mandeln und Nelken, landen auf dem Komposthaufen der Literaturgeschichte. Nach dem Erlebnis des Grauens und der Angst wie eh und je die Gänseblümchen auf der grünen Wiese besingen zu wollen wäre barbarisch. Vor diesem radikal entzaubernden Geschichtshintergrund weist ihnen der junge Lyriker eine neue Bedeutung zu, in der die Erfahrung des Nationalsozialismus aufgehoben ist: Die Lilien sind nicht weiterhin das Zeichen keuscher Reinheit, sondern des Todes, »Nelken« reimen auf »welken«, und Mandeln rufen nicht mehr einen mediterranen Blütenfrühling vors Auge, sondern die Blausäure und das Zyklon B der Gaskammern. Mit vielen Kollegen der Gruppe 47 teilt Grass diesen sprachkritischen Impuls, er will durch die Sprache auch das Bewußtsein klären – auch das sicherlich ein Grund für die Privatsprache, die Grass in seiner frühen Lyrik entwickelt. Nicht »Solipsismus« (so Heinz Piontek) spricht aus dieser Verschlüsselung, sondern eine Umwortung der im allgemeinen Sprachgebrauch und in den Denkschablonen der jüngsten Vergangenheit mißbrauchten Worte.

Sie wiege »ein ganzes Kilo der heute so beliebten Pflanzenlyrik« auf, wurde denn auch der zweiten Lyriksammlung, *Gleisdreieck* (1960), von der Kritik attestiert. Grass ist von seinen Pariser Wanderjahren zurück in Berlin. Den Erfolg der *Blechtrommel* hat er im Gepäck. Programmatisch stellt er die Honneurs an die zerstörte, wieder aufgebaute, geteilte, aber noch nicht eingemauerte Stadt voran. »Gäbe es Berlin nicht, müßte es sich erfinden«, schreibt er später. Der Brennpunkt Berlin habe für ihn die »Bedeutung der nicht heilenden, das heißt in Permanenz offenen Wunde«. Die in Berlin entstandenen Bücher trügen die Stigmata dieser Stadt zur Schau.

In keiner anderen seiner Gedicht-Sammlungen präsentiert sich das lyrische Weltbild so vielfarbig und polymorph wie hier. Mögen andere dieser in Struktur und Komposition voraus sein, hier wird der Formmangel durch die Vielfalt der Weltbezüge wettgemacht. Groteske Aphorismen finden sich darin und absurde Vierzeiler, surrealistische Augenblickseinfälle und freche Kinderliedparodien, poetologische Grundsatzerklärungen und tieftraurige Liebesgedichte, skurrile Puppenreime wie komische Schicksalsballaden. Mehr und mehr melden sich politische und (zeit)geschichtliche Themen zu Wort: der Schwarze Börsentag von 1929, der Nationalsozialismus und der Weltkrieg, die restaurativen Tendenzen in der jungen Bundesrepublik, die Endlösung der Judenfrage, die Nachkriegszeit, die geteilte Stadt.

Den Leser, der beim Namen Grass immer zuerst an den politischen Dichter denkt, mag aber auch die Fülle von theologischen oder philosophischen Gedichten in der frühen Lyrik verblüffen: Grass rechnet ab mit den Verführern, die seine Jugend geprägt und entstellt haben. Theologie und Politik gehören deshalb in dieser Generalrevision seiner geistigen Grundlagen eng zusammen. Die Shoah habe er nicht bloß als »Zäsur«, sondern als »Zivilisationsbruch« erlebt, erklärt er dreißig Jahre später; als einen Bruch, der »kein Ende hat«, als eine Zäsur, die sich weder politisch verkleistern lasse noch künstlerisch ohne dauernde Schadenfolge bleiben könne (»Schreiben nach Auschwitz«). Kein Wunder, daß er die Theodizeefrage in besonderer Hartnäckigkeit stellt und auf klare Art beantwortet: Auschwitz und ein gütiger Gott können nicht gleichzeitig sein. Was für einen Voltaire, einen Goethe, für das gesamte 18. Jahrhundert das Erdbeben von Lissabon, das ist für Grass Auschwitz (beziehungsweise das Danziger KZ Stutthof) – mit dem alles entscheidenden Unterschied freilich, daß das eine ein Werk der Natur, das andere ein teuflisch geplantes Menschenwerk war. Grass' Vertrauen in die Vernunft ist durch den Verlauf der Geschichte in unüberbietbarer Radikalität erschüttert: Der Tod, ein Meister aus Deutschland, hat die deutsche Geschichte zur Schädelstätte der Aufklärung werden lassen. Daraus ergibt sich eine permanente Kritik der »Funzel Vernunft« wie auch aller Dogmen. Wenn es eine Programmatik der Gruppe 47 gegeben haben sollte, dann diese: allen Ideologien abhold, allen Ismen spinnefeind zu sein. Eines der Juwelen unter den bunten Steinen dieses Bandes ist zweifellos das Gedicht »Im Ei«, das ursprünglich der Sammlung den Titel geben sollte. Ein Gedicht, das wegen seiner Prägnanz in alle Schulbücher der Philosophie gehört. Plastisch, in einer bis in die Bildkapillare hinein überzeugenden Allegorie zeichnet es die Denkbewegung eines Skeptikers nach, zeigt die natürlichen Grenzen der Vernunft und weiß daraus nur eine Konsequenz zu ziehen, daß der »christlich-marxistische Hoffnungsquark« die Anfragen der Vernunft nicht beantworten kann: »Und wenn wir nun nicht gebrütet werden? / Wenn diese Schale niemals ein Loch bekommt? / Wenn unser Horizont nur der Horizont / unserer Kritzeleien ist und auch bleiben wird?« (S. 77) Also erlaubt er sich nicht den »Sprung« in den Glauben an die Existenz einer wie auch immer beschaffenen ›Henne‹, einer das Ei brütenden Gottheit. Es springt nicht; es weiß auch nicht und glaubt nicht und läßt auch keine Hoffnung.

Als *Ausgefragt* 1967 erschien, war in der restaurativ erstarrten Bundesrepublik einiges in Bewegung geraten: nach dem Mauerbau das Ende der Kanzlerdemokratie, das schwache Kabinett Erhard, die Notstandsdebatten, erste Atomkraftwerke, die Wirtschaftskrise, Studentenproteste, die APO. Günter Grass häutet sich endgültig zum Zoon politikon und engagiert sich für die Sozialdemokratie. Ein Dichter, der aktiv in die Parteipolitik eingreift, war für die junge deutsche Demokratie ein Novum. Der Begriff des engagierten Schriftstellers, erklärte dagegen Grass in seiner programmatischen Rede »Vom mangelnden Selbstvertrauen der schreibenden Hofnarren ...«, komme ihm vor wie eine Tautologie, wie ein »weißer Schimmel«. Die klassische Opposition von l'art pour l'art und literature engagée sei ein

Anachronismus, Parteilichkeit tue not. Statt aus der unangreifbaren, weil kontemplativen Position des Gewissens der Nation idealistische Programme, Proteste, Manifeste zu formulieren, müsse er sich dem Kleinkram des demokratischen Geschäfts stellen und die immer hinter den wirklichkeitsreinen Idealen zurückbleibenden Kompromisse eingehen: »Das Gedicht kennt keine Kompromisse; wir aber leben von Kompromissen. Wer diese Spannung tätig aushält, ist ein Narr und ändert die Welt.« *Ausgefragt* ist ein Dokument dieses Narrentums, ein lyrischer Kompromiß.

Auf dem Titelbild der Erstausgabe droht eine geballte Faust, die letzte Seite des Bandes zeigt die Bleistiftzeichnung einer Vulva. Das sind die beiden Provokationen, zwischen denen sich das thematische Spektrum des Bandes bewegt: Ob literarische Ohnmacht und politisches Engagement, ob Szenen einer Ehe und mit deutlichen Worten beschriebener Sex, krisengeschüttelt sind beide. Wenn man Ehe als Brückenkonstruktion begreife, so Grass, dann habe seine Ehe um 1965 begonnen, unter Materialermüdung zu leiden. Mit-schreibend läßt er die Brücke, die einst stahlharte Verbindung zwischen Ich und Du, langsam einstürzen. Das Gedicht »Ehe« (S. 142f.) trägt eine große Liebe zu Grabe, über die der enthusiasmierte junge Dichter einst auf dem Werbezettel seines ersten Buches schrieb: »Seine Verehelichung mit Anna Margareta im Jahre 1954 ist das bisher größte Ereignis seit seiner Geburt.« Dann der bürgerliche Ehekrieg elf Jahre später mit seinen Vorwürfen und Aggressionen, den gezielten Demütigungen und den nicht lange haltenden Versöhnungen, den eskalierenden Wortwechseln und den verbalen Kapitulationen – würden noch Türen geknallt und der Jägerchor in die Klaviertasten gehauen, so glaubte man sich in Matzeraths' Wohnung versetzt. Die Selbstentblößung, deren Schonungslosigkeit im Detail liegt, die Präzision des Protokolls, das mitschreibt, nehmen jeden Leser mit, der einmal eine Liebe hat sterben sehen. – Doch nein, der Beziehungskrieg behält nicht das letzte Wort. Da ist zum Beispiel noch das liebenswert-komische Genrebild von Philemon und Baukis, dem zärtlichen Greisenpaar in Erwartung einer Kinovorstellung, dessen Zuneigung die Zeit überdauert hat: »Heute, vor noch geschlossener Kasse, / knisterten Hand in Hand / der gedrückte Greis und die zierliche Greisin. / Der Film versprach Liebe.« (S. 157) Und da ist noch die »Fotze« auf dem letzten Blatt. Grass wäre nicht der Erotomane, als der er von den Biographen gehandelt wird, wenn er nicht zum Schluß noch einmal (in dem Gedicht »März«) alle grobianischen Register des triebgesteuerten Proleten zöge – als ob er den Jungs der Flowerpower-Generation noch einmal richtig zeigen wollte, wer hier der wahre Rabelais ist: »als ich, es nieselte, die Bronze leckte / und schwellenscheu die Fotzen heilig sprach, / als meine Finger läufig wurden / und längs den Buden jedes Astloch deckten, / als ich die Automaten, bis game over, / bei kleinen Stößen Klingeln lehrte, / als jede Rechnung unterm Strich /auf minus neunundsechzig zählte, / (...) brach der Frühling aus.« »Zorn Ärger Wut« über die politische Ohnmacht haben ein Ende. Glück ist nichts anderes als Umfangensein: »Ich hab genug. Komm. Zieh dich aus.« (S. 205f.)

Auch *Mariazuehren* (1973) ist ein Liebesgedicht, ein hoch erotisches zudem. Mag es sich auch durch den Titel zunächst nur als Hommage an Maria Rama ausgeben, die Photographin, die Leben und Schaffen von Günter Grass seit den fünfziger Jahren begleitet hat, mag es auch, eine falsche Spur legend, mit einem Natureingang beginnen. Der, der da in die Strand- und Weidenlandschaft schaut, tut es mit Leidenschaft und läßt Mutter Natur nur so vor Geilheit strotzen. Keimende Kartoffeln und knospende Weiden, befruchtender Regen, Frühling allenthalben: Freud hätte seine Freude gehabt an diesem strotzenden Vorrat von Sexualsymbolen, mit der der leidenschaftliche Mittvierziger die Natur aufleben läßt – an den keimenden Kartoffeln, den geilen März-Weiden, den Aalen am Euter natürlich und den himmelwärts zeugenden Pimmelpilzen, den Schnecken und schließlich am Apfel des Paradieses selbst. Im Jahre 1973 gab dieser Band einen sehr intimen Einblick in Günter Grass' Privat- und Künstlerleben. Doch stellt er seine sexuelle Produktivkraft nicht um ihrer selbst willen aus: »Was sich engfügt häuft lagert. / Was seinen Raum einbringt. / Jetzt bin ich fünfundvierzig und noch immer erstaunt.« (S. 211) Dieses Staunen über Potenz und Liebesvereinigung, ungekünstelt und offen, hat seinen festen Platz in Grass' Ästhetik: Eros und Schaffen gehören zusammen. So gerät das Liebesgedicht zu einem Gedicht über das künstlerische Schaffen. Denn das Poem ist für ein Bilderbuch geschrieben, das aus Photos Maria Ramas und Zeichnungen von Günter Grass collagiert ist. Die Photographin nun, für die das Gedicht geschrieben ist, kommt allenfalls als Angesprochene, Angerufene, als Medium (»Maria, knips mal«) und Jüngerin, bestenfalls als inspirierende Muse vor, doch ist sie selbst nicht Zentrum.

Im Mittelpunkt steht Grass allein als Künstler in seinem Arbeitsbereich, während die Photographin hinter dem scheinbar objektiven Objektiv als Beobachterin, als reines Weltauge in ihrer Individualität dahinschwindet. Verglichen freilich mit den genialischen oder sich priesterlich stilisierenden Künstlern, von denen die deutsche Tradition so reich ist, gibt sich Günter Grass in seinem Atelier ausgesprochen profan. Der Arbeitsplatz ist keine Hexenküche, sondern eine Werk-Statt. Dinge des Handwerks umgeben den Künstler, zöllige Nägel, Klebemittel, Farben, Stoffe, Materialien. Immer ist er mit den Händen tätig. Er be-greift und formt. Er, wägt, wiegt und wendet, prüft auf Faser und Maser. Das Kunst-Werk entsteht hier mit Ganzkörpereinsatz. Würde Grass vor zweieinhalb Jahrtausenden gelebt haben, in der aristokratisch denkenden Antike, so hätte man ihn banausos, einen Banausen also, geschimpft. Doch ›banausos‹ heißt ursprünglich nichts anderes als ›Handwerker‹. Wer mit den Händen wirkt und werkelt, war schon in der griechischen Antike disqualifiziert. Der wahre Dichter macht sich die Hände nicht schmutzig, und der bildende Künstler ist schon deshalb kein echter Künstler, weil er mit Instrumenten und empirisch (be-)greifbaren Realien umgeht. Der Schriftsteller Grass hingegen ist wie der bildende Künstler alles andere als ein Kopfarbeiter; er ist ein exemplarischer Papierarbeiter. In immer wieder neuen Entwürfen, Fassungen, Versionen formt er, revidiert er, vermißt er die entstehenden Gebilde. Sprache ist für ihn Materie. Sie formend, wird sie stets ein anderes, aber nie ein Endgültiges. Der hehre Begriff des integren, vollkommenen, selig in sich ruhenden Werk-Gebildes ist allen Grass'schen Arbeiten unangemessen. Hugo Dittberner hat sie treffend Werkstücke genannt.

Mit einer selbständigen Lyrikpublikation – das Bändchen *Ach Butt, dein Märchen geht böse aus* (1983) versammelt die Gedichte aus dem Roman *Der Butt* und 14 weitere aus seinem Umkreis – macht Grass erst 1993 wieder Furore. Gut und gerne hätte er seinen Sonettenzyklus *Novemberland* »Deutschland ein Wintermärchen« nennen und sich in eine poetisch-prophetische Tradition politischer Lyrik stellen können, die bei aller Skepsis an die Macht des Wortes glaubte – des Wortes, das Tat wird. Anders jedoch als Heine will Grass nicht mehr an das Lied der Linken glauben, das Zuckererbsen für jedermann versprach. Er nennt sein Wintermärchen *Novemberland*, weil der November im allgemeinen *der* deutsche schwarze Monat, und der 9. November im besonderen *der* dies ater Deutschlands sind. So rafft er aus geschichtsübergreifender Sicht alle Schicksalstage des Novembers zusammen, das Ende der Märzrevolution von 1848, den November 1918, den Hitlerputsch von 1923, die Reichspogromnacht, die Novembermorde von Mölln – und läßt sich die ihm ganz eigene Pointe nicht nehmen, den 9. November 1989, den gesamtdeutschen Jubeltag, in die Serie der landesspezifischen Katastrophentage einzubeziehen. Ein Skandalon: In friedlicher Revolution will Deutschland ein Volk sein – und *der* politische Dichter dieses Volkes jubelt bei den Freudeoden der einigungstrunkenen Deutschen nicht mit, sondern stellt sich ins nüchternskeptische Abseits eines »vaterlandslosen Gesellen«. Er wittert in der Vereinigung Deutschlands einen unerträglichen Archaismus, die endgültige Restitution des deutschen Nationalstaats, dessen Idee das 19. Jahrhundert geschaffen hatte. Was erwartet der ›praeceptor Germaniae‹ von seinen Deutschen in der Stunde des Triumphes? – Er fordert tatsächlich, daß sie sich wieder in jenen Hamlet zurückverwandeln, als den Freiligrath im Vormärz die Deutschen verspottete, in Hamlet, den Zerrissenen. »Das Bruchstückhafte, Zwiespältige«, verlangt er, der Verfassungspatriot, trotzig in seiner »Rede vom Verlust«, »das sozusagen Hamlethafte gehört zu uns, weshalb wir auch ohne Unterlaß nach Einheit streben, zumeist vergeblich und um einen hohen Preis.« Immer den großdeutschen Wahn im Blick, scheint ihm nach der Götterdämmerung Deutschlands in der Siegfried-Rolle der gedankenvolle, doch tatenarme Part des Dänenprinzen, die Rolle der Kulturnation also, für Deutschland auf längere Zeit der angemessene.

Die Botschaft des Skeptikers stieß in seinem Vaterland auf taube Ohren. Wer einen nationalen Mythos so zynisch entheiligt, hat nun einmal damit zu rechnen, daß alle über ihn herfallen. In Grass' Fall tat das die Öffentlichkeit im allgemeinen, das Feuilleton im besonderen; was noch schlimmer war: manch einer der Kollegen und ehemaligen Weggefährten nicht minder. Der Sonett-Dichter hingegen ließ sich nicht beirren und blieb sich treu. Durch das, was danach geschah, sah er sich nur bestätigt: In Hoyerswerda belagern Rechtsradikale ein Asylbewerberheim und terrorisieren die Bewohner, in Rostock wird eine Aufnahmestelle für Asylanten in Brand gesteckt. Zuschauer applaudieren. In Mölln, direkt vor Grass' Haustür, fliegen Molotow-Cocktails. Drei türkische Frauen kommen in den Flammen um. Grass, der schon lange vor der Eskalation des braunen Ungeistes in Ost und West gewarnt hatte, triumphiert nicht rechthaberisch, doch schickt er seinen essayistischen Kassandrarufen eiligst dreizehn Sonette hinterdrein, die ihrer magisch-abergläubischen Anzahl alle finstere Ehre machen.

Im scharfen Kontrast zur Finsternis dieser in Sepia-Tinte getauchten nationalen Tristesse begrenzt sich die Lyrik des letzten Jahrzehnts fast ganz auf private Themen. Als das Feuilleton-Gekläff nach dem Erscheinen von *Ein weites Feld* im Jahre 1995 verklungen war, puppt sich Grass – wie so oft nach großen epischen Expeditionen – in sein lyrisches Ich ein. Im Rückzug aufs Persönliche, oft Intime entsteht mit *Fundsachen für Nichtleser* (1996) ein Alltagsuniversum von Kurz- und Kürzestgedichten, hier mit dem Pinsel eingetragen in leuchtkräftige Aquarelle – ein neues Genre, für das gleich der passende Gattungsbegriff zur Hand ist und das, den im Hause Grass ohnehin nicht sehr beliebten Germanisten die Arbeit abnehmend, auch noch vom Autor selbst definiert wird: »Aquadichte«. So schließt sich ein Kreis: Vor vierzig Jahren hatte das erste Gedicht seiner ersten Sammlung den wirklichkeitsreinen Dichter im Paradies-Gärtlein hinter dem Haus eingezäunt und seinen Phantasiegeburten glücklich Asyl gewährt. 1996, wirklichkeitsgesättigt und bedeckt mit ehrenvollen Blessuren, findet er »hinterm Haus« ein weites Feld, das kultiviert werden muß, und einen geschützten Wald, in dem er sich verlaufen darf. Mit dem »Gespräch über Bäume«, dem er sich so lange aus Gründen politischer Moral versagt hatte, war auch Farbe wieder möglich und nötig. Mag sein, daß es wegen dieser privaten Perspektive um die *Fundsachen* so still blieb. Liebe, Alter, Tod, die melancholischen Themen des Abschieds – das waren keine Stoffe für die Wadenbeißer der Tagesmedien. Weder das Schicksal des Globus noch das leidige

Thema der deutschen Einheit verstellen den Blick auf die melancholische, wenngleich farbige Lebensherbst-Idylle. *Fundsachen* ist Grass' höchst persönliches Buch: ein Porträt des Künstlers als alter Mann. In skeptischen Gedicht-Aphorismen verlebt er das Jahr, in Behlendorf, auf Møn, auf Hiddensee, an der Algarve. Ebbe und Flut vor Augen, klaubt er auf, ergreift malend und beschreibend, was das Jahr angeschwemmt hat: Fundsachen eben. Besagt ja die Ästhetik des objet trouvé, daß beim Finden des Objekts nichts Zufall ist, alles aber Zu-Fall. Der Künstler hat das »Jägerauge«, hat die geschärfte Wahrnehmung, um im Chaos der Dingwelt zu selektieren und dem ihm Zufallenden Bedeutung zu verleihen. Sein Spieltrieb tut ein Übriges. Schönste Fundsache, so steht es im Zentrum des Zyklus, ist dem allgemeinen Vernehmen nach das Glück. Doch kennt Grass, schon in der *Blechtrommel*, nie die Erfüllung, sondern allenfalls das »kleine Glück«. Grass ist der Existentialist ohne Pathos geblieben, der er in seinen ersten Gedichtbänden schon war. »Lob der Vergänglichkeit« könnte dieser Zyklus auch heißen. Ausgelatschte Schuhe, die Krümel des Radiergummis, krumme Nägel, die abgetakelte Tasche, die muffige Jacke, die »Sieben Sachen« (S. 305) des Alltags – das ist das alte Inventar des gelebten Lebens, von dem ganz unpathetisch, ja »gegenpathetisch« zu sprechen ist, es ist gegen das Pathos der O-Mensch-Dichtung des Expressionismus und das hohe Menschenbild der steilen Stilgesten gerichtet. Das Lieblingsopfer des bundesdeutschen Feuilletons, hat die Kränkungen des menschlichen Narzißmus abgetan, hinter sich gebracht und gewinnt auch noch dem Vanitas-Thema bitteren Humor ab: »O MENSCH! / Selbst deine Scheiße / fällt eigensinnig, / riecht ichbezogen / und ist ohne Vergleich.« (S. 328)

Grass hat im großen Format der Wort-Bilder die kleine Form des Bild-Wortes gemeistert. Wenn diese Kurzgedichte auch kontemplative Züge tragen, sind sie doch keine Haikus, mit denen sie nicht selten verglichen wurden. Das Haiku steht mit seinen archaischen Urbildern im Dienst zenbuddhistischer Erleuchtung, die das Ich in kosmischer Harmonie aufgehen läßt – ein Subjekts- und Naturverständnis, das Grass fremd ist wie die sklavische Bindung an den klassisch-japanischen Klangfluß der Siebzehnmoreneinheit. In diesen Miniaturen mit klarsten Konturen, exakt ziselierten Oberflächen von beträchtlicher Tiefenschärfe artikuliert sich immer der logozentrische Abendländer, der selbst den Dingen und Worten seine Bedeutung verleiht und sich nicht deren gottgewolltem Sosein unterwirft. Tiefstapelnd einerseits, andererseits nicht ohne Drohgebärde vergleicht der ‚Aquadichter' sein poetisches Geschäft mit dem des zuhauenden Holzhackers: Mit dem Beil, das »früher dem Henker scharf" war, spaltet nun in zivilisierteren Zeiten und Breiten der Dichter die Worte (vgl. S. 321). Mit seinen Wortspaltereien zerstört er den begrifflichen Funktionalismus, mit den assoziativen Sprachspielereien, durchaus auch und zugegebenermaßen manchmal an der Grenze zum Kalauer, verfremdet er scheinbar heile Sprechweisen, gibt er standardisierter Rede eine neue Wendung. Eins der schönsten Spiele mit den objets trouvés der Sprache, das in spätmodernen Zeiten den alten Formeln neuen Sinn verleiht, ist dieses hier: »MITTEN IM LEBEN / denke ich an die Toten, / die ungezählten und die mit Namen. / Dann klopft der Alltag an, / und übern Zaun / ruft der Garten: Die Kirschen sind reif!" (S. 308) Eine Stimme aus dem Skriptorium des 10. Jahrhunderts – Notker der Stammler – kommuniziert über ein Jahrtausend hinweg mit dem 20., stammelt dabei gar nicht, sondern rezitiert seine ehrwürdige Antiphon, gesungen allerorten in den Krypten des lateinischen Mittelalters – »media vita in morte sumus" –, und der sprachmächtige Kollege am Ende des 2. Jahrtausends antwortet auf die todessüchtige Strophe mit einem diesseitsfreudigen ‚Gegengesang', einem lebensstrotzenden, prall-geilen Blick »übern Zaun": Und die fleischig-roten Kirschen der Liebe fallen ihm in den Schoß...

Sechs Jahre später folgen auf die melancholischen *Fundsachen* in fetter Kreide dionysisch ausgreifende Tänzer, in erdig-rotem Ton a tergo und a fronte kopulierende Paare, hocherotische Choreographien zwischen Tango und Totentanz: *Letzte Tänze* (2003). Sind die *Fundsachen* Grass' elegischstes, so sind die *Letzten Tänze* sein euphorischstes Alters-Buch (sein schamlosestes nicht minder). Doch spart auch dieser Gedichtband bei intimster Perspektive die Schrecken der Epoche, die Greuel der allerjüngsten Geschichte nicht aus und nennt sie in aller parteiischen Direktheit beim Namen: die Raketen des Hegemon aus Texas, den bodycount im Irak, die politischen und ideologischen Anpassungsleistungen Colin Powells – doch im Zentrum steht das paradoxe Sinnbild vom »Tanz im Schnee«, die dionysische Lebensbejahung in einer frostklirrenden Welt, »*jenseits* des Schreckens« (S. 349) – paradox ist es wie der Titel der Sammlung selbst. Wer sie liest, will nicht glauben, daß diese Tänze die letzten sein sollen. Zwar zählt zu den hier flott aufs Parkett gelegten Vergnügungen, wie es sich gehört, auch der letzte Tanz, die danse macabre, der finale Kehraus. Doch abgesehen vom Walzer – der ist dem Tänzer-Ich »zu rechtsrum, linksrum, zu selig / und ohne Ecken« (S. 358), zu sehr überzuckerte Melancholie –, diese Tangos, Polkas, Schieber, Blues', Slowfox' und Ragtimes stellen allesamt jenen vertikalen Ausdruck eines horizontalen Verlangens dar, als welchen man treffend den Tango charakterisiert hat. Der passionierte Tänzer wirbelt in furiosen Pirouetten raumgreifend über die Seiten, erfreut sich in faunischen Miniaturen seiner sexuellen Aufgewecktheit und dreht dem knöchernen Sensenmann allenthalben eine Nase. Das synkopierende Bandoneon, nicht das klappernde Xylophon markiert den Takt dazu. In der ekstatischen Verwirbelung des »Tango Mortale«, während der Unsterblichkeitsphantasien des Tanzrausches ist gar nicht mehr ausgemacht, wer wem hinterher ist, wer wen auf der Schippe hat: »Wir gleiten verkleidet / auf grenzloser Fläche, dem Tod auf den Fersen, / uns selbst hinterdrein.« (S. 355) Weder von Entsagung noch von Resignation noch von Altersweisheit ist in diesem Alterswerk die Rede, statt dessen vom irdischen Vergnügen in der Frau, von kindlicher Freude darüber, daß sein »Einundalles« (S. 377) sich nicht auf immer zurückgezogen hat, sondern auch bei dem Fünfundsiebzigjährigen noch »steht«: »er steht –, / will von dir, mir und dir bestaunt sein, / verlästert und nützlich zugleich« (S. 372). Es könnte diese Verschlungenheit von Liebe und Tod, Eros und Thanatos, gewesen sein, die Marcel Reich-Ranicki elektrisierte und zu einer enthusiastischen Kritik bewogen hat.

Was mag, so fragt sich freilich der dezente Leser, dem Veits-Tänzer da in die Beine gefahren sein? Ein dritter Frühling nach dem Herbst der *Fundsachen*? Wie der in die Jahre gekommene Hedonist »ihn« da unten bestaunt, hat ja fraglos etwas unverhohlen Pubertäres. Aber der schämt sich überhaupt nicht und lebt seine Schamlosigkeiten auch noch lustvoll aus. Dabei verfällt er immer wieder in die Sprachformen des Kindes, als sähe und erlebte er die Welt staunend zum ersten Mal: »es schneit!«, jauchzt er im Wintergarten – »komm, tanz mit mir«, singt er mit Hänsel und Gretel – »er steht«, freut er sich mit allen kleinen Machos (S. 377). Dieser naive Kinder- und Dichterstolz über den Lümmel da unten verlangt geradezu nach einem applaudierenden Publikum. »Sieh« ruft das lyrische Ich, sich mit der eigenen Potenz brüstend, allen zu, »sieh zu und staune, was mir noch möglich ist«. Ob Tanz, ob Kopfstand, ob Sex, der Alte will es den Enkeln noch einmal zeigen – mag der Kopfstand auch mehr zum »Fragezeichen« geraten, was beim Dichter des Zweifelprinzips ja auch nicht anders zu erwarten ist. Jedoch: obwohl nichts, auch das Intimste nicht, ungesagt bleibt, lesen wir nicht die Potenzprahlereien eines Lüsternheitsgroßvaters. Worüber die Söhne und Enkel staunen sollen, das ist im Verein mit der körperlichen Leistungsfähigkeit vor allem die künstlerische Produktivität. Wenn der Meister zufrieden auf den immer noch regen elften Finger guckt, dann freuen sich darüber immer zwei, der nachtaktive Großvater und der produktive Künstler. Denn fast alle Gedichte kreisen um dieses eine Thema der Kreativität in beiderlei Gestalt, die Bedingungen des künstlerischen Schaffens und die Beziehungen zwischen Sexualität und Werkschöpfung. Doch bleibt in aller Euphorie das skeptische Bewußtsein der menschlichen Grenzen erhalten. Die Choreographie dieses Lebenstanzes ist für einen Ikarus und eine Ikara entworfen: schwebend-leicht, steil aufsteigend, hochfliegend, aber auch den Absturz aus dem reinen Äther des Glücks vor Augen (»Gestrandet«).

In seinen letzten Lyrikpublikationen hat der alte Grass immer eine Fährte gezogen, die aus dem jeweiligen Gedichtebuch hinausführt in ein neues. Am Ende der *Fundsachen* ist es neben der »Hoppel*schrift*« der Kaninchen »meine Spur, / gesetzt in knirschenden Schnee« (S. 345). Das mutet an, als wolle der Veteran der deutschen Literatur von Werk zu Werk sein Schicksal mit Talismanen und magischen Riten bestimmen: Solange das letzte Gedicht aus dem Werk heraus, über dieses hinausführt, so gibt es noch ein nächstes, auf das es verweisen will. Mit einem solchen Beschwörungszauber enden auch die angeblich *Letzten Tänze*. Immer noch und schon wieder beim Gang in die Pilze begegnet Grass sich selbst wie einem Wiedergänger (S. 382):

Auf Waldboden kam mir
mit scheinbar festem, dann aber
erkennbar tapsigem Schritt
jemand entgegen, der, gekleidet
in erdfarbenen Cord,
ich war, dem ich – tapsig in Cord –
näher und näher entgegenkam.

Zum Achtzigsten sei ihm gewünscht, daß *er* es ist und nicht der andere, der die meisten Pilze im Beutel heimträgt.

Postskriptum: Der nächste Gedichtband ist angekündigt: *Dummer August.* Es waren keineswegs die Zauberriten, die Günter Grass zu einem neuen lyrischen Werk anfeuerten, als vielmehr die Rage über die öffentlichen Scharfrichter, die ihn im August 2006 wegen der Zugehörigkeit des Siebzehnjährigen zur Waffen-SS selbstgerecht an den Pranger stellten. Die grüne Galle weckte den Polemiker in ihm, die schwarze tat auch ihren Sud dazu. So tritt Arm in Arm mit dem streitlustigen Rhetor der Melancholiker unter den Clowns in die Manege, der dumme August, der sein Selbst im verzerrenden Spiegel der Medien nicht wiedererkennen kann. Die Sympathien des Zuschauers, das weiß jedes Kind, sind beim natürlich nur scheinbar dummen und immer liebenswerten Narren mit der roten Knollennase.

Köln, im März 2007

BIBLIOGRAPHISCHE NACHWEISE

Dieser Neuausgabe der Gedichte liegt die von Volker Neuhaus und Daniela Hermes im Rahmen der Werkausgabe besorgte Edition (Göttingen 1997) zugrunde. Sie ist in erheblichem Umfang um alle seitdem im Druck erschienenen Gedichtsammlungen und Einzelveröffentlichungen erweitert. Nicht aufgenommen sind jedoch alle Gedichte, die in früheren Einzelveröffentlichungen in Manuskriptform reproduziert wurden. Die Gedichte wurden vom Herausgeber kritisch durchgesehen und in Absprache mit Günter Grass korrigiert.

Gedichtbände

Die Vorzüge der Windhühner, Berlin-Frohnau/Neuwied 1956.
Gleisdreieck, Neuwied/Berlin 1960.
Ausgefragt. Gedichte und Zeichnungen, Neuwied/Berlin 1967.
Mariazuehren, München 1973.
Ach Butt, dein Märchen geht böse aus. Gedichte und Radierungen, Darmstadt/Neuwied 1983.
Novemberland. 13 Sonette, Göttingen 1993.
Fundsachen für Nichtleser, Göttingen 1997.
Letzte Tänze, Göttingen 2003.
Dummer August, Göttingen 2007.

Gedichte aus epischen und dramatischen Werken 1955–1963

PEPITA: aus *Meine grüne Wiese* (Erstdruck 1955). Vgl. S. 628.
ICH HABE SIEBEN JAHRE AUF EINE SCHNECKE GEWARTET: aus *Meine grüne Wiese* (Erstdruck 1955). Vgl. S. 632.
BEFÜRCHTUNG: aus *Hochwasser* (Uraufführung 1957). Grass: Werke, Göttinger Ausgabe, Band 2, Theaterspiele, S. 58.
DER GÜTERZUG: aus *Noch zehn Minuten bis Buffalo* (Uraufführung 1959). Grass: Werke, Göttinger Ausgabe, Band 2, S. 132f.
AM ATLANTIKWALL: aus *Die Blechtrommel* (1959). Grass: Werke, Göttinger Ausgabe, Band 3, S. 444.
DIE SCHWARZE KÖCHIN: aus *Die Blechtrommel* (1959). Grass: Werke, Göttinger Ausgabe, Band 3, S. 779.

STEHAUFMÄNNCHEN: aus *Hundejahre* (1963). Grass: Werke, Göttinger Ausgabe, Band 4, S. 810f.
ABER AUCH EDDI AMSEL...: aus *Hundejahre* (1963). Grass: Werke, Göttinger Ausgabe, Band 4, S. 829f.
MEIN ONKEL: aus *Hundejahre* (1963). Grass: Werke, Göttinger Ausgabe, Band 4, S. 837.

Die Titel *Pepita, Befürchtung, Der Güterzug, Die schwarze Köchin, Stehaufmännchen, Aber auch Eddi Amsel...* und *Mein Onkel* erhielten die im jeweiligen Kontext titellosen Gedichte von Grass anläßlich der Aufnahme in die *Gesammelten Gedichte* (Darmstadt/Neuwied 1971).

Aus dem Tagebuch einer Schnecke, Neuwied/Darmstadt 1972.
Die Rättin, Darmstadt/Neuwied 1986.
Zunge zeigen, Darmstadt 1988.
Vier Jahrzehnte. Ein Werkstattbericht, Göttingen 1991.
Fünf Jahrzehnte. Ein Werkstattbericht, Göttingen 2004 (erweiterte Neuausgabe von *Vier Jahrzehnte*).

Einzelveröffentlichungen

DER SÄULENHEILIGE: entstanden 1952, Erstdruck in: Detlev Krumme, *Günter Grass. Die Blechtrommel*, München/Wien 1986, S. 140. Es handelt sich um einen Ausschnitt aus einem größeren Gedichtzyklus gleichen Titels, zu dem auch die in *Vier Jahrzehnte* abgedruckten Gedichte *Daß mich das Licht* und *Frühling* (s. S. 394f.) gehören.
EIN VOGEL PRAHLT: Erstdruck in *colloquium* 7, 1953, Heft 8, S. 12.
LILIEN AUS SCHLAF: Erstdruck in *Akzente*, 2. Jg., 1955, Heft 3, S. 259f.
SATURN: Erstdruck in *Junge Lyrik 1956. Eine Auslese*, hg. von Hans Bender, München 1956, S. 27.
BROT UND ROMANE: Erstdruck in *Transit. Lyrikbuch der Jahrhundertmitte*, hg. von Walter Höllerer, Frankfurt am Main 1956, S. 63f.
FEIERTAGE: Das Gedicht findet sich in einem Brief von Grass an Walter Höllerer vom 5.1.1958 (Literaturarchiv Sulzbach-

Rosenberg, Signatur G 59). Erstdruck in: Dieter Stolz, *Vom privaten Motivkomplex zum poetischen Weltentwurf. Konstanten und Entwicklungen im literarischen Werk von Günter Grass (1956–1986)*, Würzburg 1994, S. 53.

ABSCHIED: Erstdruck in *Jahresring 1958/59. Literatur und Kunst der Gegenwart*, Stuttgart 1958, S. 41.

WÜRFEL: Erstdruck in *Jahresring 1958/59. Literatur und Kunst der Gegenwart*, Stuttgart 1958, S. 39.

MEIN RADIERGUMMI: Erstdruck des Zyklus in *Merkur. Deutsche Zeitschrift für europäisches Denken*, Nr. 149, 1960, S. 626f.

SIEBENUNDZWANZIG MÄNNER: Erstdruck in *Alternative. Zeitschrift für Dichtung und Diskussion*, 4. Jg., 16. Heft der Gesamtfolge, Februar 1961, S. 10f.

DIE LÜGE: Erstdruck in *Akzente*, 8. Jg., 1961, Heft 1, S. 10, als Teil des Vortrags *Das Gelegenheitsgedicht*.

FROMMES WAHLLIED FÜR KATHOLIKEN, SCHILDBÜRGER UND UNENTSCHIEDENE: Erstdruck in *konkret*, Nr. 14, September 1961, S. 8.

FOTOGEN: Erstdruck in *Akzente*, 8. Jg., 1961, Heft 5, S. 450.

VERGLEICHSWEISE: Erstdruck in *Die Meisengeige*, hg. von Günter Bruno Fuchs, München 1964, S. 32.

DER MANN MIT DER FAHNE SPRICHT EINEN ATEMLOSEN BERICHT: Erstdruck in *Akzente*, 12. Jg., 1965, Heft 2, S. 122f.

TRANSATLANTISCHE ELEGIE: Erstdruck als Schluß der Wahlrede *Was ist des Deutschen Vaterland?*, Neuwied/Berlin 1965.

ADORNOS ZUNGE: Erstdruck in *Akzente*, 12. Jg., 1965, Heft 4, S. 289.

DUELL MIT DEM GEIER: Erstdruck in *Das schwarze Brett. Almanach 1965*, Berlin 1965, S. 13.

TRÄNENTÜCHLEIN: Erstdruck in *Der Telegraf*, Berlin, 14. Januar 1968.

DANACH: Erstdruck als Einblattdruck in der Reihe *Luchterhand Loseblatt Lyrik*, Nr. 14, 1968.

MEISSNER TEDEUM: Erstdruck in: Günter Grass, *Gesammelte Gedichte*, Darmstadt/Neuwied 1971, S. 251–257.

TODESARTEN: Erstdruck in *Die Zeit*, Hamburg, 26. Oktober 1973.

V.: Erstdruck in *Süddeutsche Zeitung*, München, 31. Dezember 1973/1. Januar 1974.

AUF DER DURCHREISE BIERMANN: Erstdruck in *Wolf Biermann*, edition text + kritik, München 1975, S. 5.

NEBEN DEN ZWIEBELN: Erstdruck in *Nürnberger Blätter für Literatur*, Heft 3, 1977, S. 7.

ALTES EISEN: Erstdruck in Günter Grass, *Zeichnungen und Texte 1954–1977. Zeichnen und Schreiben I*, hg. von Anselm Dreher, Darmstadt/Neuwied 1982, S. 121.

SARGNÄGEL: Erstdruck in: Günter Grass, *Radierungen und Texte 1972–1982. Zeichnen und Schreiben II*, hg. von Anselm Dreher, Darmstadt/Neuwied 1984, S. 81.

AM ELFTEN NOVEMBER: Erstdruck in *L' 80*, Heft 19, August 1981, S. 90.

MÜLL UNSER: Erstdruck in der Mappe *Nachruf auf einen Handschuh. Sieben Radierungen und ein Gedicht*, Berlin 1982.

TREUHAND: Erstdruck in *Neue deutsche Literatur*, 40. Jg., 1992, Heft 12, S. 8.

KÜCHENZETTEL: Erstveröffentlichung in der Edition Kunsthaus Lübeck 2000.

SPÄTE NEUGIERDE, DEN KAMIN BESCHWEIGEN, LUXUS: Erstdruck in Günter Grass, *Mit Wasserfarben. Aquarelle*, Göttingen 2001, S. 8, 69, 77, 78.

TOUR DE JEMEN: Erstdruck in *diwan. Zeitschrift für arabische und deutsche Poesie*, Ausgabe 5, April 2003, S. 47.

DER BALL IST RUND: »Literaturhaus bringt Poesie in die Stadt«. Plakataktion zur FIFA-Weltmeisterschaft 2006, Juni/Juli 2006.

SOMMERGEDICHTE, GESCHRIEBEN AUF MØN: Erstveröffentlichung in der Edition Kunsthaus Lübeck 2006.

Alphabetisches Verzeichnis der Gedichte

Verzeichnet sind Überschriften bzw. – bei titellosen Gedichten –
die erste Zeile der Gedichte.

Aber auch Eddi Amsel 439
Abgelagert 98
Abschied (Auseinandergehn) 576
Abschied (Heute kaufte ich mir für Geld
einen neuen Radiergummi) 580
Abschneiden sagt die Hebamme, genug 22
Adebar 58
Adornos Zunge 591
Advent 143
Alle 262
Alle beide 255
Alle Helden 552
Allerseelen 288
Als der Walzer in Mode kam 358
Als es aus war, überlebten einzig 508
Als in Chile 545
Als Kupfer wieder zu steigen begann 544
Also nochmal. Kurze Sätze zum Einprägen und Verlieren 448
Altes Eisen 607
Am Abend (zählen wir unsere Leiden auf) 311
Am Abend (Während ich vor der Westwand des Hauses) . 325
Am Atlantikwall 435
Am elften November 609
Am Ende 227
Am Fuß steiler Küste 616
Am Hungertuch nagen 254
Am Nachmittag 579
Am Pranger 389
Am Teich 307
An alle Gärtner 12
An jenem Montag 402

Andauernder Regen 292
Annabel Lee 120
Anton 64
Anzeige 550
Aquadichte 313
Arbeit geteilt 218
Askese 90
Aua 217
Auf der Durchreise Biermann 605
Auf der Suche nach ähnlichen Pilzen 259
Auf der Suche nach Unterschied zum Getier 495
Auf eine Schiefertafel 310
Auf Nebenstraßen nach Neuruppin 309
Auf Papier 305
Auf Rügen 313
Auf Suche 423
Auf tönernen Füßen 360
Auf weißem Papier 115
Aufschub 240
Augenblickliches Glück 378
Augusthimmel 617
Aus dem Alltag der Puppe Nana 82
Aus dem Nähkästchen 311
Aus dem Tagebuch (Wieder ein Kaninchen,
   diesmal ein junges) 308
Aus dem Tagebuch (Zu trocken der Sommer) 326
Aus gewerkschaftlicher Sicht 309
Aus gewohntem Bett 376
Aus himmlischen Töpfen 86
Aus unserem Garten 303
Ausgefragt 133
Außer Plan 291
Ausverkauf (Ich habe alles verkauft) 108
Ausverkauf (Niemand will sparen) 333

Badeleben 145
Bauarbeiten 40
Befürchtung 433

Bei Gelegenheit 312
Bei hundert Grad 547
Bei klarer Sicht 296
Bei Kochfisch Agnes erinnert 246
Bei Schönwetter 324
Bei Tisch 156
Bei Vollmond 82
Bei windigem Wetter 332
Beim Friseur 162
Beim Schwimmen 616
Beobachtet beim Attentat 27
Beschönigung 401
Bevor es verjährt 192
Bewaffneter Frieden 332
Blechmusik 53
Blutkörperchen 119
Bohnen und Birnen 11
Bomben, die sich nur langsam verteilen 44
Brandmauern 57
Bratkartoffeln 263
Brombeerzeit 616
Brot und Romane 574
Brüllende Tiger, die hier einst zahlreich 503
Bücher 331
Butt über Møn 315

Credo 41

Da, jetzt hat sie die Gabel verschluckt 22
Da stimmt doch was nicht 479
Dahin bringt das Leben sich 516
Danach (Als wir uns lösten) 374
Danach (Vom Fisch blieb die Gräte) 594
Dank Kontrastmittel 307
Das Beil im Schuppen 321
Das Eigene 617
Das endlose Laken 42
Das Fell 335

Das haben wir nicht gewollt	492
Das lange Lied	84
Das Unsre	285
Daß mich das Licht	524
Dein Ohr	280
Dekadenz	169
Demeter	225
Den Kamin beschweigen	613
Der amtliche Tod	127
Der Bär	33
Der Ball	114
Der Ball ist rund	615
Der Dampfkessel-Effekt	173
Der Delphin	165
Der Dichter	80
Der elfte Finger	34
Der Epilog	182
Der Fische Geständnis	404
Der Freund	560
Der Güterzug	434
Der Kaffeewärmer	40
Der Korb voller Äpfel	330
Der Mann mit der Fahne spricht einen atemlosen Bericht	587
Der Neubau	193
Der Platz bei den Eichen	321
Der Raucher spricht	301
Der Säulenheilige	569
Der Stein	312
Der Teich	331
Der Torso	84
Der Trick mit dem Speck	327
Der Vater	96
Des Wiederholungstäters halbherzige Beichte	368
Diana – oder die Gegenstände	104
Die Ballade von der schwarzen Wolke	70
Die bösen Schuhe	50
Die Erstgeburt	167
Die Festung wächst	293

Die Frisur	82
Die Gardinenpredigt	100
Die große Trümmerfrau spricht	123
Die Heringe der Ostsee	326
Die Klingel	30
Die Köchin küßt	242
Die Krönung	32
Die letzte Predigt	85
Die Lüge	583
Die Mückenplage	16
Die neue Ilsebill	553
Die Nonnen	87
Die Peitsche	170
Die schönen Wörter	480
Die Schule der Tenöre	17
Die schwarze Köchin	436
Die Schweinekopfsülze	178
Die Seeschlacht	81
Die Tollwut	83
Die Uhr	82
Die Vogelscheuchen	78
Die Vorzüge der Windhühner	9
Die Zwiemacht aus Zwietracht	481
Disput	319
Doch aber	279
Doktor Zärtlich	224
Doppelportrait	158
Doppelt in die Pilze gegangen	382
Dorsch frisch vom Kutter	394
Drehorgel kurz vor Ostern	19
Dreht euch nicht um	159
Drei Fragen	236
Drei Vater unser	43
Drei Wochen später	113
Dreimal geimpft und in Gedanken	504
Duell mit dem Geier	592
Dummer August	390

Echo	306
Efeu – die Zuwachsrate Unsterblichkeit	148
Ehe	142
Eigentlich	373
Eigne Kartoffeln	314
Ein Ast	323
Ein Roman	317
Ein Schneckengehäuse gefunden	454
Ein Sturz Aaskrähen. Blanke Schwärze	502
Ein Vogel prahlt	570
Ein Wunder	372
Einige Fundsachen für Nichtleser	301
Einst in der Löwenburg	352
Entlaubt	294
Ertappte mich beim Vernichten von Knabbergebäck	464
Es kommt nicht, kommt bei ihr nicht	453
Es sollen die grauen und schwarzen	474
Es war einmal ein Land, das hieß Deutsch	469
Esau sagt	238
Falada	88
Fallobst	329
Falsche Schönheit	204
Familiär	40
Familiärer Versuch	304
Farbenlehre	305
Federn blasen	276
Feiertage	575
Feucht in Feucht	320
Feuersteine	315
Fleisch	220
Fortgezeugt	260
Fotogen	586
Fragen	399
Freitag	62
Fremdsprache	539
Frisch aus Polen geliefert	310

Frommes Wahllied für Katholiken, Schildbürger
und Unentschiedene 584
Frost und Gebiß 102
Früh gelernt 350
Frühes Ungenügen 547
Frühling (Ach, nur ein pockiger Bengel) 525
Frühling (Die Puppe freut sich, Zelluloid) 83
Für dich 323

Gasag 39
Geflügel auf dem Zentralfriedhof 94
Gefunden 578
Gegenaktionen 533
Gelächter angekündigt 537
Geliebte Agave 335
Gemüsetest 194
Geöffneter Schrank 14
Geplant war Flucht. Wir entfernen uns 512
Geronnenes Einverständnis 447
Gesamtdeutscher März 188
Gesang der Brote im Backofen 61
Geständnis 322
Gestillt 223
Gestrandet 371
Geteert und gefedert 239
Gewalt, wer verbog die Sicherheitsnadel 43
Gewitterneigung 548
Gleisdreieck 60
Global gesehen 411
Glück 116
Goethe oder eine Warnung an das Nationaltheater
zu Mannheim 95
Goethe: Wanderers Gemütsruhe 426
Gottähnlich 349
Grau 135
Grauer, nasser Ton 450
Grillenfangen 319
Guck dir mal zu 457

Gut gegen Schnupfen 561
Guter Rat 400

H. M. nachgerufen 559
Hart und leicht 385
Hasenpfeffer 241
Haussegen 562
Heftige Stöße 372
Heiter bleiben 302
Heiterer Morgen 303
Helden von heute 416
Helene Migräne 229
Herbst 83
Herbst der Bücher 332
Herbstlicher Obstgarten 339
Hexe, hexen, verhext 486
Himmelfahrt 26
Hin und her endlos 397
Hinter den Bergen 258
Hochwasser 15
Hundertundsieben Jahre alt 554
Hymne 163

Ich, deutscher Zunge 396
Ich habe sieben Jahre auf eine Schnecke gewartet 302
Ich laß dich jetzt liegen 458
Ich lese 407
Ihr solltet nicht mehr die Ratten impfen 44
Ilsebill zugeschrieben 233
Im Apfelgarten 277
Im Botanischen Garten 202
Im Ei 76
Im Gehen 418
Im Gleichklang 373
Im Hofgarten 526
Im Schlaf noch, erstarrt in Erwartung 478
Im Sommer neununddreißig 340
Im Tanz erstarrt 345

Im Vorbeigehn	338
Im Winter	343
Im Zoo	83
Immer aufrecht, gut erzogen	556
Immer noch liest die Großmutter aus dem Märchen	482
In diesem trocknen Sommer	328
In eigener Sache	106
In einem Märchen, dessen Anfang	555
In Erwartung	342
In Gdańsk	311
In gilbes Weiß, milchiges Braun	510
In meiner Hand die Hand meiner Tochter	451
In Memoriam	85
In Ohnmacht gefallen	174
In Reimen angeraten	563
In unserem Freilichtmuseum	320
Inventar oder die Ballade von der zerbrochenen Vase	74
Irdische Freude	392
Irgendwas machen	174
Irrtum	535
Ja	137
Janssen in Hamburg	560
Jeden Morgen	318
Jemand aus Radomsko	551
K, der Käfer	46
Kara (meldet mir wedelnd bildschönste Motive)	315
Kara (Unser Hündchen ist tot)	381
Karasek	559
Karfreitag im Gebirge	171
Kein Apfel	548
Keine Taube	87
Kennt man schon, dieses Ende	485
Kettenrauchen	166
Kinder, wir spielen Verlaufen	475
Kinderlied	59
Kinderreime	534

Kinderstunde	270
Kirmes	527
Kirschen	68
Klage und Gebet der Gesindeköchin Amanda Woyke	250
Klappstühle	67
Kleckerburg	196
Kleine Aufforderung zum großen Mundaufmachen – oder der Wasserspeier spricht	112
Kleine Zutat	336
Kleiner Komplex	167
Kleines Fest	190
Köche und Löffel	117
König Lear	151
Könnte mein Atem	324
Komisch im Doppelbett	538
Kontrolle	530
Kopfständlers Lied	379
Kot gereimt	248
Kuckucksei	328
Kuckucksrufe	344
Küchenzettel	612
Kurz Luft schnappen	341
Kurz vor Ostern	380
Kurze Geschichte	341
Kurze Sonntagspredigt	321
Kurzgefaßte Gedichte	422
Kurzschluß	109
Lamento bei Glatteis	35
Lamento bei Regen	72
Lästerlich	375
Lebenslang	337
Leer und alleine	244
Lena teilt Suppe aus	261
Letzte Runde	424
Liebe	157
Liebe geprüft	278
Liebe im August	371

Lilien aus Schlaf 571
Luft holen 201
Luxus 613

Männlicher Traum 336
März 205
Mannomann 266
Manzi Manzi 230
Mariazuehren 209
Mehr Obst essen 183
Mehr und mehr ängstigen sich die Kinder 490
Mehrwert 234
Mein Freund Walter Henn ist tot 149
Mein großes Ja bildet Sätze mit kleinem Nein 137
Mein Makel 417
Mein Monat 333
Mein Onkel 441
Mein Radiergummi 578
Mein Radiergummi (Zyklus) 578
Mein Schuh 268
Mein Schutzengel 164
Mein Schwamm 314
Mein Wald 617
Mein Zorn, ein Straftäter mit Vorsatz 473
Meine alte Olivetti 308
Meine alte Tasche 334
Meine beweglichen Freunde 322
Meine Kritiker 340
Meine See, die sich nach Osten 461
Meissner Tedeum 597
Messer, Gabel, Scher' und Licht 22
Military Blues 365
Mir träumte, ich dürfte Hoffnung fassen 496
Mir träumte, ich hätte mich zur Ruhe gesetzt 468
Mir träumte, ich müßte Abschied nehmen 470
Mißlungener Überfall 38
Mit den Mitteln der Kunst 373
Mitten im Leben 308

Möbel im Freien 52
Müll unser (Suchte Steine und fand) 610
Müll unser. Täglich, wenn nicht ein Streik 506
Musik im Freien 20

Nach alter Melodie 364
Nach den Feiertagen 344
Nach der Aktion 161
Nach der Arbeit 312
Nach der Jagd 325
Nach fünf Jahrzehnten oder elf Runden 398
Nach kleinem Streit 393
Nach kurzer Krankheit 295
Nach Mitternacht 361
Nach Tisch 338
Nachlaß 302
Nachleben 410
Nachmittag 85
Nachruf auf Vladimir? 452
Nachträglich 304
Nachts 579
Nächtliches Stadion 38
Nahe dem Südfriedhof 303
Narziß (Vogelfrei bin ich, flieg aber nicht) 110
Narziß (Wohin noch den Schoßhund) 531
Nebel 105
Neben den Zwiebeln 606
Neue Mystik 186
Neunzehnhundertvierzehn 330
Nicht dran rühren 489
Nicht meine Ratte, ein schwarzes Klavier 493
Nichts Neues 403
Noch einmal 342
Normandie 80
Notfalls Kichererbsen 406
November 340
Novemberland 286

O Mensch! 328
Offenes Feuer 153
Ohne Schirm 532
Orpheus 172

Pan Kiehot 89
Pappi 273
Pepita 431
Pilze 323
Platzangst 160
Plötzliche Angst 147
Politische Landschaft 184
Polnische Fahne 31
Prag nachdem 540
Prophetenkost 39
Pünktlich 81

Racine läßt sein Wappen ändern 91
Rapsblüte 304
Rechtsansprüche 167
Richmond Hill 329
Rote Beete 391
Rückblick nach Jahresende 343
Rundgang 28
Runkeln und Gänseklein 245

Sag ich ja: nichts 466
Sah drei Besen, nein, vier 517
Sargnägel 608
Saturn (In diesem großen Haus) 121
Saturn (Wären es Hälse, nicht Weizen) 573
Scenisches Madrigal 282
Schaden auf Dauer 415
Schamlos 374
Scherben 301
Schicksal 83
Schlaflos (Mein Atem verfehlte das Nadelöhr) 154
Schlaflos (zählte ich meine Feinde) 410

Schlager im Ohr	139
Schlechte Schützen	84
Schleiertanz	362
Schneller Profit	372
Schöne Aussicht	272
Schreiben	138
Schüsse am Sonntag	337
Schuhwechsel	412
Schulpause	134
Schwarz ist die Göttin, Fledermäuse	499
Schwüler Tag	82
Sechsundsechzig	200
Seit Grimms Zeiten	318
Seit Jahren	333
Seitdem die Mauer weg ist	306
Seitensprung	317
Sie fielen einst – man vergaß zu datieren	500
Sie haftet auf ihrem Rollschuh	455
Sie kommen billig aus Hongkong und haben	487
Sieben Sachen	305
Siebenundzwanzig Männer	581
Silberblick	155
Sitzen und Gehen	13
Solch ein windiger Tag	24
Sommergedichte, geschrieben auf Møn (Zyklus)	616
Sommerglück	317
Sonntagmorgen	168
Sonntagsjäger	93
Sophie (Papieraugen und kleine Silberwinkel)	21
Sophie (Wir suchen)	257
Spargelzeit	306
Spät	247
Späte Neugierde	613
Späte Sonnenblumen	287
Später mal, Franz, wenn du enttäuscht bist	445
Später Wunsch	334
Spiegelbild	307
Stapellauf	69

Starke Niederschläge unter weitab 514
Stehaufmännchen 437
Steif und fest behauptet 562
Steinpilze 327
Stille von kurzer Dauer 405
Stiller Abend 141
Streit (Vier Vögel stritten) 39
Streit (Weil der Hund, nein, die Katze) 228
Sturmwarnung 289

Tagsüber 329
Tango Mortale 355
Tango Nocturno 354
Tanz der Kakteen 523
Tanz der Kakteen (Hangaufwärts greifen sie über sich) .. 357
Tanz im Schnee 356
Teamwork 579
Terracotta 330
Theater 86
Tierschutz 38
Todesarten 603
Torso weiblich 274
Tour de France 168
Tour de Jemen 614
Tränentüchlein 593
Transatlantische Elegie 589
Treuhand 611
Tropfen 344

Über der Baltischen See 376
Überfluß 111
Überm Fingerzeig 334
Überm Stoppelacker 324
Überrundet 319
Übers Jahresende in Budissin 271
Übers Wetter geredet 253
Überschaubar, nur leicht verkrautet 326
Ultemosch! 483

Ulvshale	316
Ulvshale Skov (In meiner Not)	420
Ulvshale Skov (Was fällt, bleibt liegen)	316
Und dann, und dann?	488
Unfall	37
Ungläubig	579
Unruhe	536
Unser Vorhaben hieß: Nicht nur, wie man mit Messer	476
Unsere Träume heben sich auf	491
Unsterblich	249
Unter der Treppe	529
Unter Verrätern	338
Utes Kissen	331
V.	604
V, der Vogel	48
Vergleichsweise (Dem einen, dem anderen Kaninchen)	413
Vergleichsweise (Eine Katze liegt in der Wiese)	586
Verhütet Zahnschmerz	561
Verlust	578
Vermont	203
Verspätet	264
Versteinert	339
Verstiegener Wunsch	421
Vertrauen	371
Vier Zeilen nur	302
Vladimir nachgerufen	542
Vogelflug	10
Vom Gebrauch der Artikel	316
Vom Hörensagen	97
Vom Rest unterm Nagel	152
Von links nach rechts	325
Von Mittwoch zu Mittwoch	335
Vor der Abreise	314
Vorfreude	395
Vorgeträumt	219
Vorm ersten Advent	290
Vorsorge	562
Vorsorglich	322

Vorsicht 86
Vorsichtige Liebe 84

Wachstum 84
Während unser Wettlauf stattfand 446
Waldgängers Klage 414
Walter Höllerer nachgerufen 564
Wandlung 66
Warnung 25
Was bleibt 425
Was Freud nicht wußte 561
Was im Laub raschelt 386
Was uns fehlt 221
Was Vater sah 275
Wegzehrung 343
Weil der Wald 465
Weil nämlich 456
Wenn nötig 318
Wenn sie mit der Schere spielt 23
Wer kommt? 297
Wie ich ihr Küchenjunge gewesen bin 235
Wie ich mich sehe 226
Wie im Kino 232
Wie im Radio angesagt 388
Wie in der Kirche das Amen 494
Wie ohne Vernunft 281
Windiges Wetter ist gut zum Scherensuchen 24
Wir 541
Wo ich Schutz suche 336
Wo Ute herkommt 309
Wohin fliehen 387
Wortwechsel 265
Worüber ich schreibe 215
Würfel 577

Zauberei mit den Bräuten Christi 86
Zeitvergleich 427
Zeitvertreib 549

Zeugnis	327
Zorn Ärger Wut	174
Zu trocken der Sommer	320
Zugabe	367
Zugefroren	99
Zugluft	107
Zuletzt drei Wünsche	377
Zum Abschied (habe ich meine Tinte umgestürzt)	342
Zum Abschied (winken mir Löffelkakteen)	339
Zum Fürchten	256
Zum Paar gefügt	363
Zunge zeigen	499
Zur Strafe	313
Zurück zu den Schnecken	543
Zuspruch für Anna	528
Zuviel	237
Zweimal daneben	169
Zwischen Greise gestellt	136
Zwischen Kopf und Schwanz	337
Zwischen Marathon und Athen	103

Inhalt

Die Vorzüge der Windhühner 7
Gleisdreieck 55
Ausgefragt 131
Mariazuehren 207
Ach Butt, dein Märchen geht böse aus 213
Novemberland 283
Fundsachen für Nichtleser 299
Letzte Tänze 347
Dummer August 383

Aus epischen und dramatischen Werken (1955–1963) 429
Aus dem Tagebuch einer Schnecke 443
Die Rättin 459
Zunge zeigen 497
Vier Jahrzehnte 521
Fünf Jahrzehnte 557
Einzelveröffentlichungen 567

Nachwort 619
Bibliographische Nachweise 634
Alphabetisches Verzeichnis der Gedichte 638